本书为广东省教育厅社科项目（11WYXM035）资助，是国家社科基金项目（11BTY017）、国家级大学生创新创业训练计划项目（1058513042）的阶段性成果。

"体育新闻与传播专业教材系列" 编委会名单

体育新闻与传播专业教材系列

丛书主编　　肖沛雄

丛书副主编　王晓东 刘琨瑛 武学军

姜晓红　编著

大型赛事
媒体运行原理与新闻服务体例

暨南大学出版社
JINAN UNIVERSITY PRESS

中国·广州

图书在版编目（CIP）数据

大型赛事媒体运行原理与新闻服务体例／姜晓红编著.—广州：暨南大学出版
社，2014.8（2023.7重印）
（体育新闻与传播专业教材系列）
ISBN 978 - 7 - 5668 - 1143 - 1

Ⅰ.①大…　Ⅱ.①姜…　Ⅲ.①体育—传播媒介—研究—中国　Ⅳ.①G80 - 05

中国版本图书馆 CIP 数据核字（2014）第 201619 号

大型赛事媒体运行原理与新闻服务体例
DAXING SAISHI MEITI YUNXING YUANLI YU XINWEN FUWU TILI
编著者：姜晓红
....

出 版 人：张晋升
策划编辑：杜小陆　史学英
责任编辑：黄　颖
责任校对：黄　斯　黄志波
责任印制：周一丹　郑玉婷

出版发行：暨南大学出版社（511443）
电　话：总编室（8620）37332601
　　　　营销部（8620）37332680　37332681　37332682　37332683
传　真：（8620）37332660（办公室）　37332684（营销部）
网　址：http：//www. jnupress. com
排　版：广州良弓广告有限公司
印　刷：广东虎彩云印刷有限公司
开　本：787mm×960mm　1/16
印　张：14. 75
字　数：291 千
版　次：2014 年 8 月第 1 版
印　次：2023 年 7 月第 6 次
定　价：38. 00 元

总　序

　　2012 年初，暨南大学出版社策划编辑杜小陆先生盛情邀请我为该社主编一套体育新闻与传播的系列教材。由于我之前在该社出版了两本专著，对该社的高瞻远瞩、独到眼光和敬业精神深有体会，所以经过与新闻系的同仁共商后，我们欣然应允。

　　十二年前我在广州体育学院主持创办了体育新闻专业（方向），旨在适应我国作为体育大国以及广东作为体育强省和新闻大省对体育新闻人才的迫切需要，培养体育新闻应用型专门人才。从新专业呱呱坠地之日起，我们坚持"夯实基础，服务社会，实践第一"的办学方针，在中国体育报等省内外各类媒体机构建立了数十个专业教学实践基地，先后从中央电视台、南方日报社、广州日报社、羊城晚报社、广东电视台、香港凤凰卫视和暨南大学等单位聘请了白岩松、孙正平、徐继承、余统浩、李一萍、丘克军、周志伟、黄泰兴、范伯祥、偏正中、王业军、李苗等十多位资深专家为我们的客座教授，组织学生参加了包括 2008 年的北京奥运会、2010 年的广州亚运会、2011 年的深圳世界大学生运动会、2011 年的贵阳全国少数民族运动会在内的各类大型体育赛事的新闻报道实习；先后引进和培养了占全系教师人数一半以上的新闻学博士、教授和副教授，并组织教学骨干编撰了一套（共 6 部）由广东人民出版社出版的，具有体育新闻专业特色的新闻学与传播学方面的教材：《新编传播学》、《体育媒体通论》、《中国体育与信息高速公路》、《体育新闻摄影》、《广播电视体育新闻》、《节目主持人语言传播艺术》。各书均得到了较好评价。清华大学新闻与传播学院副院长、博士生导师陈昌凤教授在他所著的《中美新闻教育的传承与流变》一书中，把我系的体育新闻专业课程设置列为全国新闻高等教育的四大有特色的课程模式之一。

　　随着我国体育新闻事业、体育事业和体育新闻教育事业的迅猛发展，当前全国已有近 30 个院系设置体育新闻专业，在校生总计超过 3 000 人，加上体育新闻专业的研究生和成人教育的体育新闻专业学生则超过 4 000 人。虽然新闻学与传播学的教材已经出了很多，其中也不乏精品，但体育新闻专业的教学实践证明，无论从理论观念、内容结构还是技能训练来看，它们都跟不上时代发展对体育新闻教学的需要。

我系教授和一批近年成长起来的年轻博士、副教授在这几年不但先后公开发表了大量体育新闻传播方面有真知灼见的学术论文，承担并完成了一大批涉及体育新闻与传播学方面的国家级、省部级和厅局级的研究项目，而且有机会亲自参与了 2008 年北京奥运会、2010 年广州亚运会和 2011 年深圳大学生运动会以及 2012 年伦敦奥运会的科学报告会和新闻传播实践，收获了关于体育新闻采访、写作、编辑、评论、摄影，体育展示以及体育大赛媒体运行、体育新闻服务等方面许多宝贵的信息知识、实践体验和理论认识，这些都是原有教材或其他一般新闻专业教材所没有而学生非常需要的教学新内容。

为了更好地促进体育新闻教育的发展，提高体育新闻教学水平和专业人才的培养质量，根据教高〔2012〕4 号文《教育部关于全面提高高等教育质量的若干意见》中关于"优化学科专业和人才培养结构"、"创新人才培养模式坚持内涵式发展"和"突出学科专业特色和行业特色"的精神，在暨南大学出版社的大力支持下，我们编撰出版了这套"体育新闻与传播专业教材系列"，涵盖新闻学和传播学两大学科。指导思想为："以我国历史发展新时期对体育新闻人才素质的需求为导向，以教材的建设和创新为驱动，把新闻学、传播学的基础理论和体育新闻专业实践有机结合到教材的策划、研究和编撰全过程，体现体育新闻工作岗位理论知识和专业技能的要求，培养学生实践操作能力，充分体现体育新闻特色。"

本系列教材在体育新闻学方面，包括体育新闻采写、体育新闻编辑、体育新闻摄影、体育新闻翻译、体育大赛新闻媒体运行和新闻服务、体育展示、节目主持与评论；在传播学方面，包括现代应用传播、体育传播与社会文化、网络体育新闻等内容；此外，还有一本是我系体育新闻与传播专业方向的研究生公开发表的学术论文精选汇编，一共 11 本。全套教材将于 2013 年底到 2014 年公开出版。期待各位专家学者和读者朋友的批评指正。

肖沛雄
2013 年元旦

前　言

大型体育赛事的媒体运行，也叫媒体服务，是国际奥委会根据拥有百余年历史的奥林匹克运动会的实践，总结归纳出的一套完整的、科学的媒体服务手册，即《IOC 媒体技术手册》（以下简称《手册》）。这是奥运会媒体运行的原则和标准，要求赛事组委会把所有媒体当作服务对象，而不是管理对象。

对于大型体育赛事来说，为媒体提供的设施和服务，都要通过一个完善的系统和一系列严谨的流程才能实现，才能保证大型体育赛事的正常、有序、高效运行。《手册》规定，奥运会媒体运行分为新闻运行和广播电视运行两大领域。

其中，新闻运行包括主新闻中心运行、场馆媒体中心运行、摄影服务、媒体支撑服务和新闻服务等 5 个业务领域，而广播电视运行则有 12 个业务领域。在各种服务中，只有新闻服务是软性的新闻报道服务，其他服务则是硬性的设备、设施、场地、器材等支撑服务。

一般认为，在国际上，2000 年悉尼奥运会的媒体运行是一个成功的开始，此后的历届夏季奥运会和冬季奥运会都按要求建立了媒体运行系统和提供新闻服务项目。随后，国际足联世界杯、国际田联世锦赛等国际高水平单项赛事，也向奥运会媒体服务标准看齐，根据体育单项赛事的比赛规律与传播特点，为来自世界各国的注册媒体提供必要的免费服务。

在国内，2008 年北京奥运会、2010 年广州亚运会、2011 年深圳世界大学生运动会、2011 年贵阳全国少数民族运动会、2013 年南京亚青会、2014 年南京青奥会、2014 年南宁体操世锦赛等重大赛事，均由新华社牵头或中标，建立了兼顾国际标准与中国特色的赛事媒体运行系统，并提供赛前与赛时的新闻服务。同样，近几年国内的足球职业联赛与篮球职业联赛也在试行媒体运行制度。

从 2013 年开始，国内高校兴起了新一轮的人才培养方案修订工作，不少高校特别是体育院校将"大型赛事媒体运行"作为专业课程，面向新闻传播专业学生开设。向在校生以及媒体记者提供规范、科学、实用、简明的媒体运行与新闻服务知识，是笔者编写本教材的初衷。

　　本书在编写过程中，得到了徐济成、陈越、王佐臣等知名媒体运行专家的大力支持，在此一并致谢。但囿于经验与学识，本书肯定会有疏漏之处，敬请广大读者和专家不吝赐教，以便再版时修正。

姜晓红

2014 年 4 月 10 日

目　录

上　编　大型赛事媒体运行原理

第一章 大型赛事与媒体运行概述

【内容提要】本章共分三节。在界定大型体育赛事、媒体运行及其相关概念的基础上，分析大型赛事的媒体关系，全面阐述媒体运行的理念和原则。

21世纪以来，中国举办大型体育赛事的热情前所未有的高涨，各大城市承办大型国际体育赛事如火如荼，这既反映了中国经济的高增长，又体现了中国日益增强的国际影响力，折射出世界对中国的关注。从理念认识上看，笔者认为有两个转变值得肯定：一是现代中国人对体育精神的认识，发生了由片面性向多元化的转变；二是体育组织部门对体育媒体的认识，发生了由管理对象向服务对象的转变，这些转变标志着一个新型的、现代的、服务型的政府的形成。同时，伴随着北京奥运会、广州亚运会、深圳世界大学生运动会的成功举办，"媒体运行"在中国大地蓬勃兴起，成为与大型体育赛事齐头并进的不可分割的伙伴。

第一节 大型赛事与媒体运行

一、大型赛事概述

（一）大型赛事的含义

体育赛事的英文为 Sporting Events；大型体育赛事一般译为 Mega Sporting Events。近年来，人们对于体育赛事的界定由"创造优异成绩、夺取比赛优胜"转向"以比赛竞争为基本手段，以满足人们审美享受及刺激等需要的社会实践活动"[①]。这一含义的演进，既反映了体育受众观念的转变，更体现了现代大型体育赛事的多元化发展。所以，现代体育赛事是以体育竞赛为核心来提供产品及相关服务的一种特殊活动。体育赛事的举办需要赛事权益拥有者、赞助商/中间商/发展商/推广商/投资商、赛事传播报道者等各种利益主体合作进行赛事资源开发与运营管理。

---

① 肖林鹏. 竞技体育本质及发展逻辑. 体育学刊，2004（6）：1~3.

大型体育赛事属于规模庞大，具有鲜明风格、广泛吸引力和国际意味的文化项目，它往往代表着承办国家或城市的形象，承办国或城市能够通过举办大型赛事和展示自身形象来提升国家的地位和声望。[①] 例如，2008 年北京奥运会就是中华民族实现伟大复兴大业的惊艳亮相，是中国综合国力增强的重要标志，对于中国具有里程碑式的意义。

（二）大型赛事的分类

1. 体育赛事的分类

按规模和层次分为基层单位比赛、地区性比赛、全国性比赛、国际比赛、洲际比赛（亚运会、非运会等）、世界大赛（奥运会、世锦赛、世界杯）；

按赛事项目的多寡分为综合性运动会和单项赛事；

按赛事性质分为锦标赛、杯赛、对抗赛、选拔赛、等级赛、邀请赛、表演赛、达标赛、友谊赛等；

按参加者年龄分为儿童赛事、青少年赛事、成年人赛事、老年人赛事等；

按参赛者行业分为学生运动会、机关干部运动会、企事业单位运动会、工人运动会、农民运动会、警察运动会等；

按赛事所属的主体分为公益赛事和商业赛事。

2. 大型体育赛事的分类

全国运动会以上的综合性赛事包括奥运会、亚运会、全运会等；

世界级别的单项锦标赛包括世界杯足球赛、世界游泳锦标赛、世界 F1 锦标赛等；

职业联赛总决赛包括欧洲足球冠军联赛，美国 NBA、NFL 总决赛等；

重大世界性赛事包括世界 F1 锦标赛、美洲杯帆船赛、职业网球四大满贯等。

（三）大型赛事的特点

1. 举办的时间相对固定，具有周期性

大型体育赛事都有相对固定的举办时间，如奥运会和世界杯足球赛是四年一届，奥运会通常在七至九月份举办，赛期一般是 17 天；世界杯足球赛则在六、七月份举办，赛期往往超过 1 个月。也有一年一届的大赛，如网球项目的四大满贯，举办时间稳定且发展成熟，其中澳大利亚网球公开赛的举办时间是每年一月，法国网球公开赛的举办时间是每年五、六月，温布尔登网球公开赛的举办时间是每年七月，美国网球公开赛的举办时间是每年八月，四大满贯一年一届的举办刚好将一年的时间串联起来，张弛有序，为世界观众带来视觉盛宴的同时，也

---

① 易剑东. 大型赛事报道与媒体运行. 杭州：浙江大学出版社，2008. 9～10.

协调了人们工作生活的节奏，满足了人们的娱乐审美需求，如今网球四大满贯已经成为世界观众瞩目的焦点。

2. 有一套庄严而复杂的仪式

大型体育赛事是文明人的一种社会性竞争活动，是现代人类社会的一项盛事，具有相对完整的仪式。尽管每个赛事的仪式不尽相同，但都庄严、严谨，这是赛事规范运作的基本保障。大型体育赛事大都有开幕式、闭幕式、颁奖仪式、运动员和裁判员宣誓仪式等，奥运会还有盛大庄严的火炬接力仪式。人们常说，体育就是仪式化的战争。赛前的抽签或约战，如同"下战书"，赛中必须遵守比赛规则和裁判法则，约定违禁与处罚等约束性条款。正是因为赛事全程充满了约定俗成的仪式，所以大型体育赛事实际上是在社会礼仪允许或提倡的框架内的一种搏斗。

凡属重大的国际比赛，均规定以国家为参赛单位，为了表达对优胜者的尊敬，有升国旗、奏国歌、颁奖杯、授奖牌等仪式。即使是以个人名义参加的大型比赛，运动员也总是代表自己的国家。这表明，尽管世界各国的政治观点和生活方式不同，但凡世界性体育赛事，都直接关系到国家与民族的尊严和荣誉，它必然对观众的思想、情感、精神和意志产生巨大的影响，观众从本国运动员的胜利中，民族自尊心得到满足，自信心不断增强，爱国主义情感更加浓厚。[①]

3. 参与人员众多，管理复杂

当今社会，大型体育赛事不再是单一的竞技比赛，而是重要的体育资源，有巨大的发展潜力。为了开发、利用体育资源，投资商、赞助商、广告商等蜂拥而至，从而衍生出枝繁叶茂的体育产业。而大量人力、物力、财力的投入，林林总总部门的设立，使大型体育赛事的运作和管理越来越复杂，所以，每一项大型体育赛事必须有专门的组委会统筹管理，高效运作，像国际奥林匹克委员会（简称奥委会）、亚洲奥林匹克理事会（简称亚奥理事会）等组织都为大型体育赛事的举办作出了巨大的贡献。

4. 举办规模空前，影响深远

大型体育赛事的举办规模往往覆盖全国、洲际乃至世界，运动员的精彩表现、赛事的激烈对决、举办地的人文景观等，均吸引着全世界的目光，效益巨大，影响深远。如广州这座城市的发展，可以说是体育改变了城市。2001年11月，广州成功举办了第九届全国运动会，当地媒体称"体育为城市插上了腾飞的翅膀"，形象地表达了中国人对于大型体育赛事价值的认识。如今，屹立于珠

---

① 陈恳，何秋华. 羽毛球运动. 北京：高等教育出版社，2005.185.

江边的广州塔（俗称小蛮腰），五彩缤纷、熠熠生辉，成功演绎出这座城市举办2010年亚运会的崭新风貌，完美地诠释了中国人的体育梦和强国梦，引世人瞩目。

（四）大型赛事的地位与作用

2012年2月29日，国家体育总局体育科学研究所体育社会科学研究中心主任鲍明晓在广州体育学院学术报告厅作了题为"体育产业与体育赛事"的讲座。鲍明晓在讲座中指出，体育在"四个力"的作用下产生其综合社会价值，即政治的影响力、经济的生产力、社会的亲和力和文化的传播力。

笔者认为大型体育赛事的作用可以用四个"shì"（视—事—示—市）来描述：

视——大型体育赛事给全世界的观众带来极具冲击力的视觉盛宴，为人们在紧张的工作之余舒缓神经，为人们疲惫的心灵带去自由和安详，满足人们功利性需求的同时，也满足了人们的娱乐审美需求。

事——大型体育赛事通过媒体全方位展示体育精神，一个个挥汗如雨的画面、一个个顽强拼搏的身影、一次次挑战自我的飞跃、一遍遍世界纪录的刷新，体现了人类永不停息、上下求索、超越自我的精神，诠释了人类"更高、更快、更强"的人生梦想。这里的"事"即"故事"。

示——大型体育赛事如同一扇窗口，既展示了精彩的赛事，也展示了举办城市或国家的风土人情、城市风貌，更显示了政治稳定，促进了文化交流，提升了城市或国家形象，为举办方与他国合作搭建了舞台。这里的"示"即"展示"。

市——大型体育赛事本身就是一种资源，通过媒体传播可以吸引广告与赞助，变成一种经济来源。另外，通过举办大型赛事，城市的硬件设施和服务水平同步上升，可以改善投资环境，完善产业结构，拉动城市经济发展。因此，这里的"市"即"市场"。

二、大型赛事的媒体运行概述

（一）媒体在大型赛事中的作用

前面提到，体育赛事已经不仅仅是一种纯粹的竞技性活动，而是发展成为一种以体育竞技为核心来提供产品和服务的活动。主办国家或城市不仅可以通过赛事本身来提高国际地位，而且可以从城市建设、体育普及、旅游推广中获得长远的效益。因此，媒体作为传播者的角色，在大型体育赛事中的作用不容忽视。

1. 赛事成败的评判者

国际奥委会（IOC）前主席萨马兰奇说："It is the press that judges the success of the Games."（文字媒体是一届奥运会举办成功与否的裁判者。）这个媒体特指平面媒体（press），一届运动会举办得是否成功，国际组织和相关领导可以评判，但只要媒体不认可，就没有影响力。

媒体工作者因其工作的特殊性，往往能达人之所不能，他们能直接调查、采访赛事的运行情况；他们会对赛事进行总结、评判。对于大型体育赛事来说，媒体的覆盖面可以说是遍及全球，因为能够到现场观看比赛的观众毕竟是少数，比赛的精彩画面、运动员激动人心的表现都是通过媒体向世界各地的观众进行传播的。对于那些不能亲临赛场的受众来说，他们对赛事的印象很大程度上是从媒体中得到的。而且，媒体有渗透力，媒体报道什么，世界范围内的受众就信什么，所以，国际奥委会提醒主办者重视文字媒体，因为它们的覆盖面更广、渗透力更强。

2. 体育理念的传播者

人们之所以热爱体育赛事，是因为体育运动体现了自强不息、顽强拼搏、自我超越等体育精神，这是人类普遍认同的积极的正能量，举办国家或城市将这种精神融合在体育理念中，通过媒体大力传播，激励人们奋勇向前，促进社会积极健康发展。从大型赛事的申办开始，媒体记者就关注各个申办城市；在赛前、赛时甚至赛后通过大量的文字报道、图片、广播电视节目，将赛事的组织和举办过程完整地呈现给受众。通过媒体之手，主办城市如何贯彻它们提出的理念，体育比赛又是如何传达这一理念的，都为世人知晓。如北京奥运会成功将"绿色奥运、科技奥运、人文奥运"的理念贯穿于整个赛事中，让世人为精彩赛事惊叹的同时，也正确认识到了新中国的伟大成就。

3. 国家或城市形象的塑造者

大型体育赛事的关注度高，涉及面广，因此，主办国家或城市把大型体育赛事看成是塑造城市形象和建立城市品牌的难得的契机。对于主办城市来说，承办大型国际体育赛事不仅能获得经济效益，更能获得社会效益。主办城市把媒体当作一个宣传平台，借以向外界展示自己的形象。同时，由于媒体在报道中会将历届主办城市进行比较，从而促使主办城市不断反思和改进，促进城市的发展。

4. 赛事组织的推广者

媒体的职能是影响舆论导向，媒体通过舆论监督赛事的组织和举办，能让赛事组织者自觉地完善各个环节，媒体和组委会的这种互动能不断提高赛事组织者的组织水平和举办能力，使大型体育赛事组织越来越规范、开发越来越完善，从而使赛事得到大力推广、赛事项目得到普及。①

（二）大型赛事的媒体运行

1. 简述大型赛事的媒体运行

既然媒体在大型体育赛事中的作用如此之大，那么做好媒体服务就非常重要，媒体运行亦随之而生。

通常，参加大型体育赛事的人员按功能可以分为四类：一是竞技类人员，包括运动员、教练员、医疗人员、各代表队的相关人员和技术官员等；二是赛事组织者；三是媒体记者；四是观众。

其中，媒体记者是比较特殊的一类，因为他们的工作十分复杂，包括新闻的采编、摄影摄像、直播解说等，不同时段的工作内容有所不同，对工作区域所提供的设施和服务需求也有差异。

媒体运行正是为这一特殊群体——媒体记者提供服务的，媒体运行满足他们的基本生活和日常工作的需要，以及一些特殊的专业需求。媒体运行提倡的是"服务"，而不是"管理"，所以媒体运行又可称为媒体服务。当然，对于大型体育赛事来说，为媒体提供的设施和服务都要通过一个完善的系统和一系列严谨的流程才能实现，才能保证大型体育赛事的正常、有序、高效运行。

根据第16届亚洲运动会组织委员会编写的《亚运会媒体运行：广州亚运会媒体运行志愿者专业培训教材》的阐述可知：媒体运行是指为满足媒体采访报道需求而提供一系列服务和设施的一种团队运作模式。它包括新闻运行和广播电视运行。在国际大型赛事中，媒体运行团队承担着为注册文字记者、摄影记者、非持权转播商的采访报道和持权转播商、主播机构的赛事转播提供专业工作平台，以及提供注册、通信技术、交通、住宿、餐饮等支撑服务的任务。

2. 媒体运行在大型体育赛事中的作用

在大型体育赛事中，媒体运行是组织管理活动中的一个重要环节，其运营与管理水平直接影响到媒体报道的整体效果和媒体对赛事的评价，也是大型赛事举办成功与否的重要决定因素。可以说，媒体运行是大型体育赛事的生命线。

媒体运行是大型体育赛事快速、高效报道的前提。媒体运行为国内外新闻媒体创造良好的工作环境，提供全面、及时的信息和一流的服务，能确保记者快速、高效、准确、成功地报道大赛新闻。

媒体运行是大型体育赛事正常、有序运作的基础。对于大型体育赛事来说，媒体运行提供的设施和服务需要通过完善的系统和严谨的流程才能实现，只有细

---

① 第16届亚洲运动会组织委员会. 亚运会媒体运行：广州亚运会媒体运行志愿者专业培训教材. 广州：暨南大学出版社，2009.1~2.

致入微的媒体运行，才能使新闻宣传卓有成效，才能保证体育赛事有序、成功地运行。

媒体运行是展示社会风貌、加强交流合作的窗口。媒体运行在赛前和赛时为来自世界各国的大众传播媒介提供新闻工作、交通、餐饮、住宿等各种类型的服务，当这些服务实施时，也是各种社会文化碰撞融合之良机，能有效促进国际交流。

媒体运行是大型体育赛事舆情沟通畅达、准确的保证。媒体运行提供优质的硬件、软件设施，实施人性化管理，最大限度地为记者服务；赛事获得媒体的充分肯定，通过媒体向大众传达赛事的成功以及提升举办城市和国家的形象；组织、管理、服务媒体，从而提升赛事正面的关注度与参与度，这些是大型赛事媒体运行的总体目标。

第二节　大型赛事与媒体关系

大型体育赛事需要赛事组织者来策划，也需要体育媒体来传播报道，因此，围绕着体育赛事，体育组织和体育媒体形成了体育媒体关系，只有媒体关系顺畅，才能产生最大的赛事效益，反之，就达不到赛事传播的目的。

一、体育媒体与体育赛事

众所周知，体育是培养高尚公民最有效、最有趣、最实用的方式。但是，由于生活质量、生活方式等多方面的原因，与外国人特别是欧美人酷爱体育、参与体育不同，中国人往往不是通过亲身参与运动，而是通过接触媒体来接触体育的，他们真正接触到的不是现实体育，而是媒体化的体育。美国学者杰·科克利在《体育社会学——议题与争议》中提出：体育"媒介化"，是指媒体把挑选过的形象或信息"再现"给读者、听众和观众。媒体体育是体育新闻传播发展到成熟阶段的产物，是体育在媒体文化和消费社会交互背景下的多元化传播方式。

而体育媒体是指专门报道体育活动的新闻媒体。从狭义上说，它们是指专业的体育新闻媒体，如体育报纸、体育杂志、体育电视、体育电台、体育互联网、体育手机等；从广义上说，除了专业体育新闻传媒外，体育媒体还包括一般新闻传媒中的体育版面或板块。①

---

① 张德胜. 体育媒体通论. 广州：广东人民出版社，2006.1.

从时间先后上看，体育媒体的发展历史比媒体体育要长，媒体体育是体育新闻传播发展到一定阶段的产物；从功能发挥上看，媒体体育要依赖体育媒体来运行，并在运行中产生传播效果。21 世纪以来，大型国际体育赛事已经成为中国各级政府战略规划中不可缺少的重要一环，从 2001 年开始，中国以一种前所未有的胆魄、空前绝后的热情、史无前例的投入接纳国际体育赛事。于是，大型体育赛事传播成为媒体体育的重头戏，体育媒体亦随之发展壮大起来。无论是报纸媒体的消息、特写、专访、评论，还是广电媒体的现场直播、新闻播报、专题节目，都需要体育媒体从业人员亲赴赛场，实地采访报道，完成赛事传播。

多数体育媒体记者通过对比国内外大型赛事的采访经历，感觉到我国现阶段媒体运行的不足，主要表现在以下几个方面：

第一，设施服务缺位。主要集中在场馆设置和媒体交通上。场馆设置不合理表现在：媒体流线不通畅、区域设置不合理、设施设备不齐全等。媒体交通的不到位现象有：媒体班车运行死板、比赛结束没有班车等。

第二，场馆管理混乱。比如安保升级不提前告知媒体；功能区职责不明，遇事互相推诿等。

第三，服务态度冷漠。主要表现在：服务人员不了解场馆周边环境；安保人员冷脸相待；遇到突发事件，信息不透明等。

大型体育赛事的媒体运行服务不到位，其根本原因是组织人员认识缺位，归纳起来有以下几点：

第一，认识上有误区。比如：精心组织赛事，却不知道如何利用媒体扩大影响；花大钱搞大场面，却不舍得在媒体设施和服务上投入；将媒体放在对立面，总认为媒体是来挑刺的（防火防盗防记者）。

第二，体制上有缺失。比如：新闻宣传包揽媒体服务，以作宣传思维处事（讲管理而没有服务）；重宣传而轻服务；等着人家"搭好台子"才去"坐镇"；没有媒体运行的专门部门和专业人员。

第三，操作上无章法。比如：口头上表示要重视媒体，实际上常常忘记；没有专业人员介入，不了解媒体需求。

二、大型赛事与媒体关系

所谓媒体关系是组织机构与报纸、杂志、电视、电台等大众传播媒介的关系，主要是组织机构与新闻界的关系。良好的媒体关系可以把组织机构需要输出的信息最大限度地传播出去，同时组织机构又从媒体方面获取组织需要的信息。

大型体育赛事的媒体关系主要是体育组织与体育媒体的关系。体育组织是"通过一定的社会关系结成的有目的、有一定组织形式的、具有结构性特征的体育团体"①，它包括三种类型：第一，行政管理型体育组织，如从中央到地方的体育局；第二，经营管理型体育组织，如体育商家、体育中介、体育职业俱乐部等；第三，公益性体育组织，包括体育社团以及体育社会组织、体育院校等事业组织。职业球员、教练员与媒体的关系也属于媒体关系。

自新中国成立以来，我国的体育组织与体育媒体的关系并不和谐，从计划经济条件下的互动模式，到初期市场经济条件下的摩合模式，再到现代市场经济条件下的摩擦走火，关系不好。我们不得不深思：为什么会出现这种尴尬状况？怎样改变这种状况？如何构建良好的媒体关系，实现双赢？从下面的例子我们也许能得到一些启发。

（一）体育赛事组织的误区：防火防盗防记者

1．信息封锁

"密封"未必能"保质"
中国男篮上下齐"封口"，一见记者就绕道

采访中国男篮从来就不容易，但不曾想此次在武汉碰到了"极品"——完全不接受媒体采访：从下榻的酒店到赛场，甚至混合区，中国队球员视记者如天敌，唯恐避之不及。在这样的环境下，云集武汉的300多名记者顿时有两眼一抹黑的感觉。

出于不影响球员休息的考虑，球队下榻酒店不允许采访还情有可原，不让球员通过手机或酒店电话接受采访也还讲得通，但在比赛后中国队的做法就让人百思不得其解。混合区是大赛采访球员的首要之地，但中国队每场比赛结束后只当这里是通往休息室的快速过道，没有人停留，没有人敢对媒体说一句话，甚至像王治郅、朱芳雨这些老队员也只能苦笑以对，在NBA习惯于善对媒体的易建联也只是摇头摆手，"没办法"、"不让说"、"没什么好说的"、"别为难我了"，当这些话从他们口中说出来时，记者也只能作罢。

新闻发布会是媒体了解中国队的另一个渠道，但小组赛后不知道是主教练邓华德还是中国篮协的原因，每次带到现场的都不是焦点球员，而是像张兆旭、于澍龙这些"打酱油"球员，而大郅、朱芳雨、易建联这些人们都想采访的球员却一直"躲在深闺"。

（《羊城晚报》，2011年9月20日，周方平）

---

① 易剑东．中国体育媒体服务系统的构建．杭州：浙江大学出版社，2006.7.

2．强制管理

赶丫上看台
篮协 CBA 新政"严防记者"，"与国际接轨"只接了限制环节没接服务环节

新赛季 CBA 终于要揭开战幕了，整装待发的除了各队将士外，也有诸多篮球记者。随着 CBA 竞技水平的不断提高，各家媒体也正在加大国内篮球报道的力度。然而就在 10 月底篮管中心的"媒体新政"出炉后，给人的第一感觉就是，篮协新赛季铁了心要"防火防盗防记者"了。

CBA 新赛季篮协新增加了两个规定：一是将文字记者全部请上看台，禁止内场就座；二是所有记者前往采访前需提前预约，否则不予留座。对于出台这样的规定，篮协解释称是为了和国际赛事接轨，向国际综合型大赛看齐，规范宣传环节。确实，以篮球世锦赛为例，文字记者大多是不会坐在内场里的，通常是在看台上对号就座。

不过按照国际范例，无论是赛前开放训练，还是赛后设混合区供媒体采访，所有相关规矩设置的初衷都是服务媒体，在维持秩序的同时给记者工作提供便利。而过去这么多年，CBA 的采访环节并没有固定规范，记者能采访到多少内容，完全取决于自身处出来的"关系"以及采访对象当时的心情。事实上不少记者在比赛现场鲜有机会采访到需要的人，很多时候都是依靠事后打电话、登门拜访这样的形式来完成报道，如果并非与采访对象有些交情，事后接触到当事人的可能性就更小了。同时私下采访又会带来诸如文不对意、口说无凭等其他问题，一方面增加了媒体采访的难度，另一方面占用了采访对象的私人时间，给两边都制造了更多麻烦。这些问题，至少在国际赛事或 NBA 中，是不大可能出现的。

所以，篮协在新赛季忽然决定在媒体管理方面"与国际接轨"，结果是只接轨了限制环节，却没接轨服务环节，其初衷很难说是要将 CBA "国际化"。毕竟现在很多场馆硬件设施来说，CBA 联赛都做不到"与国际接轨"，更何况不同体制下的管理方式。其真正针对的恐怕是上赛季发生的几起记者与裁判之间的现场对峙事件。上赛季上海和北京的记者都由于质疑判罚不公，在现场和裁判发生了摩擦。新赛季把文字记者"赶"上看台，也许更多是为了避免类似事件再次上演。

CBA 媒体新政刚出台之时，北京青年报的记者周赫就曾起草了一份《关于采访预约、记者席上看台等问题致篮协意见书》，作为上赛季北京媒体围堵裁判事件的亲历者，周赫认为篮协没有反思裁判工作的失误之处，却出条规限制媒

体，是不公平的。因此他在意见书里提出"与国际接轨"就要设混合采访区、媒体专用通道等要求，并希望能得到全国同行的响应，催促篮协改善目前联赛的采访环境。但由于个人力量所限，最终这个想法未能付诸实际。

链接：NBA 媒体采访规矩

作为世界上最知名的篮球职业联赛，NBA 联盟对媒体采访环节也有一套规定，记者曾驻美采访过多场 NBA 比赛，亲身感受过 NBA 的采访规矩，其大多本着"服务媒体"的理念，堪称行业典范。同时由于每个环节都有俱乐部官方人员参与，也就避免了歪曲事实、捏造新闻的问题，对球队和媒体双方都有利。

● 开放训练

关于日常训练课程是否对媒体开放，NBA 联盟不作统一规定，基本由各队自己把握。有些球队完全不设防，无论是主队媒体还是客队媒体，都可以观看他们的所有训练，比如密尔沃基雄鹿队就曾开放每天的训练给记者。但大多数球队会有选择地开放某天或者某个时段，一般来说，基本会在训练后留 15 分钟左右的时间给媒体进行采访，球队新闻官通常还会根据媒体需求帮助提前预约好采访对象。

● 赛前预约

NBA 比赛赛前也有预约制，不过这项制度只针对海外媒体，非美国记者前往采访 NBA 比赛，赛前需通过 NBA 公司的公关部进行预约，预约时需注明采访比赛的具体日期和场次，如果没有预约成功，则无法获得当场比赛的采访资格。而美国本土记者只有去采访如总决赛这样的大赛时需提前申请，以防人数太多席位不够。

● 更衣室采访

通常情况下，所有球队的更衣室会在赛前以及赛后分两个时段对媒体开放，记者可在规定时段内自由出入进行采访报道。不过赛前不少大牌球星是不接受采访的，比如科比，也有百无禁忌的球星，比如加索尔；而赛后无论输赢，所有球员都有接受采访的义务，如果发生很严重的球员不配合采访事件，媒体可以向联盟投诉该球员，联盟也会根据事件严重程度对球员进行处罚。

● 媒体座席

各球队根据场馆实际情况划分文字记者席，有些球队的文字记者席直接被安排在球场旁边，但大部分场馆的记者席都被安排在观众席上，提供专门通道（通常是和球员共用），席上设有电源和网线，贴有标签，记者们对号入座。每节比赛结束或有突发消息时，都会有专人向记者席发放数据统计和通知。

● 新闻发布会

比赛结束后 10 到 15 分钟内，一般会在专门的发布厅召开新闻发布会，双方球队主教练各带一名球员出席，所带球员通常为本场焦点人物，记者可以在发布会上自由提问，有些俱乐部在发布会结束后还会及时向记者们提供发布会实录。

● 官方通知

俱乐部新闻官通过电子邮件等形式及时向主队记者发布各种官方消息，大多数为球队的场外活动、赞助商新闻等，供媒体选择前往采访报道。在 NBA 官网则可查询到详细的球队和球员数据统计，有的甚至可以查询到具体场次的比赛实录。

● 福利与限制

比赛日当天，球队基本会提供一顿正餐给前来采访的媒体记者，有些收取少量费用，有些则完全免费，且比赛期间持续供应饮料和小食。一般情况下，记者不允许采访裁判，不允许借采访之名索要签名合影，普通摄影记者不允许进入更衣室拍照。

（《南方都市报》，2011 年 11 月 19 日，汪雅云）

3．粗暴对待

恒大球迷被要求 70 分钟离场　粤媒：取消金州资格

不知道大连实德的主场门票是不是打七折，如果不是，那球迷完全可以到消费者委员会告上一状。昨晚，20 多名广州球迷到大连金州为恒大加油，但他们只能在看台上待 70 分钟，然后就被"请出"球场。

过去人们总在强调中国足球的特色，买全场的票看 70 分钟比赛，的确是全球很难看见的"特色"。这已经不是第一次了，过去上海球迷也在这里有过类似的遭遇，据说是因为担心客队球迷的安全问题，看来这已是该球场的惯常做法。维护球场的安定团结已经彻底高于足球比赛本身的快乐，既然如此，金州体育场卖票的时候就应该给外地球迷打 7 折，只看 70 分钟，凭什么要买全票？

大连金州的赛事组织工作一直是中超联赛的"杯具"。在实德与上海申花的比赛后，当地足协官员竟然暴打客队女记者，这也是一道"亮丽的风景线"，后来迫于全国媒体的压力，这名足协官员跑到上海亲自向这位女记者道歉。

现在看来，道不道歉都没实际意义，对待球迷的态度某种程度上和对待记者一样——都应该是服务意识，而不是管理。

买票的球迷就应该得到安全保护，如果无法保证，金州就应该被取消办赛资格。

（《南方都市报》，2012 年 5 月 12 日，唐元鹏）

事件回顾：大连足协官员殴打女记者

4 月 21 日，上海申花客场击败大连万达的中超比赛结束后，新民晚报记者陶邢莹在联赛划定的混合采访区内采访上海队助教弗洛伦特时，遭到大连赛区足协秘书长郭军等人粗暴阻挠，后者出手伤人，对陶邢莹拳打脚踢。此事一出，郭军的行径在媒体圈内引起公愤。

"心理阴影已留下了"
——对话陶邢莹

本周，闹得沸沸扬扬的大连足协官员殴打女记者一事终于有了和解一幕，已被停职的大连赛区足协秘书长郭军前往上海新民晚报报社，向该报记者陶邢莹道歉，后者也表示接受道歉。随后陶邢莹接受了南都记者采访，这位一直以来生活在各种关注和压力之下的体育记者，承认这样的经历肯定会给将来采访带来心理阴影，但能得到社会各界的声援也让她颇感欣慰："我希望发生在自己身上的事情能提醒大家尊重记者的正当采访权利，如果采访环境能得到改善，那也算是坏事变好事了吧。"

南都：大连方面亲自登门道歉，是不是说明你们双方算是和解了？

陶邢莹：我觉得郭军这次亲自过来道歉，态度还是蛮诚恳的，大连体育局的领导也都一起陪同他过来，承认是他们的不对，也承诺将来改善赛区媒体工作，我这边还是得理饶人吧，所以接受了他的道歉。

南都：事情发生后你受到的关注度很高，这一周以来是怎么过的？

陶邢莹：上周六刚刚被打那会儿，说实话真的是很害怕的，一个女生在外面碰到这样的突发事件，整个人都有点懵。很多人问你怎么没拍照，其实他打人那个过程是很快的，就是冲过来猛的一下子，很多人都没反应过来。如果不是申花队全队帮忙护着我，那晚我真不知道该怎么过。后来很多朋友来电留言宽慰我，特别是媒体圈里认识不认识的记者朋友，都在声援我，还有我们报社全体同仁，从上到下都支持我，上海体育局的领导也亲自来看望我，这些都令我欣慰了不少。

南都：也有人在说风凉话，甚至质疑你、中伤你。

陶邢莹：一开始肯定会，本来就害怕，还被人误解，但做我们这行的，很多时候就是会被人误解，有时只是想努力完成工作，却得不到基本尊重，这点也是最令我心寒的。但这件事发生后，我看到大部分人还是支持我的，所以就算有些人说风凉话，我也没那么在意了。我只希望这件事能引起大家对记者采访环境的重视，其实这也不是第一次发生体育场上记者的正常工作被阻挠，很多同行都碰到过类似的情况，只是没有我那么激烈的冲突，所以我还是希望联赛能重视起来，保障我们记者正当的采访权利，那我也不算被白打了。

南都：发生这样的事，对你以后的采访工作有大影响吗？

陶邢莹：肯定会，特别是如果再去大连赛区采访，很难完全不去想，心理阴影肯定是已经留下了的。我家人现在也是特别担忧我，他们那晚本来不知道这事的，我也没有第一时间打电话去跟我爸妈说，是我舅舅的朋友在网上看到消息告诉家人，他们才知道的，至今还常有亲朋好友打电话给我家里询问情况，我妈每次说起这事就忍不住要哭，还怕被我看见。所以现在我要出门工作什么的，家里人都特别叮嘱，要时时报平安才安心。

（《南方都市报》，2012 年 4 月 28 日，汪雅云）

"防火防盗防记者"观念渗透横行
体育记者一半工作是与××作斗争

新民晚报体育女记者陶邢莹在大连采访中超联赛时遭当地足协官员阻挠和殴打一事，经微博传播得到从媒体到当地政府的广泛关注，记者的人身安全与采访权的保障问题一时成为讨论核心，讨论中有同行吐槽：中国体育记者一半的工作是在与警察作斗争。

● 没有"服务意识"何来尊重

无法追溯中国记者与警察的这种对立关系是何时形成的，但中国新闻界有个公开的秘密，就是在基层县市，有关部门都有一条"圣旨"——防火防盗防记者。记者在很多组织单位面前并不是受欢迎的角色，不过，记者被打这种事情也通常只在进行揭黑报道的社会新闻领域中出现，体育记者多半时间在为和谐、团结、健康、向上的体育赛事作宣传报道，无奈"防火防盗防记者"的观念在中国渗透横行，连当体育记者，实际工作中也难逃与各组织单位和保安、警察斗智斗勇。

在谈及陶邢莹被打一事时，上海市足管中心主任隋国扬认为，中超各赛区足协的任务是代表中国足协参与赛事管理，最主要的职责就是做好各项服务工作——"服务"一词罕有地被提及。大多采访过国内外各项大赛的记者都会有深切的体会，外国与中国、高端与低端赛事最大的区别在于服务理念，那是与"防火防盗防记者"完全相反的一套思维，外国赛事场馆内任何身份的工作人员首要考虑的是如何为来访者提供帮助，提供畅通快捷的办事通道，哪怕是记者在采访过程中违规，受到的对待也多是礼貌性的"劝阻"，而非充满火药味的"驱赶"。

服务理念最根本的体现，是赛会对相关规章条例的设立和执行的态度，大多国际级赛事让记者感觉专业、规范、无障碍，基本源于这些举办了多年的赛事本身有着一套完善的制度和规例，执行上也更要求严格。北京奥运会是近年中国办赛安保要求最高的一次大赛，而无论是政府派遣还是向外招标引入的安保公司队伍，上岗前均需接受严格的特训，特训科目除了常规的擒拿格斗、体能、特技驾驶、急救、排爆、消防等外，还包括英语和外交礼仪——这便是高规格运动会的细节之处。中国办赛往往将"誓保平安"、"万无一失"作为首要任务，这也造成许多大型运动会的安保人员长期在岗位上处于高度紧张和戒备的状态，态度凶恶，而只有通过细致的标准规范，才能让安保人员在无论多紧张的工作环境下都注重礼貌。

● 体育记者是"被管制者"

原本，无论国外还是国内，高端还是低端，各项赛事在赛场纪律方面都有着各自的规章条例，若各方都按章办事，很难出现争执甚至打人这样荒唐的事件。但实质上，中国许多全国性比赛本身就存在规章混乱或形同虚设的状况，如每个赛区规矩不一，规章条例不清晰，被人为化解读，更有一些规定是来自头脑发热式的"某人说了算"。本次大连官员打记者事件，正集合了以上所有问题——"媒体混合区在比赛后15分钟内进入使用状态"被解读为"混合区只对媒体开放15分钟"，当记者对规定提出质疑时，有关负责官员粗暴地以"这里我说了算"应对并暴力驱赶。

中国体育记者普遍感到采访权受威胁，还有一部分原因是在一些规章条例的制定上，官方给予了记者不公对待。上赛季CBA联赛，中国篮协因北京记者围堵"争议哨"的事件出台对记者的"限制令"，例如规定文字记者只能坐在看台上，通行范围仅为媒体休息室以及文字记者席和新闻发布室（未包含球员更衣室），采访需要提前24小时预约等，处处设障，记者采访权限被大大压缩。哪怕是这样，联赛记者（尤其是客队记者）在采访过程中无端被拘、被打的事件还是时有发生，究其原因，是类似于时政记者那般的"揭黑"，被认为触犯了地区甚至个人的利益。

从中可见，体育记者在国内赛事中的地位是"被管制者"，而不可能像在国外那样，是一个赛会服务的对象。所以一般中国体育记者都很彪悍，面对不公条例或对待，与主办方据理力争、与安保人员争执是家常便饭。总之，组织者与体育记者关系向来紧张，怒点一触即发，这也大致可以解释中国体育记者为何有一半的工作是在与警察作斗争。

（《南方都市报》，2012 年 4 月 28 日，丁淑莹）

（二）体育媒体的误区

有偿新闻、虚假报道、低俗之风和不良广告并称新闻界"四大公害"。在体育新闻报道领域，同样存在着这"四大公害"。据权威部门反映，体育新闻、娱乐新闻、财经新闻是近年来虚假新闻的重灾区。这几年，新闻学核心期刊《中国记者》每年不遗余力地评选年度"十大假新闻"，体育假新闻年年"榜上有名"。

以上海《新闻记者》杂志每年公布的十大假新闻为例。从 2003 年开始至今，"入选"的体育类假新闻如下：2003 年，"世界乒乓球锦标赛男子单打冠军施拉格是中国女婿"；2004 年，"国资委认定中国足球是不良资产"、"金钱刺激使得张国政成为奥运冠军"、"女排姑娘败于俄罗斯"（实际是胜利了）；2005年，"越洋电话采访郎平"；2007 年，"退役的亚洲锦标赛冠军唐颖靠摆摊为生"；2008 年，"郭晶晶怀上霍启刚骨肉欲离队"、"比尔·盖茨花一亿美元在北京租房看奥运会"；2011 年，"李娜不满央视记者怀孕八卦提问"；2014 年，"中国女篮集训队队员赵爽因意外怀孕离队"等。这些堪称影响特别恶劣的体育类假新闻，有的是凭空捏造，如"越洋电话采访郎平"，记者根本没给郎平打过电话；有的是提前预报，如"女排姑娘败于俄罗斯"，比赛还没打完，他的稿子就发回去了；有的是捕风捉影，如比尔·盖茨花上亿元租房看北京奥运会，确实有比尔·盖茨来看北京奥运会一事，而假新闻的记者则由此推理，这样的富翁，肯定是不住酒店而是租房子，只有花上亿元人民币，租住在水立方和鸟巢附近的四合院，才能对得起他的身份，于是他就写了这个稿子，又拍下了水立方、鸟巢附近的豪华住宅，稿子就发出去了；有的是听风是雨，到中国举重队采访奥运会冠军张国政的时候，教练说了几句玩笑话，记者马上写成"教练拿出信用卡在张国政眼前晃，说是你举起来了这钱就归你"……以上林林总总的假新闻，败坏了中国体育记者、体育新闻的形象，传播了虚假的信息，影响了人们对事物的判断。这也说明，体育报道确实成为虚假新闻的重灾区，应当及早认清它的危害，及时采取对策。[①]

---

① 叶元. 体育报道中假新闻产生的原因及对策. 记者摇篮，2011（3）：16～17.

新闻学界与业界研究体育虚假新闻出现的原因及其防治方法的文章很多，观点丰富，见仁见智，而周志伟的研究比较有代表性和说服力。

周志伟认为，虚假体育新闻屡禁不止的原因有六：一是追求名声而编造新闻；二是追求利益而编造新闻；三是作风浮夸而编造新闻；四是断章取义而编造新闻；五是业务生疏而以讹传讹；六是不经核实而编发新闻。①

三、大型体育赛事营建新型媒体关系

当前，大型体育赛事营建新型媒体关系，就是建立新型的体育组织与体育媒体的关系，其关键是体育组织如何与体育媒体打交道。体育组织要有更宽广的胸怀，在公开信息的同时，主动邀请媒体来传播信息、推广赛事和实施监督。体育组织在与媒体打交道的时候，应该具备平等观念、服务意识和组织形象理念。如果体育组织能够处理好与体育媒体的关系，则有助于维护、提升、包装体育组织的形象。

首先，在认识层面上，体育组织应尊重、善待媒体。因为媒体负有报道任务，不是来观赛的；媒体客观报道赛事，不是来挑刺的；媒体采集编发新闻，需要设施服务；媒体追求新闻细节，不需单方说教；媒体采访需要秩序，需要科学管理；媒体希望看到笑脸，切忌简单生硬。

其次，在体制层面上，体育组织应信息公开，服务周到。作为政府，应充分认识到媒体不仅仅是工具——耳目喉舌，既要讲管理，更需为媒体提供服务。作为赛事组委会，其职责不仅仅是宣传——引导舆论，还要互通信息，平等待人。作为场馆筹备方，其功能不仅仅是比赛——竞赛舞台，还要规划媒体区，为媒体提供设施和服务，这不可轻视。例如：

俱乐部态度：减少新规对媒体的限制

"媒体新政"于篮协来说只是一纸通知，而真正要将其付诸实际的则是各家CBA俱乐部，事实上既要遵循篮协新政又要保证媒体工作的顺利进行，并不是件容易事。用广东宏远队总经理刘宏疆的话说就是"如果不按照新规矩做，篮协会怪罪俱乐部，而如果新规矩给记者们带来了不便，媒体怪罪的也是俱乐部"。不过从目前一些俱乐部对媒体新政的反应来看，基本还是表态要在力所能及的范围内帮助减少规定对媒体的限制。

---

① 周志伟. 虚假体育新闻出现的原因及防范办法. 新闻战线，2005（10）：18~19.

　　由于新政策规定所有文字记者必须坐在观众席上，不得入内场，这也就意味着有些球队的主场必须重新划分文字记者区。尽管有些球队之前的记者席就是在看台上的，但大多没有限制记者在内场就座的自由。所以按照新规，可能还需要开辟专门的媒体通道，增加安保人手将媒体席和普通观众席区分开来。佛山龙狮队在这个环节先人一步，他们在主场岭南明珠体育馆里专门开设了一台媒体专用电梯，同时还在球场外划出混合采访区，供记者赛后第一时间找到采访对象，这样既符合了篮协的规定，又方便媒体开展工作。在之前的热身赛期间，佛山队的媒体服务便广受好评。

　　至于提前预约制，不少俱乐部都为本地每场必到的媒体安排了固定席位，一般只要不是非常热门的比赛，在记者席数量充足的情况下，主队媒体基本可以省掉预约这个环节，直接前往采访报道。上海大鲨鱼队的新闻官张弛就曾在微博上通知上海本地几位熟识的记者"不用预约那么麻烦，直接过来即可"。而客队媒体则依旧需要预约，如果碰到热门赛事，特别是季后赛关键战时期，所有记者还是要提前预约一下比较稳妥。

　　　　　　　　　　　　（《南方都市报》，2011 年 11 月 19 日，汪雅云）

佛山龙狮"便媒"，篮协下文　推广球场必设混合采访区

　　中国篮协昨天下发《关于加强 2011—2012 CBA 联赛媒体服务工作的通知》，要求各个俱乐部为媒体现场采访提供必要的便利，并明确规定各球场必须设立球员混合采访区。这一出自佛山龙狮俱乐部的"便媒"措施，得以向全国推广。

　　篮协本赛季规定文字记者必须上看台观看比赛，但由于绝大部分俱乐部并没有为媒体提供相关便利的采访条件，以至于出现记者席设在"山顶"（球馆最高处），上了看台进不了更衣室采访，甚至连到媒体工作间的路都无法找到的窘况，媒体与赛区间的矛盾日益增大。而 CBA 的"二年级生"佛山龙狮俱乐部却开风气之先，他们率先在赛场设立混合采访区，并规定自己的球员必须无条件在混合区接受记者采访；媒体工作室设备十分到位；还设立了媒体自驾车停车场、媒体专用电梯、一目了然的指引标志等，受到所有到访媒体的一致好评。

　　有"模范"于此，篮协决定在本赛季首循环行将结束之际向全国推广这一"便媒"措施。

　　　　　　　　　　　（《羊城晚报》，2011 年 12 月 28 日，周方平、李斯婷）

从细节看职业俱乐部

日本足球和中国足球几乎同时步入职业化，将近 20 年过去了，双方的足球水平已经不可同日而语。日本足球无论从成绩还是普及程度都已经远远超过了中国。而昨天记者观察到的一些柏太阳神俱乐部的细节，更印证了两国足球的巨大差距。

柏太阳神去年才从 J2（日本乙级联赛）杀入 J1 的俱乐部，但他们的职业化程度却令人感到惊讶。

细节一：俱乐部官员手中拿着的工作本，上面印着俱乐部的名称和标识，这本不算什么大事，但这种事在国内的俱乐部中从来没见过。可以想象任何与这个俱乐部有关的物品都有标识，无论走到哪里，球迷或者非球迷都会对柏太阳神留下印象。

细节二：在球场的媒体工作间有各种各样的俱乐部资料，如宣传画册、媒体工作须知、球场介绍等。而一本并不算厚的宣传画册，制作非常精美，有队中所有球员的介绍，比如主力酒井宏树、莱昂纳多都占两页版面，十分夺目抢眼。

细节三：中国记者采访赛前发布会和训练时，柏太阳神官员带着记者将场中所有媒体使用设施进行了一遍踩点，包括从记者工作室到混合采访区。这种预演在过去的中超甚至亚冠的比赛也从来没有试过。特别是混采区，工作人员特别劝阻了想提早离开的记者，让他们留下一直等到恒大队训练完，从混采区经过之后，才算结束。

这些事情都不算大事，但每一件每一桩都表现了一个俱乐部的细致和认真，有的甚至是亚冠标准中没有要求的事项，柏太阳神俱乐部都想到了。

我们总在探求中国足球与日本的差距，这就是一次活生生的经历。中国的俱乐部或许能投入不菲，但在这些不需要很多钱，却能真正显示出职业化程度的细节上，差距就如同今时今日中日足球水平一般，岂止一点半点？中国足球缺的不是钱，而是心。

（《南方都市报》，2012 年 4 月 4 日，唐元鹏）

第三节　大型赛事媒体运行的理念

重视媒体，善待媒体，大型体育赛事媒体运行的理念是服务，服务的关键在于细节。用心认真地落实每一个细节，才能保证各种媒体的有序、高效运行，才能发挥大型体育赛事的跨界传播职能。

一、大型赛事媒体运行理念的内容

国际奥委会终身名誉主席萨马兰奇说过："The foreign media more than anyone else measure the success of the Games."（外国媒体比其他任何媒体更能衡量奥运会的成功与否。）"The media are the arbiters of a successful Games."（媒体是一届奥运会成功与否的裁判者。）[①]

同样的，北京奥组委主席刘淇说，要尊重媒体，重视媒体，为媒体创造良好的工作环境——媒体的报道和评价，也是衡量奥运会是否成功举办的重要因素之一。

以奥运会为例，国际奥委会是否有重视媒体的理念直接决定了每届运动会新闻工作者的地位。2000 年悉尼奥运会的媒体运行做得很成功。悉尼奥组委早在 1995 年就制订了一个奥运会媒体运行计划，召集了一批经验丰富的体育媒体专家参与其中，考察分析亚特兰大奥运会媒体运行的经验和教训，妥善安排好奥运会的报道工作。例如，悉尼奥运会期间为没有获得正式采访资格的记者们提供了用于报道奥运会的场所；为记者免费提供 1 万名运动员的个人资料。正因为善待媒体，悉尼奥运会赢得了人们的一致认可。

2004 年雅典奥运会在媒体运行方面也做得很好，除了借鉴历届奥运会的经验外，为了方便外国记者报道奥运会，希腊新闻媒体部设立了专门网站，详尽介绍奥运会媒体运行的各项工作。该网站为奥运会期间前来雅典进行新闻报道的媒体专业工作人员提供了一站式的服务，给记者提供了很多报道的便利，还为编外记者设立了"第二新闻中心"，这些均赢得了媒体的广泛赞同。[②]

得到媒体好评的大型体育赛事肯定是一场成功的赛事，所以，要得到媒体的好评，就要做好媒体运行工作，重视媒体的作用，并善待媒体，为媒体服务。媒体是前来工作的群体，在任何大型运动会上都是最紧张、最劳累、最敏感、有最多需求和最多抱怨的群体，他们需要组委会最专业的保障。

北京奥运会组委会对媒体运行工作极其重视。2002 年 7 月正式公布的《北京奥运行动规划》中明确指出要为新闻媒体报道提供良好的服务，为国内外新闻媒体创造良好的工作环境，提供全面、及时的信息和一流的服务，以确保记者

---

① Palfreyman Richard, The Media（Sydney 2000），*Olympic Review*，August – September，2000（34）：25 – 29.

② 易剑东. 大型赛事报道与媒体运行. 杭州：浙江大学出版社，2008.182.

快速、高效、准确、成功地报道奥运会。2007年9月27日，中共中央政治局委员、北京市委书记、北京奥组委主席刘淇同志在世界转播商大会上发表讲话："举办一届'有特色、高水平'的奥运会，是中国和北京对国际社会的郑重承诺。作为实现这一目标的重要保证，媒体服务受到中国政府和北京奥组委的高度重视。我们将信守承诺，按照国际惯例并借鉴往届奥运会的成功经验，为大家提供优质、便捷的服务。如果我们的有关规定、做法与奥运会惯例及我们的承诺有冲突，我们都将服从国际奥委会的要求和奥运会惯例，满足媒体服务的需要。"

概括来说，大型赛事媒体运行的理念是服务，所以，媒体运行也叫媒体服务。"服务记者，善待媒体"是当今大型体育赛事媒体运行的主旨。特别是北京奥运会和广州亚运会之后，我国体育媒体已经普遍习惯了国际化的媒体运行和新闻服务模式，如果没有他们习惯的设施设备、新闻素材和运行方式，他们会把采访变成旅游，甚至变成批评和讽刺。

2008年9月27日，北京奥组委媒体运行部副部长、北京奥运会主新闻中心常务副主任徐济成先生走进第十五期文汇讲堂，细说"媒体运行"新概念——"用服务搭建舞台"。

"北京奥运会的盛况和新中国的风貌通过媒体传播到世界各地，这也是中国文明史上的第一次。"讲演中徐济成两次提到，北京奥运会是中华民族在复兴之路上的一次高调亮相。怎样才能向世界真实地展示中国？徐济成认为"做好媒体服务"是本届奥运会的成功关键和最大收获。徐济成说："我们建立了全新的媒体运行的理念，给媒体提供方便；此前从来没有任何一个活动对24 000多名记者提供全方位服务；我们还造就了一流水准的媒体运行团队。"

在这样的理念支撑下，北京奥运会的新闻服务展示出中国人的自信。徐济成回顾道："部分外国记者来中国之时是戴着有色眼镜的，但在奥运会体验了一段时间后，他们常常以一声'哇哦'开场，惊叹北京奥运的精彩绝伦。"①

二、落实大型赛事媒体运行理念

（一）媒体运行不同于新闻宣传

媒体运行不同于新闻宣传。"在国内，说起媒体运行时常常会和新闻宣传辨识不清，许多政府、企业甚至片面地认为这不过是新闻宣传的'洋名字'。但事实上，两者是完全不同的概念。如果说新闻宣传注重的是信息传递和舆论引导，那么媒体运行则主要是提供服务，是通过服务来达到管理目的的。比如，每年的

---

① 赵博. 北京奥运，媒体成功运行背后. 文汇报，2008 – 09 – 25.

全国两会都会吸引 3 000 多名中外媒体记者，而 2008 年的北京奥运会运动员和官员加起来才 10 000 多人，但来自世界各地的媒体注册人员却达到了 22 000 人。面对如此庞大且复杂的媒体人员，如何让他们‘right to know – know the right’（以正确的方式获取正确的信息），如何为他们的报道工作提供周全服务成为一项非常重要的工作。可以说，大型赛事和活动所引发的信息需求，不是传统意义上新闻宣传所能力及的。而与之相适的媒体运行，正是为媒体的采访报道提供整个工作环境、各种设施以及服务，除了满足住宿、交通、技术、网络、注册、新闻信息等基本报道需求外，还要针对文字、摄影、广播电视等不同的客户群体提供专业化的服务。"①

所以，根据国内媒体运行专家徐济成的观点，新闻宣传与媒体运行的差异主要表现在如下几个方面：

1. 性质不同

新闻宣传的本质是观点、意见的传播；媒体运行的本质是服务的提供。

2. 行为方式不同

新闻宣传是依托于事实、事件进行的观念传播；媒体运行是立足于设施、服务的细节计划和服务提供。

3. 对象角色不同

新闻宣传以媒体为说服的对象；媒体运行以媒体为服务的对象。

4. 接受方式不同

新闻宣传并非需求信息，媒体可以对信息进行筛选、过滤、补充、评价，选择接受或拒绝；媒体运行是媒体需求的服务，应全面、具体地接受。

（二）关键在细节

重视媒体，善待媒体，关键在于细节，细节决定成败。

当前国际惯例中的媒体运行，一般分为会前准备和实际运行两部分。北京奥组委媒体运行部副部长、北京奥运会主新闻中心常务副主任徐济成先生认为，相比起实际运行，大量的工作集中在活动开始前，其中包括注册记者的行为模式、需求分析，根据记者的需求总体规划，明确媒体服务的组织架构与人员培训，制订可能出现的危机预案。而所有准备，最后都会在一个固定的场所落地，即实际运行中媒体工作的大本营——媒体中心。因此在大型赛事活动的媒体运行体系中，如果说新闻信息服务是核心的软实力体现，那么媒体中心的规划就是硬件所在。

---

① 曹雯，徐济成. 奥运很远，奥运理念很近. 贵州都市报，2013 – 04 – 18.

一个合适的媒体中心必须有足够的面积和宽度，以保证不同专业服务的功能分区，如果是会议型活动，必须保证主会场、新闻发布厅与媒体中心混合采访区之间正确的人流导向；如果是大型赛事，媒体中心的场外就必须有足够的场地，以满足比赛期间的媒体班车以及自驾车停放需求。

有了选址，媒体中心内部的具体规划，绝对是体现服务质量的细致活儿。大到空间布局中的景观变化，小到主背景板上的图案、记者工作台上的插座接口数量，在长期的实践中都有专业标准可循。北京奥运会上，新媒体第一次成为奥运媒体运行的服务对象，于是为新媒体及时发布而量身定做的无线宽带技术成为北京奥运会的一大亮点。与此同时，摄影记者工作站上的蝴蝶挡板，成为北京奥运会的又一创举。

"奥运会摄影记者回到工作站时，通常就几个动作，把左边胳膊上的相机放下，把右边胳膊上的相机放下，再来一个也是如此。因为每个人的工作区域有限，相机都放得很近，颜色、机型又都差不多，很容易拿错，以前的奥运会都出现了相机拿错的现象，而北京奥运会没有一例拿错。"[①]

一块蝴蝶挡板竟然彻底解决了每逢大赛必有摄影记者拿错相机的难题。同样新闻发布会上文字记者和摄影记者的位置关系，也直接关乎实际运行中媒体的工作质量。作为媒体和发布会组织者大概都有这样的经验，采访对象一出场，摄影记者就会冲到其面前，举起相机一顿狂拍，有时甚至会持续整个发布会。结果则是，文字记者坐在后面无法听清发布会的内容，采访对象也会因为面前的混乱景象而想要赶快退场。相反，在 2011 年深圳世界大学生运动会的新闻发布会现场，文字记者的位置被摆放在了中间，摄影记者分列两边和最后，这样安排看起来就清爽、有序多了。所以，奥运会从长期实践中整理了大量的标准化的细节，我们不知道用，是自己的损失。

以心换心重细节

身为主新闻中心常务副主任的徐济成是记者出身，五次奥运会的采访经历让他对记者的需求深有体会。"我本人有过亲身经历，以前采访奥运期间想理发，都得跑到中心区外头找地方，来回一趟至少 3 个小时。"为了让记者们尽可能获得工作和生活便利，北京奥运会主新闻中心的设置可谓周到备至，不仅在主新闻中心内建了酒店、提供全天 24 小时餐饮服务，还专设了理发室、按摩室、健身

---

① 曹雯，徐济成. 奥运很远，奥运理念很近. 贵州都市报，2013 – 04 – 18.

房等便利服务，一应俱全。

硬件的细节能让人感受到，有些细节则润物细无声。在嘉宾对话环节，不少观众捕捉到了"大徐"的一个小动作：在放下麦克风时，徐济成特意垫上一张餐巾纸，防止它滚落。这个身高 1.9 米的山东汉子解释道："我这也算中了'毒'了。我们在工作中一直强调绝对不能忽视细枝末节，比如在主新闻中心内的工作人员和志愿者都必须用双手递交物件。长此以往，我养成了这个那个的小习惯。"对于媒体服务的理念，徐济成用两个词来定义："以心换心、事在人为。"

（《文汇报》，2008 年 9 月 28 日，赵博）

所以，总体上，大型体育赛事媒体运行可以分为设施和服务两个部分，通常以硬件、软件、活件三种方式来显现。硬件包括支持性设施布局与建立，如主新闻中心、场馆媒体中心的设立，电脑等硬件设施的提供等；软件包括组织结构、流程、工作、质量管理体系等；活件即人力资源管理、服务水平等。① 如下图所示：

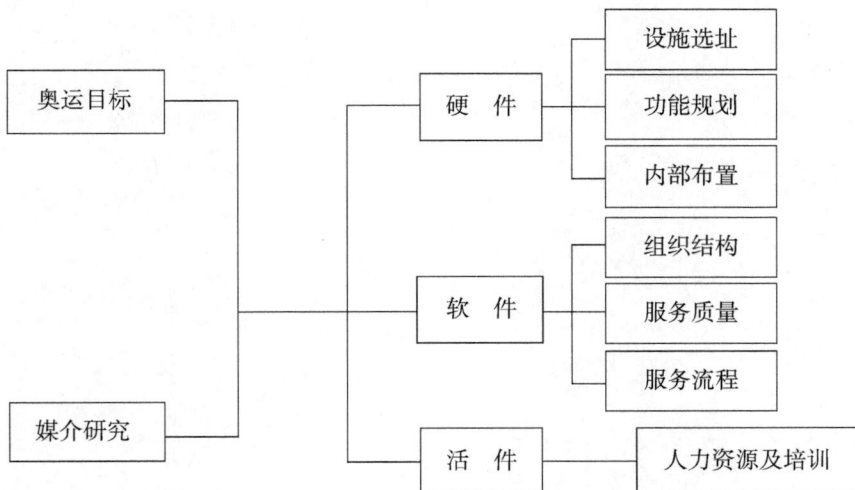

图 1－1　奥运会媒体运行构架图

---

① 易剑东. 大型赛事报道与媒体运行. 杭州：浙江大学出版社，2008.191.

思考与练习题：

1. 理解大型体育赛事的含义和特点。
2. 分析大型赛事的作用。
3. 什么是大型赛事的媒体运行？
4. 分析大型赛事媒体运行的地位和作用。
5. 体育赛事与媒体关系的现状如何？
6. 如何营建大型赛事的媒体关系？
7. 分析大型赛事媒体运行的重要性。
8. 大型赛事媒体运行的理念是什么？说说你的建议。

第二章　大型赛事媒体运行的发展

【内容提要】本章共分两节。高新技术的发展使体育新闻报道实现了全球化，也使大型赛事的媒体运行实现现代化、规范化，逐步走向成熟。科学技术的每一次革新都带来大型赛事媒体运行的飞跃，并使媒体运行呈现出专业化、信息化、服务强、传播广、多媒体的发展趋势。

人类科学技术的每一次进步，也在大型赛事的媒体运行中留下了深深的烙印。易剑东在《大型赛事报道与媒体运行》一书中以现代奥林匹克运动的进程来分析大型赛事媒体运行的演进，笔者认为以科技创新为标志来归纳大型体育赛事媒体运行的历程会更鲜明。

第一节　大型赛事媒体运行的发展历程

一、科技发展与体育新闻报道

在 20 世纪 90 年代中期，高科技已把体育记者武装到了牙齿。和其他大众传媒一样，体育新闻报道已经被科技和通信发展的新成果深刻而永远地改变了。体育记者的各项工作也在电脑、电话和卫星技术的帮助下提高了效率。

早在 20 世纪初，电话就根本性地改变了原有的报道手段。当时前方记者就用电话代替信件或用电报把所写报道传到编辑的案前，以供选用。如今，电脑又取代了电话电报，这使体育记者的通信手段发生了革命性的改变。传播学专家马歇尔·麦克卢汉在其著作《理解媒体》一书中指出，技术创新改变了通信方法，打字机开创了一个全新的文字打印时代。打字机在规范写作方面产生了立竿见影的效果。[①]

20 世纪 90 年代，体育记者装备了功能强大的手提式或笔记本个人电脑、袖珍电子记事本、传真机、微波卫星通信（如电视、广播、电话）和手机等通信

---

① Mcluhan, Marshall, *Understanding Media*, New York：Signet, 1964.

设施。

高性能电脑系统是新技术的核心。它在20世纪70年代就开始清除编辑室无处不在的糨糊、铅笔、橡皮、剪刀和手动打字机等编辑工具，使信息处理比以往更迅速、更及时、更精准，也使体育新闻能够更好地满足读者的需求。

传真机于20世纪40年代中期问世，是影印机和电话的结合体。传真机的工作原理与早期使用电话线传送图片的有线图片机一样，只是速度更快，质量更好。传输过程很简单，只要有发送机和接收机器就行了。记者把打印完毕的稿件放入发送机内，几乎在同时，一张影印的稿件就在编辑的案桌上出现了，可以把更全面的报道更快地提供给读者。

移动电话也成为记者进行现场紧急报道时必备的工具。手机在计划和执行重要报道时作用巨大。记者可以将手机与便携式电脑相连接，这样，记者无论是在出租车上，还是在球员更衣室或其他地方，都可以将稿件及时发回报社。

电子数码相机取代了使用胶卷的照相机。电子数码相机如同电脑，用电子的方式来存储影像，这不仅意味着体育编辑们有更大的选择自由，还意味着他们能更快更好地报道体育新闻。

由于应用了电信和电脑新技术，传统的电话和邮政系统变得更先进了，邮政系统通过电子邮件变得更加灵活快捷。如今，体育记者可以通过局域网、广域网或是与电话网络相连的主机与编辑或其他记者实现信息沟通。

电视的发展对报纸和杂志的体育新闻报道产生了深远的影响。电视的即时重播技术可以为记者在报道中提供更翔实的信息，使其评论更加准确，使记者的报道更全面、更有深度、更有说服力。①

高新技术的发展使体育新闻报道进一步实现了全球化。正如美联社体育部全国执行监督理查德·罗森布拉特所说："科学技术将成为体育全球化发展的关键。远距离的快速传播会让新闻机构越来越依靠现代科技。由于信息量的增大，客观上要求记者采用新的报道方式。""体育新闻报道将向篇幅短小、导语精炼和简单易懂的趋势发展。"②

二、大型赛事媒体运行的发展历程

以科技革新来划分大型赛事媒体运行的发展历程，大致可分为四个阶段：一

---

① ［美］布鲁斯·加里森，马克·塞伯加克. 体育新闻报道. 郝勤等译. 北京：华夏出版社，2002. 310～316.

② Rosenblatt Richard, Sports Will Be Globalized in the '90s with More Games, Leagues, Athletes, *APSE Newsletter*, January, 12, 1990.

是印刷技术促使媒体运行的萌芽；二是电话电报通信技术奠定媒体运行的形成基础；三是电视卫星技术推动媒体运行的发展；四是互联网技术"给力"媒体运行服务，媒体运行走向成熟。

（一）印刷技术促使媒体运行的萌芽

19 世纪末至 20 世纪 20 年代，是媒体运行的萌芽阶段。媒体服务作为一种全新的观念和专门化的社会实践，其孕育与产生的前提是印刷传播时代的到来和奥运会等大型赛事的产生。

印刷术的发明，给中国、欧洲乃至整个世界的文明带来了曙光，使人类社会发生了翻天覆地的巨大变化，并引导人类真正步入一个崭新的大众传播时代。19 世纪末 20 世纪初，新闻传播完全进入以印刷传播为主的时代，以此为契机，人类社会包括体育，向前迈进了一大步。

随着资本主义的发展，从 18 世纪后期开始，现代体育已经在欧洲各国得以传播，欧洲各主要国家都成为体育现代化的推动者。现代体育的科学化程度随着科学技术的进步而迅速提高；现代体育随着资本主义的全球扩张而逐渐传播到全世界。其重要标志是奥运会大型赛事的出现。

体育的国际化趋势为奥运会等大型赛事的产生创造了条件。19 世纪后半叶出现了国际的体育交流活动和比赛，一些国际性的单项体育组织相继诞生。1881 年第一个国际大型体育组织——国际体操联合会成立；1892 年国际赛艇联合会和滑冰联盟相继成立。

在大型赛事奥运会的创建与举办过程中，以顾拜旦为代表的国际体育组织的先驱者们尊重媒体，充分发挥媒体的宣传作用，为体育与媒体的交流和互动打下了良好的基础。这些都孕育了大型赛事媒体服务理念。

顾拜旦与新闻媒体

"奥林匹克之父"法国人顾拜旦被誉为教育改革家、作家、记者，是一位完美主义的推崇者和致力于奉献给全人类礼物的人。

第一届奥运会前的整整两年里，顾拜旦一直寻求建立媒体与奥林匹克运动之间的联系。

1896 年雅典奥运会，顾拜旦投入到记者角色中，成为雅典赛况的官方消息来源。

1900 年巴黎和 1904 年圣路易斯奥运会光芒被国际博览会淹没。

1908 年伦敦和 1912 年斯德哥尔摩的奥运会越来越接近顾拜旦的奥运管理理念，奥运会度过了幼年成长期，得到了世界各知名报纸的广泛关注。

自 1896 年奥林匹克运动诞生起，国际奥委会便已经意识到，没有媒体的支持，奥林匹克理念就不会得到推广。在过去几十年，媒体对奥林匹克运动的发展所作的贡献值得高度赞赏，事实上，顾拜旦作为一位伟大的作家兼天才记者，对于奥林匹克主义而言是无与伦比的恩赐。

——前国际奥委会主席萨马兰奇

本阶段大型赛事媒体服务的基本特点与当时的社会背景及赛事自身的规范程度密切相关。

（1）没有明确的"媒体服务"概念。

（2）媒体服务的领域和对象极为有限。

如 1904 年的圣路易斯奥运会设立了一些记者看台，1908 年伦敦奥运会设立了记者看台和办公间。

（3）文字媒体是这个时期最重要的传播工具。

早期大型赛事媒体运行的亮点表现在：一方面，大型赛事的组织者高度重视媒体的作用，为今后媒体服务的逐步规范奠定了基础；另一方面，组织者在大型赛事的承办史上首次成立了为新闻媒体提供服务的组织机构。

如 1912 年斯德哥尔摩奥运会组委会设立新闻委员会和新闻专员办公室，开展了一系列服务于新闻媒体的工作和实践，成为媒体运行孕育的主要标志。

（二）电话电报通信技术奠定媒体运行的形成基础

20 世纪 20 年代中期至"二战"前，是媒体运行的形成阶段。奥运会等大型赛事的规模进一步扩大，其影响力逐渐扩展到全球，并获得一定程度的公众认可。大型赛事的组织者开始把媒体服务列入议事日程，并纳入赛事组织与管理工作的整体规划中。

1．面向全球的赛事组织

1928 年阿姆斯特丹奥运会的官方报告首次出现"媒体服务（Press Services）"一词。

1928 年阿姆斯特丹奥运会的媒体服务：

①官方报告首次出现"媒体服务（Press Services）"一词；

②成立新闻部（Press Section）；

③在主体育场和其他场地提供电话和电报服务；

④及时传送比赛结果；

⑤发放比赛门票和记者证件；

⑥提供记者看台、记者工作间以及各种设备。

在电话和电报设施的安装上，阿姆斯特丹奥运会组委会与荷兰邮电部部长共同协商，并得到国际电报社主管 G. Kiveron 的全力配合,制订了一个完整的方案，主要措施是：办公室内配备一个 10 人桌和 46 部电话，其中 9 部为自助电话，20 部为长途电话；游泳馆、击剑与摔跤赛场、划船赛场等各个场馆的记者席也都安装了电话，并且与体育场内邮局电话相连。这样就形成了一个完整的电话电报网络，比印刷媒体的赛事新闻报道更快捷、更及时。

2．媒体服务体系的初步形成

20 世纪 30 年代，媒体服务的组织体系和管理方式逐渐形成。这主要从 1932 年洛杉矶奥运会和 1936 年柏林奥运会体现出来。

1932 年洛杉矶奥运会的媒体服务：

1929 年 12 月成立了新闻部（Press Department），针对美国特殊的地理位置，开展世界范围的媒体信息服务，媒体服务的领域进一步扩大，分工更加细致和明确：

①与国外媒体的广泛联系，引起国外公众的兴趣；

②增强美国本土对奥运会重要性的认识；

③为来自世界各地的新闻记者提供合适的工作设施和膳宿。

1936 年柏林奥运会的媒体运行是成功典范。主要表现为：

（1）媒体服务的理念更加明确。

（2）制定了媒体服务基本原则。

1933 年夏柏林奥组委成立，首次确定了媒体服务四条基本原则：

①开展有效的媒体服务和简化记者的工作，使记者能在一天内完成多项采访任务并获知准确的比赛成绩；

②为记者准备大量的记者席位和采取针对性的举措；

③优先照顾专业记者和大型新闻机构记者；

④非正式记者不能任意进入奥运会赛场，不能利用专门的记者设施。

（3）相对完整的组织体系和工作规范。

（三）电视卫星技术推动媒体运行的发展

"二战"后至 20 世纪 80 年代，是媒体运行的发展阶段。

随着全球化电视体育时代的到来，20 世纪 50 年代之后大型赛事的媒体运行步入发展阶段。报刊等印刷型媒体与电视媒体呈现出互补的良好态势，大型赛事的媒体服务保持着一种平衡状态。

1. 全球电视体育时代的到来

电话、摄影、电台、电视、卫星、计算机等电子媒介的飞速发展为全球电视体育时代的到来提供了最基础的技术条件。大型赛事如奥运会和世界杯在这一历史阶段得到了广泛的认可，电视把赛事带进千家万户。

1948 年伦敦奥运会专门成立广播中心（Radio Center），在电视转播时充分考虑媒体采访和评论的需求。

1954 年跨洲的广播电台（欧洲电视网）建立，让观众看到了瑞士世界杯（1954）、瑞典世界杯（1958）和罗马奥运会（1960）的生动情景。

1962 年智利世界杯和 1964 年东京奥运会没有使用陆地电缆。

卫星广播与体育赛事的密切接触始于 1968 年墨西哥城奥运会。

1970 年墨西哥世界杯为卫星传播增加了色彩，开创了全球电视的新时代，吸引了成千上万的世界观众。

20 世纪 70 年代，其他的体育项目也进入了全球体育电视领域。体育与媒体的关系步入一个新的历史时期。

电视媒体的迅速崛起和全球体育时代的到来并不意味着报刊等印刷型媒体的逐步萎缩，报刊等印刷型媒体与电视媒体呈现出互补的良好态势，在电视媒体迅速发展的同时，印刷型媒体依然保持着良好的发展势头。

2. 媒体运行管理模式的完善

媒体服务的组织体系已经成型，媒体服务管理模式逐步完善。

国际奥委会更加注重与新闻媒体的联系。1964 年，国际奥委会新闻委员会（Press Commission）成立，吸收世界各大通讯社和其他新闻结构的优秀体育记者参加。该委员会向国际奥委会执委会提出奥运会媒体服务的具体建议，目的是为文字和摄影记者提供最佳的工作条件。

1960 年罗马奥运会：

（1）组织体系的成型。

（2）工作人员规模的扩大。

（3）职责和工作范围更加明晰。

①组委会官方公告（Official Bulletin）和宣传材料的编辑与发行；

②预备必要的说明性材料（信息和图片）并通过现代信息渠道传播；

③报刊、广播、电视和电影；

④培训播音员和翻译；

⑤新闻中心和记者中心的组织；

⑥借助国内外通信网络为媒体提供通信技术服务；

⑦在所有的奥运会赛场提供新闻信息服务；

⑧在奥林匹克的规则范围内为记者、摄影师、广播和电视评论员、电影和电视制作者等提供注册服务；

⑨提供正式注册记者的交通服务；

⑩提供正式注册记者的接待服务；

⑪《每日项目》（*Daily Programes*）的编辑与印刷；

⑫摄影队的组织与管理；

⑬与广播电视机构的联络；

⑭官方报告的准备、编辑和印刷。

1972 年慕尼黑奥运会：

（1）大型赛事媒体服务管理模式逐步完善。

（2）基本情况。

记者任务：新闻部门为到访的 12 000 多名记者提供印刷材料、通告、参观等各类服务。专门刊物《奥林匹克新闻》每月寄往 126 个国家的报纸、广播、电视机构，在全球五大洲的一些城市举办新闻发布会。

组织与管理任务：为慕尼黑、基尔 4 000 名记者提供注册、食宿等服务。为记者、摄影师、广播和电视工作人员提供工作设施，配备所有技术装备以保证顺畅、快捷的新闻传送。在奥林匹克公园建立新闻中心和广播电视中心等。

（3）信息服务。

组委会的成立标志着德国乃至全世界的记者对本届奥运会的密切关注，组委会需要为他们提供筹备过程的各种信息。

媒体服务部门加强奥运会前与各国新闻机构的联络。

提供奥运会前的媒体信息服务——《奥林匹克新闻》。

新闻指南。组委会向所有注册媒体邮寄新闻指南，主题是 "Who? When? Where? What? Why?" 帮助记者提前了解工作设施细节。

（4）记者注册服务方面的创新。

首次应用电子数据处理系统为记者注册，提高效率。

以信件方式发放调查问卷：说明调查意义和目的，包括价格细节在内的食宿等后勤服务计划；各新闻机构可能派出的新闻记者数量和所选择的体育项目；摄影师记者的申请数量。以问卷调查来确定新闻中心的技术设施规模。

（5）新闻中心。

本届奥运会新闻中心（慕尼黑新闻中心）的功能定位为：

记者会面地点，新闻交换，俱乐部，交流中心，工作地点，通讯社办公室，摄影冲印室，电话、电报和传真室等。

本届奥运会的理念"近距离的奥运会"，不仅适用于运动员和观众，也包括新闻记者。1970 年 12 月组委会最后确定的慕尼黑新闻中心的位置，距离奥林匹克主体育场只有 1 000 米，并紧邻记者生活区。

1972 年 8 月 1 日，慕尼黑新闻中心总面积 18 000 平方米的四层建筑，向所有注册媒体开放，开始 24 小时运营。

3. 媒体运行服务的挑战

20 世纪 80 年代以来，随着大型赛事自身的发展，参与报道的记者人数的逐年增多，报刊媒体与电视媒体分工的进一步明确，媒体服务面临更多挑战，例如，各种工作规范水平亟待提高；媒体信息服务水平需步入现代化；加强人力资源的培训；提高赛前筹备与运营的针对性等。

1984 年洛杉矶奥运会：

媒体服务管理进一步规范。

媒体信息服务进入了新的时期，电子信息系统（EMS）的功能和内容受到了记者的高度评价，除比赛成绩外还提供运动员传记资料、赛场花絮和各国评论等。

未设立记者村，给本届奥运会媒体服务部门的交通、食宿安排带来诸多困难。

1988 年汉城奥运会：

组委会制订计划，力求为各国记者营造最佳工作环境，尽力提供最高效的人力资源、物资及空间的配置。汉城奥运会的媒体服务涉及主新闻中心的新闻报道、图片服务、新闻发布、多语种翻译、交通运输、网络服务和对国内外新闻报道的全力支持等相关工作，为此后的大型赛事的媒体服务带来启示。

（四）互联网技术"给力"媒体运行服务

20 世纪 90 年代以来，互联网技术"给力"媒体运行服务，媒体运行走向成熟。

大型赛事的规模急剧扩大，以奥运会为代表的大型赛事的媒体服务走向制度化，注重现代运营与管理理论的应用。其特征如下：

（1）注重知识管理。

（2）专业分工日益细化。

（3）信息服务呈数字化和网络化。

（4）组织机构设计强调自身特色。

2000 年悉尼奥运会：

2000 年悉尼奥运会的主新闻中心被誉为奥运会历史上最好的新闻中心：选址合适；工作面积足够大；严格按照国际奥委会《IOC 媒体指南》的要求来设计和布局，充分考虑媒介的需求；技术和通信设施提供了重要的支持保障。

2002 年盐湖城冬奥会：

成立媒体服务部门，主要任务是满足比赛期间的运营和后勤需求，以及为 3 000 名注册记者提供管理服务。

筹划、传递并运营比赛期间的媒体设施，主媒体中心（MMC）是主新闻中心和国际广播电视中心的综合体。主媒体中心提供新闻编辑、图像处理和传送的工作环境，可租用的办公空间，新闻简报，电子信息，印刷文本信息，常规服务等。

提供奥林匹克新闻服务。包括赛前的传记和历史资料，以及赛时的新闻和信息。

2006 年都灵冬奥会：

首次采用高清电视信号对比赛进行现场直播；应用宽带网络进行现场报道；首次通过无线网络在手机上进行赛事现场直播和录像播放。

都灵冬奥会非常重视互联网新媒体的作用，为新媒体提供特别的服务措施，并专门向网络媒体派发了正式采访证。

2006 年都灵冬奥会的成功得益于高科技的发展，实现了在更多平台的宣传报道，更多新媒体开始介入大型赛事。首先，这是首次采用高清电视信号对比赛进行现场直播，主场馆架起了 400 台数字摄像机，进行 900 小时的现场报道，这是冬奥会历史上首次采用数字信号进行现场电视报道。其次，它在宽带网络的现场报道上覆盖了四大洲 20 个国家，包括法国、德国、加拿大、澳大利亚和日本等国，远远超过了 2004 年雅典奥运会的 8 个国家，其中法国电信通过 7 个宽带信号进行 50 个小时的现场报道。再次，这是首次通过无线网络在手机上进行奥运会赛事的现场直播和录像播出，手机播放的覆盖面包括五大洲，其中发展比较好的欧洲 14 个国家通过 7 个手机运营商播出图像。

2006 年德国世界杯：
（1）高效、畅通的新闻中心和便利的副新闻中心。
（2）技术革新提高新闻记者的生产力（无线笔记本电脑卡、无线局域网）。
（3）记者席信息传递迅速（桌椅、电源、电视、比赛直播、球员资料、技术统计、电视采访、同声翻译等）。
（4）免费的媒体交通服务。①

2006 年德国世界杯官方信息技术赞助商 Avaya 提供了最先进的"企业"通信技术来包装世界杯。

2006 年德国世界杯的特派记者和摄影师超过了 1.5 万人。摄影师们捕捉比赛的各种瞬间，新闻记者提供最新实况报道，场上解说员则将赛事的相关数据统计传递给相关网站。世界杯组委会必须支持所有重要的合作者，使他们能够从体育场内的任意地点将自己的内容及时发送出去。为此，Avaya 全球服务工程师和安全专家们设计并部署了一套无线局域网（简称 WLAN），赋予新闻媒体至关重要的、在体育场内部自由移动的办公能力——完全摆脱线缆束缚。

无线接入点是整套移动办公解决方案的核心。2006 年德国世界杯涉及的每一个体育场都配备了无线局域网技术，以提高摄影记者的工作效率。Avaya 方案的应用对报道世界杯赛事的新闻媒体成员们造成了巨大影响。在体育摄影界，Avaya 无线接入点意味着更高的效率和更自由的移动。大多数足球世界杯的摄影师都采用数字相机，当记者捕捉到一张照片，需要尽快将它发送出去时，他们只需将照片传到无线笔记本电脑里，然后通过网络上传文件即可。整个过程不到 60 秒就能完成，球迷们几乎是实时看到了照片，这种卓有成效的工作因为互联网而变得如此简单。

---

① 易剑东. 大型赛事报道与媒体运行. 杭州：浙江大学出版社，2008. 136~169.

第二节　大型赛事媒体运行的发展趋势

从上一节的内容反映出，现代奥林匹克运动会从一开始就有初始状态的媒体运行，随着时代的发展、科技的创新、大型赛事的不断壮大、全球化程度的不断深化，媒体运行也与时俱进，日益规范和成熟，在现代社会各种大型体育赛事中，媒体运行扮演着越来越重要的角色，发挥着不可替代的作用。由此，我们有必要来探讨大型赛事媒体运行的发展趋势。

一、专业化程度日益提高

随着大型体育赛事的日益多样化和复杂化，媒体记者进行采访报道的需求也越来越广泛和深入，他们对媒体运行的要求也越来越多样和细致。为了更好地满足媒体记者各方面的需求，大型赛事组委会在媒体运行领域分化出很多专业的业务区，如交通服务、注册服务、技术支撑服务、新闻服务等。在场馆的不同功能区有专门的团队进行管理和服务，目标明确，分工细致，合作良好，是大型赛事有序、有效报道的有力保证。

首先，新闻服务团队需要一批业务经验丰富、专业知识扎实的人员来组成，最好有国内外专家的参与。因为新闻服务的工作内容非常专业，参与人员事先需要进行专业的培训，需要事先制订专业的计划。其次，新闻服务工作是标准化的流水作业，赛事信息的获取、传输、发送，环环相扣，串成一体，连成一线，只要一个环节出错，就会影响报道，造成损失，所以要力求步步精心。再次，新闻服务团队构成需要国际化，新闻服务来自西方，我们要合理利用资源。要引进这个领域里的专家或国际人才进行指导和监督，才能保证媒体服务顺畅地运行。北京奥运会和广州亚运会的媒体运行团队就是由国外的体育信息专家和新华社的资深记者共同参与的，从而出色顺利地完成了面向世界的赛事报道工作。

同时，要想提高大型赛事媒体运行的组织和管理水平，就需要在客户的组织文化框架内发展自己的专业知识。也就是说，要想在全球性赛事的推广中取胜，管理者应该理解举办赛事国家的文化、经济以及政治等诸多方面与自己国家的细微差别，尊重主权，包容理解，从而制定发挥积极影响的决策。此外，过硬的专业知识（外语、体育、新闻）、良好的沟通能力和娴熟的电脑技术也是专业化管理者的必备素质。

二、信息丰富，资源共享

随着互联网的普及和大型体育赛事的全球化传播，受众对于体育资讯的需求越来越多，媒体运行的重要性也越来越突出。现在，大型体育赛事组织者通过建立赛事官方网站来为媒体记者提供信息和服务。如 INFO 系统就是体育记者的"专业智囊"，它具有内容丰富、信息庞大、资料翔实等优点。INFO 系统是大型体育赛事提供专业新闻服务的内部网站，也可称为组委会的"官方通讯社"。它可通过电脑终端以网页形式向运动会大家庭、媒体及其他所有注册人员提供赛事信息服务，主要包括运动员简历、比赛成绩、赛时新闻、奖牌榜、日程表、赛事前瞻、赛事回顾、混合区即时引语、新闻发布会摘要、活动安排、背景信息、纪录、交通、天气等信息。这些信息对注册记者来说非常有用，而在 INFO 上就能了解这些信息，可节省时间与精力，提高工作效率。

广州亚组委在建设 INFO 2010 系统的同时，还专门聘请了专业的新闻团队，在第一时间采集运动员的赛后感言，为记者提供素材。广州亚运会期间，AGNS 共发稿近万条，为那些因亚运会比赛项目众多（42 个大项）、场馆众多（53 个竞赛场馆，17 个独立训练场馆）而分身乏术的记者报道各个体育场馆的赛事，提供及时、专业、全面的新闻服务。①

三、转变观念，"服务"至上

在媒体运行概念出现之前，大型体育赛事组织者对前来采访的媒体记者采取的是"管理"政策，这不仅影响了记者的采访报道，也打击了记者工作的积极性。随着北京奥运会的完美举办，"媒体运行"的理念亦成功地植入我国，西方先进的思想和经验使中国的体育赛事管理者的观念发生了转变，即由"管理"转向"服务"。

在业界，媒体运行又称作"媒体服务"，提倡的是"服务"，而不是"管理"。对于大型体育赛事来说，为媒体提供的设施和服务都要通过一个完善的系统和一系列严谨的流程才能实现，才能保证大型体育赛事的正常、有序、高效运行。所以，国际奥委会（IOC）和各种体育组织十分重视媒体服务工作。从 2000 年悉尼奥运会开始，国际奥委会与奥运会举办城市都要签订一份《主办城市合同》，这个合同有一个附件，名为《IOC 媒体指南》，2005 年更名为《IOC 媒体技术手册》，这就是奥运会媒体运行的原则和标准，它要求赛事组委会把所有媒

---

① 褚亚玲. 从广州亚运看媒体运行服务. 中国记者，2011（1）：83~84.

体当作服务对象，即客户，而不是管理对象，即被管者。

　　媒体运行各个领域都是围绕"服务"这个理念来开展工作的，大到 MPC（主新闻中心）、VMCs（场馆媒体中心）的通信设备和 INFO 系统的完善，小到场馆的照明灯光、媒体交通的安排，甚至媒体班车点到场馆媒体中心的距离，都要经过细致的考虑和规划。而在媒体运行过程中，运行团队要与主转播机构、各持权转播商、各大通讯社和相应官员、协会机构保持密切沟通，使各种信息交流的渠道畅通无阻，使媒体运行的服务质量不断提高。[①]

四、新媒体日益受到重视

　　新媒体是相对于传统的平面媒体和广播电视媒体而言的。新媒体的概念包括两层含义：一是基于技术进步引起的媒体形态的变革，尤其是基于无线通信技术和网络技术革命基础上出现的媒体形态，如数字电视、手机、博客、电子杂志等；二是随着人们生活方式、营销理念的转变，一些渠道、载体成为信息传播的新载体，从而被赋予媒体的意义，如楼宇电视、车载移动电视等。这里主要是基于技术进步的角度去考量新媒体，其代表即是网络媒体、移动手机等。

　　新媒体带来了一种全新的视听和生活方式，受众不再是单向、被动地接受信息，而是通过高度的可选择性和互动方式来获取信息。而网络媒体具备了将各种信息形态（图片、声音、活动图像）相互转换的能力，具有强大的同步交互传播的能力，以及全球性高时效的传播能力，其优势越来越明显，受众越来越广泛。

　　在信息全球化传播的背景下，大型赛事的组织者在媒体服务的资源配置方面逐渐向新媒体倾斜，注重为新媒体提供更好的服务。2006 年德国世界杯，赛事组委会高度重视新媒体，在国际广播电视中心内设置了一个新媒体的区域，包括网络电视、移动手机、手机电视等新媒体。2008 年北京奥运会、2010 年广州亚运会也与新媒体传播机构签约，发挥新媒体的独特优势，这成为媒体运行的一个亮点。

五、媒体服务与赛事传播结合更为密切

　　大型赛事给举办国和地区提供了重要的契机去向世界宣传自己、展示自己，在世界范围内表达"自己的声音"，也刺激本国或地区基于奥运会之类赛事的需

---

　　① 第16届亚洲运动会组织委员会. 亚运会媒体运行：广州亚运会媒体运行志愿者专业培训教材. 广州：暨南大学出版社，2009.4.

要而进行大规模的建设,从而创造巨大的政治、经济价值。①

阿诺德等曾深刻指出大型赛事等活动的政治作用:"掌权的各种政府将继续利用标志性活动来对其即将届满的任期加以圈点、唤起民族主义精神和热情,并最终赢得选票。"②

霍尔也指出:"在标志性活动中,政治是至高无上的。假设情况不是这样,要么是天真,要么是口是心非。——通过战胜其他地方赢得主办权或赢得比赛本身就满足了心理和政治上的需要。从物质、经济、社会,更重要的是政治上看,在一次标志性活动后,有些地方将永远不再像原来那样了。"③

大型赛事全球传播的经济价值同样重要。体育赛事与经济的联姻始于对赛事的商品属性的认识。奥运会、世界杯等大型赛事所蕴藏的巨大商业价值,催生出一个新的经济领域,即"赛事经济"。体育的赛事,可能是聚宝盆,也可能是滑铁卢。

体育赛事的市场价值取决于组织者、推广商、赞助商与媒体的合作和策划。

大型赛事的媒体服务与赛事传播合作的密切程度,将深刻影响赛事的最终效果。

思考与练习题:

1. 谈谈科技发展与体育新闻报道的关系。
2. 了解大型赛事媒体运行的发展历程。
3. 分析大型赛事媒体运行的发展趋势。
4. 如何理解大型赛事媒体运行的专业性?
5. 大型赛事如何为新媒体提供服务?

---

① 易剑东. 大型赛事报道与媒体运行. 杭州:浙江大学出版社,2008. 172～173.

② Arnold et al. , The Grand Prix, Road Accidents and the Philosophy of Hallmark Events, in G. Syme, B. Shaw, D. M. Fenton and W. Mueller, *The Planning and Evaluation of Hallmark Events*, Avebury:Aldershot, 1989.

③ Hall, Colin Michael, *Hallmark Tourist Events*:*Impacts*, *Management and Planning*, London:Belnaven Press, 1992.

第三章　大型赛事媒体运行的特点和原则

【内容提要】本章共分三节。分别探讨了大型赛事媒体运行的依据、原则、特点、职责和功能，其中，熟悉媒体运行的特点、理解媒体运行的功能非常重要，是大型赛事媒体服务团队做好媒体运行的前提。

IOC（国际奥林匹克委员会）对媒体报道奥运会有着深刻的认识。如果说，商业赞助帮助奥运会摆脱了经费困局，并且引起了众多城市竞相争办奥运会的高潮；那么，正是铺天盖地的媒体报道，使得奥运会成为真正意义上的世界性节日。因此，IOC 要求任何一届奥运会的组委会必须成立媒体运行部门，并用《奥林匹克宪章》、《主办城市合同》、《IOC 媒体技术手册》等形式，详细规定了组委会必须为采访报道奥运会的媒体提供的设施和服务。[①]

第一节　大型赛事媒体运行的依据和功能

一、奥运会媒体运行的依据

奥运会媒体运行的依据主要来源于各届奥运会的经验教训，而各大国际赛事也经常参照奥运会媒体运行的详细规范和具体要求，制订媒体运行的计划和服务标准。赛事组委会在考虑尽可能节约成本的情况下，提供必要的设施和服务，来满足记者报道赛事的需求。

国际奥委会在每届奥运会之后，都会在《奥林匹克宪章》的指导下，对赛事组织情况进行总结。1996 年亚特兰大奥运会结束后，国际奥委会在 1997 年专门制定了《主办城市合同》和各类"指南"文件，规定了奥运会主办城市必须履行的承诺和奥运会组织工作的最低标准。2004 年雅典奥运会后，国际奥委会又修改了各类"指南"将其更名为《IOC 媒体技术手册》，进一步细化奥运会组织工作的各项要求。

---

① 李嵘. 从新闻管理到媒体服务——奥运会媒体运行观念的转变. 新闻记者，2007（11）：43.

(一)《奥林匹克宪章》

《奥林匹克宪章》是国际奥委会制定的关于奥林匹克运动的最高法律文件。宪章对奥林匹克运动的组织、宗旨、原则、成员资格、机构及其各自的职权范围和奥林匹克各种活动的基本程序等作了明确规定。这个法律文件是约束所有奥林匹克活动参与者行为的最基本的标准和各方进行合作的基础。

《奥林匹克宪章》的内容有以下几个方面。

(1) 阐述了奥林匹克运动的宗旨,确定了奥林匹克运动的目标,规定了奥林匹克运动的发展方向。

(2) 界定了奥林匹克主义和奥林匹克精神等重要概念,奠定了奥林匹克运动实现其目标的思想基础。

(3) 将奥林匹克运动组织体系以法律条款的形式固定下来,对奥林匹克大家庭的各个成员,特别是三大支柱(即 IOC 国际奥委会、NOC 国家奥委会和 IFs 国际单项体育联合会)在这一运动中各自的位置、功能、任务以及相互之间的关系作了清晰表述和规定,既保证了它们各自的独立性,又使它们互相联系,形成一个完整的功能体系,从而提供了一个与奥林匹克运动相应相称的组织基础。

(4) 界定了奥林匹克运动的基本内容,如奥运会、大众体育活动及奥林匹克教育与文化活动。

关于"媒体报道奥运会",《奥林匹克宪章》第 52 条规定:

(1) 必须采取所有必要措施,确保各种媒体进行最充分的奥运会报道,拥有最广泛的受众。

(2) 所有有关媒体奥运会报道的决定都必须由 IOC 作出。

第 52 条附则规定:

(1) 媒体通过奥运会的报道,传播和推广奥林匹克的原则和价值,是奥林匹克的一个目标。

(2) IOC 执行委员会在《IOC 媒体指南》中确立了媒体报道奥运会的所有技术规则和需求,并使其成为《主办城市合同》的一部分。《IOC 媒体指南》的内容和 IOC 执委会的所有其他指导文件,对奥运会报道的所有人员有约束力。

(3) 只有媒体注册人员才能作为记者、报道员或者其他新闻人员进行采访。奥运会期间,所有运动员、教练员、官员、新闻官或者其他注册人员,无论在何种情况下都不能以记者或其他任何注册媒体的身份进行采访。

(二)《主办城市合同》

《主办城市合同》是 IOC 与奥运会主办城市签订的合同,一般在 IOC 宣布奥运会主办城市后立即签署,合同规定了主办城市承办奥运会应遵循的原则、应遵守的承诺、应享有的权利及应履行的义务。

《第 29 届奥林匹克运动会主办城市合同》，也就是北京奥运会《主办城市合同》，是在北京市于获得第 29 届夏季奥运会主办权的当日——2001 年 7 月 13 日在莫斯科与 IOC 签订的。这份《主办城市合同》共有 11 章 71 条，附件 14 个。其中附件 E 是《IOC 媒体（包括广播、文字报道和摄影报道）指南》。北京奥运会《主办城市合同》中有三个章节特别提到媒体运行：

（1）第 2 章"策划、组织和举办奥运会的原则"的第 17 条"媒体交通运输"规定：

奥运会组委会应向奥林匹克大家庭提供可靠的交通系统。所有与交通有关的事宜应提前报请 IOC 执行委员会书面批准，特别是，须免费为注册的参赛者、随队官员、技术官员、媒体人员和奥运会上 IOC 执行委员会指定的其他注册人员，在该城市机场与奥林匹克村和其他注册人员的住地之间提供交通车辆，为他们来往于上述住宿地点和主办城市、主办国之内与奥运会有关的所有场馆（包括训练场馆）提供交通。

（2）第 3 章第 27 条"媒体人员住宿"等条款中，对注册记者的交通和住宿的服务，提出了明确要求：

奥运会组委会应负责按《IOC 媒体指南》，即本合同附件 E 中的规定向所有已经注册的记者提供足够的、合适的住宿。此类住宿安排须包括一个或几个媒体村或饭店住宿作为补充。

（3）第 8 章"奥运会的媒体报道"规定中列出了如下条款：

①第 49 条：电视和广播协议。

a. 一切有关奥运会的电视和广播协议由国际奥委会谈判缔结。根据目前了解，一切有关上述协议的谈判、内容和签署，包括由奥运会组委会及主办国奥运会转播组织（奥林匹克广播组织）提供的一切基本设施、服务和其他要求，都属 IOC 执行委员会的独家权限之内。

b. IOC 将把有关奥运会电视与广播的协议净收入的 49% 拨给或分配给奥运会组委会。

c. 分配给奥运会组委会广播电视的收入，除其他因素外，应投入到媒体基本技术设施和服务的支出当中。

②第 50 条：电视、广播的设施和服务。

a. 城市、IOC 和奥运会组委会承认在全世界有最广泛的观众的重要性，并确保最高质量地转播奥运会。按照本合同附件 E《IOC 媒体指南》的规定，为奥运会转播提供设施、服务及其他必要条件，应该根据下列规定设立奥林匹克广播组织。

在这一条中，IOC 执行委员会最迟于 2002 年 3 月 31 日前确定，奥林匹克广播组织是一个由 IOC 自己控制的还是由奥运会组委会控制的实体。

这个奥林匹克广播组织应该在不迟于奥运会组委会成立后 6 个月内建立并投入运行。这个组织应根据本合同的详细要求提供具体设施、服务和技术所需条件。

b. 广播商使用的一切设施、服务和其他必要条件应由奥运会组委会免费提供，《IOC 媒体指南》中另有明确规定的除外。在后一种情况下，价格应在收费标准卡上列出，并事先经 IOC 执行委员会书面批准。

c. 比赛成绩服务须按 IOC 执行委员会规定的格式以 IOC 的名义注册版权，并符合 IOC 执行委员会要求的条款和条件，由奥运会组委会向 IOC 认可的国际通讯社传送成绩公报，费用由奥运会组委会负担。获注册的媒体和各国际单项联合会，以及 IOC 执行委员会指定的其他人员，亦应按照 IOC 执行委员会要求的条款和条件享受这类服务，不附加任何费用。

（三）《IOC 媒体技术手册》

奥运会媒体运行的依据实际上是对历次奥运会的总结，并在此基础上不断更新完善的，一是缘于奥林匹克运动的发展，二是缘于科学技术和媒体的自身发展。其根本目的是满足全世界受众观看奥运会盛况的需求，向全世界传递奥林匹克精神。

从《IOC 媒体指南》到《IOC 媒体技术手册》：

2000 年悉尼奥运会后，IOC 在 2001 年制定发布了一系列"指南"文件，都被列入《主办城市合同》附件，其中之一就是《IOC 媒体指南》。

2005 年 11 月，IOC 又修订了各种"指南"，并更名为《技术手册》。《IOC 媒体指南》也被更名为《IOC 媒体技术手册》，更新过后的媒体技术手册，实质就是奥运会媒体运行的原则和标准，是指导奥运会筹备和运行的实用手册。

《IOC 媒体技术手册》是指导奥运会筹备和运行的实用手册，分为文字/摄影媒体和广播电视媒体两个部分。其中文字/摄影对应 Press，媒体对应 Media，组委会为其提供的系统服务，称作"新闻运行"；而广播电视对应为 Broadcaster，组委会为其提供的系统服务，称作"广播电视运行"。

《IOC 媒体技术手册》第一部分是"文字/摄影媒体的设施和服务"，有三个章节：

第一章：总序言和 IOC 媒体架构。包括《奥林匹克宪章》节选、奥林匹克转播服务、IOC 媒体架构和总结报告。

第二章：组委会为媒体提供的一般设施和服务。包括媒体住宿、媒体交通、通信、技术、媒体注册、进入奥运村政策和程序、高需求赛事对文字和摄影媒体的规定、语言服务、支持服务等。

第三章：文字和摄影媒体。包括新闻运行的功能，新闻运行架构，新闻运行功能区管理，主要任务的时间表，主新闻中心（MPC）的功能、位置、建筑结构和面积，场馆媒体设施和服务，奥林匹克新闻服务（ONS），摄影服务和媒体服务等。

《IOC 媒体技术手册》第二部分是"广播电视媒体"，分五大部分：广播电视的定义、组委会向媒体提供的一般设施和服务、场馆广播电视的设施和服务、国际广播中心（IBC）和附件等。

二、大型赛事媒体运行的功能

媒体运行与新闻宣传不同，新闻宣传是赛事组织者与外界进行信息交换的主要方式，主要是对运动会的主体赛事及其组织筹备过程进行宣传。一般来说，新闻宣传不是原始信息的发布，而是带有鲜明目的性的信息组织与发布行为。[①] 媒体运行主要目的在于为记者提供工作、生活条件和其他服务，满足媒体的需求。

从传播学的角度来看，大型赛事的媒体运行最本质的功能就是筹备赛事和为赛期内来自世界各国的大众传播媒介提供新闻工作、交通、餐饮、住宿等各种类型的服务。[②] 比如奥运会媒体运行的功能是：负责服务奥运会期间注册的文字和摄影媒体；组织、提供、运行所有的媒体设施和服务；组织运行主转播机构，为持权转播商提供相应的设施和服务。

用一句话来概括，媒体运行的核心是为注册记者报道大型赛事提供设施和服务。但是，提供设施和服务，说起来简单，做起来并不容易。在很多从事北京奥运会媒体运行的专家看来，媒体运行是按照《IOC 媒体技术手册》的要求，根据详细的筹备计划和技术要求进行的，提供的设施是有技术要求的，提供的服务是有具体标准的，是一个系统工程。媒体运行的核心是服务，但服务是通过详细的运行计划来完成的。

具体来说，奥运会媒体运行的功能可归纳如下：

（1）规划和实施在 MPC、IBC、VMCs、奥运村、媒体村以及 IOC 总部饭店的媒体设施和服务。

（2）奥林匹克新闻服务（ONS）为赛时的 INFO 系统提供全面均衡的新闻信息。

（3）规划实施 MPC 摄影记者工作间和柯达影像中心，竞赛场馆内摄影服务

---

① 国家体育总局竞技体育司，北京五洲体育文化发展有限公司．全国综合性运动会组织管理指南．北京：国家体育总局，2006.94.

② 易剑东．大型赛事报道与媒体运行．杭州：浙江大学出版社，2008.184.

设施的建设。

（4）规划和协调媒体的一般服务，包括注册、住宿、交通、收费卡、专业志愿者项目、出版发行以及与各 NOCs 和新闻机构的沟通。

（5）负责记者工作间、记者看台席、混合区和新闻发布会的有序运行。

（6）负责电视转播需求的落实。

第二节　大型赛事媒体运行的特点

大型体育赛事的媒体运行与赛事本身紧密相连，互动共生。大型体育赛事媒体运行的特点是以其服务对象——参加赛事新闻报道的媒体记者为依托，在各种服务实施的过程中形成并反映出来的。以北京奥运会、广州亚运会为例，大型体育赛事媒体运行的特点可以归纳如下：

一、服务对象庞大

由于大型体育赛事的全球化发展，体育产业的新兴勃发，参加赛事新闻报道的国家和地区以及记者数量飞速增长，规模庞大。从 1980 年至 2008 年，除了 1992 年巴塞罗那奥运会之外，报道奥运会的注册媒体记者数量呈逐届上升趋势（见表 3-1），记者的数量远远超过了参赛运动员。其中，北京奥运会的注册记者有 21 600 人，非注册记者因为无法统计，最保守估计也有 1 万人，最大的估计有 3 万人，这样，注册记者与非注册记者的总和至少超过 3 万人，他们与参赛运动员之比大约为 3∶1。事实上，从 2000 年悉尼奥运会开始，媒体运行就已经成为赛事组织方必须面对而且须加以解决的重大课题。

表 3-1　1980—2008 年夏季奥运会注册媒体记者与参赛运动员人数统计表

年　份	1980	1984	1988	1992	1996	2000	2004	2008
参赛运动员人数	5 217	6 797	8 465	9 367	10 318	10 651	11 099	10 666
注册媒体记者总数	7 960	8 700	15 290	12 830	15 834	16 300	21 500	21 600
注册媒体记者之文字和摄影记者数	3 860	3 840	4 930	4 880	5 954	5 300	5 500	5 600

（续上表）

注册媒体记者之广播和电视记者数	4 100	4 860	10 360	7 950	9 880	11 000	16 000	16 000
运动员与注册记者之比	1：1.5	1：1.3	1：1.8	1：1.4	1：1.5	1：1.5	1：1.9	1：2

以北京奥运会为例：北京奥运会从 2008 年 8 月 8 日至 24 日，共有 200 多个国家与地区的人员参加，其中包括 10 666 名运动员，21 600 名注册媒体记者，10 000 名左右非注册媒体记者（没有正式采访证、不能进入赛场的记者），8 000 名赞助商人员及其合作伙伴，4 000 名正式工作人员及 4 000 名合同商工作人员，1 800 名 IOC（国际奥委会）、IFs（国际单项体育联合会）官员和技术官员，10 万名志愿者，50 多万名境外游客，近 200 万名国内游客，北京奥运会向 220 个国家和地区转播，覆盖 40 亿以上观众。上述各项数字代表了北京奥运会的总体规模。而庞大的记者群，在同一时间、同一区域工作，其对服务的需求是非常复杂而且多样的。大赛期间，记者持证涌入场馆的数量也很难预料，记者对看台席的需求也是根据比赛的项目、进度而发生变化的。所以媒体运行需要灵活机动，以不变应万变。

应该说，在北京奥运会期间，全北京乃至全中国都在进行各式各样的专业与对口服务，其中，最重要的服务就是媒体服务。因为前国际奥委会主席萨马兰奇曾经说过：“奥运会成功与否是由媒体作出评判的，外国媒体更能衡量奥运会的成功与否。”[①] 媒体是一届奥运会是否成功的最终评判者，这种说法现已得到普遍认同。因为奥运会报道是人类社会最大规模的媒体传播活动，奥运会的盛况和举办城市的风貌通过媒体传播到世界各地，媒体报道左右人们对奥运会和东道主城市、国家的看法和评论，离开媒体的报道和传播，奥林匹克运动会就无法对世界产生如此广泛和重大的影响力。

二、设施要求齐全

2008 年北京奥运会媒体运行部的职责是为注册文字/摄影媒体和非持权转播商（简称注册文字/摄影媒体）记者提供所需的设施和服务，以便让他们充分报道 2008 年奥运会和残奥会。这里的设施就是指媒体开展工作必要的硬件设施和设备。大型体育赛事的特点是项目多、场馆分散，媒体记者为了报道好运动会，

---

①　Palfreyman Richard, The Media（Sydeny 2000），*Olympic Review*, August – September, 2000 （34）：25 – 29.

常常连续作战，疲于奔命。因此，他们需要组委会提供的硬件设施有：

（1）媒体设施：MPC、IBC 和 VMCs 媒体的工作场所。

（2）媒体交通：媒体的"双腿"。

（3）IT 和通信技术：媒体进行新闻信息的收集、加工和发送的"生命线"。

（4）新闻信息：媒体需要大会提供的基本信息作为新闻稿件的背景或素材。

（5）其他服务：媒体住宿、媒体餐饮等。

主新闻中心的硬件构成主要包括记者工作区、记者服务区、新闻发布厅和混合采访区四大部分，这四个工作区相互关联，密不可分，是记者对比赛进行采访报道的主要工作场所。这四个场所应靠近比赛现场，且不宜相距太远，以便记者顺畅工作。另外，应对不同的新闻媒介，如电视、广播、报纸、网络等，配备相应的先进的硬件设施。[①]

各场馆媒体中心的硬件设施非常多，要设立文字记者工作间、摄影记者工作间、带桌文字记者席、无桌文字记者席、场地摄影位置、看台席摄影位置、混合区、新闻发布厅，另外还要安置摄像机、布置线缆桥架、停放转播车等。在各个功能区，还需配置办公家具，布置可靠充足的电源，安装可靠的电话、网络等技术设施。这些硬件设施设备是媒体记者必不可少的物质平台，必须准备齐全，提前就绪。

三、服务标准细致

奥运会是全世界的体育盛会，也是各国媒体记者新闻大战的盛会，记者的工作压力大，时间紧，任务重，对媒体运行的设施和服务的要求高。一般来说，对于大型赛事媒体工作的三大区域 MPC、IBC 和 VMCs，记者既要求有舒适的工作环境，同时也需要热情周到的服务，并且对服务标准要求高。主要包括三大服务：

（1）摄影服务：提供专业服务（位置、光线、背景）。

（2）新闻服务：提供信息服务（赛前信息、赛时信息）。

（3）媒体服务：提供支撑服务（注册、交通、住宿、收费卡、技术、餐饮）。

要求做到空间宽敞舒适、交通准时（结合场馆实际运行赛前和赛后 3 小时）、通信稳定可靠、信息完整及时准确、餐饮价廉物美等，这样，来自世界各地的记者才能在特定的时间内（各自的截稿时间之前）和区域内，利用组委会

---

①　易剑东. 大型赛事报道与媒体运行. 杭州：浙江大学出版社，2008. 195 ~ 196.

所提供的设施和服务，完成各自的使命。

比如，保证主新闻中心（MPC）到各场馆的媒体班车准时发车，并按照班车计划准时把记者送到比赛场馆。到了比赛场馆，保证记者在下车后，步行较短的距离（一般小于150米），来到场馆媒体中心或者记者看台席。保证记者在几分钟内到达混合区采访，保证记者工作流线的顺畅。记者在看台席或者工作间写稿，保证电源充足、有线网络和无线网络的畅通等等。

四、筹划布局规范

媒体运行是建立在硬件设施的基础之上的，而这些硬件设施都被安置在媒体运行的各个功能区当中。因此，媒体运行所需的功能区、硬件设施、技术设备，在场馆的规划、设计、建造阶段就要介入，才能保证电视转播、新闻运行、摄影服务和新闻服务有序进行。与此同时，在场馆运行设计阶段，客户应在场馆运行时对媒体运行提出明确而具体的要求。因为竞赛、贵宾、媒体、观众、赞助商等各个客户群的需求在场馆中交叉，媒体运行只有在多次协商讨论多方需求的基础上，才能优化设计，满足需求。

如媒体中心MPC的设置，应运筹帷幄以下几个方面：

1. 位置：关乎媒体的效率
①媒体中心在场馆的位置。
②功能区在场馆的相互关系。
2. 空间：关乎媒体的工作
①MPC/IBC的空间：低楼层，大空间。
②VMCs的空间：看台媒体席、记者工作间、混合区、新闻发布区、电视转播区。
3. 流线：关乎媒体的活动
①场馆外围的流线。
②场馆内部的流线。
③媒体流线与贵宾流线的分割。
4. 设备：关乎媒体的效率
①有线/无线通信。
②INFO终端运行。
5. 运行：关乎运行的成败
①准时、便捷的交通。
②稳定、可靠的通信。

③价廉、可口的餐饮。

（一）MPC

1. MPC 的功能

（1）注册记者工作总部。

注册文字、摄影记者和未获转播权的转播商的工作总部、工间餐饮及休憩地，提供 24 小时报道运动会所需的各项设施和服务。

（2）媒体运行指挥总部。

①主管上级组织、媒体运行部和宣传部办公室均设于此。

②赛时媒体运行部负责人通过 MPC 协调所有涉及媒体的服务。

（3）运动会的信息总汇。

提供运动会新闻和信息服务，数十至数百场新闻发布会；ONS 的工作总部。

2. MPC 的设置

（1）设置。

①位置：靠近主要赛场和媒体住地。

②空间：低楼层，大空间。

③流线：便捷抵达各功能区。

（2）功能区。

外围、大堂、记者工作间、新闻发布区、出租空间、餐饮区、场馆运行区。

（3）运行。

①媒体运行主责。

②相关部门协助。

（二）IBC

1. IBC 的设置

①位置：靠近主要赛场和媒体住地。

②空间：低楼层，大空间。

2. IBC 的功能

①持权转播商的总部。

②支撑性服务。

③技术区服务。

3. IBC 的运行

①主转播商主责。

②媒体运行协助。

（三）VMCs

1. VMCs 的功能区

（1）媒体区。

①文字记者工作间：便于到达媒体看台；存物柜。

②摄影记者工作间：便于到达媒体看台和比赛场地；存物柜。

③媒体看台：在正面座席，无视线阻挡；带桌占一半席位。

④混合区：运动员退场必经之路。

⑤新闻发布厅：与混合区相邻。

⑥休息厅：休息和餐饮。

（2）运行区。

媒体副主任办公室、新闻经理办公室、摄影经理办公室、新闻服务工作间。

（3）广播电视区。

评论员席、观察员席、控制室、综合区。

2. VMCs 的设置

（1）设置。

①位置：场外（班车站、入口）和场内（正面）。

②空间：同一层面，大空间；与电视区分隔。

③流线：便捷抵达各功能区。

④设备：工作间工位和通信设备、看台带桌席位（电源、数据线）、存物柜。

（2）在非竞赛场馆。

①选手村：工作间和新闻发布厅。

②媒体村：工作间。

③总部酒店：工作间。

五、运行专业快捷

　　媒体运行在竞赛场馆中是按照项目赛程来编制当日媒体运行计划的。其中场馆媒体中心开放和关闭时间、文字带桌记者席开放和关闭时间、成绩公报发送时间、混合区启动时间和运行方案、新闻发布会的启动时间和运行方案、媒体运行突发情况应急预案等，都需要精密的计划和安排。特别是新闻服务和电视转播服务，都是专业性非常强的工作。

　　被国际奥委会主席雅克·罗格评为"一届真正无与伦比的奥运会"的北京奥运会，其媒体运行水平高、专业性强，主要运行领域为：

（1）为注册文字和摄影记者提供设施和服务。

（2）在赛时为媒体运行提供场地和制订运行计划。

（3）在 MPC 和竞赛场馆 VMCs 组建管理团队、运行媒体设施。

（4）为奥运会注册媒体提供新闻和信息。

北京奥运会的主新闻中心（MPC），就是媒体大战的"鸟巢"：它是奥运会媒体运行的指挥总部、媒体机构的前线编辑部和指挥部、记者工作的大本营、新闻发布的中枢神经和媒体交通枢纽。MPC 共有 37 个服务业务口：大堂服务区、商业区、文字记者主工作间、摄影记者主工作间、媒体机构出租空间、新闻发布区、ONS 总部、翻译中心、收费卡物资中心、媒体主餐厅、露天餐饮区、媒体酒店、媒体停车场、媒体班车站、媒体注册中心、访客卡办公室、医疗站、通信技术中心、物流中心……

第三节　大型赛事媒体运行的原则

北京奥运会把媒体运行的理念引入到我国的媒体、教育、机关事业等部门领域，具有非常重大的意义。掌握大型赛事的媒体运行原则，有助于赛事组委会有条不紊地运行和管理，也有助于大型赛事的成功举办。

一、媒体优先原则

在大型活动的组织工作中，把媒体放在一个什么样的位置来看待十分重要。是为它创造良好的工作条件、尽可能地满足其需求，还是把它看成一个麻烦而去重点防范和限制？北京奥组委主席刘淇给出的答案是："要尊重媒体，重视媒体，为媒体创造良好的工作条件。媒体的报道和评价，也是衡量奥运会是否成功举办的重要因素之一。"[①]

奥运会，概括起来有五类客户群：贵宾、运动员/教练员、技术官员、观众和媒体。而媒体又可分为文字记者、摄影记者和广播电视记者，因此也有人把奥运会的客户群分为七类。按照《奥林匹克宪章》和《主办城市合同》的技术规范要求，承办城市组委会要有计划、有组织、高标准地服务这五类客户群或七类客户群。当然，针对不同客户群的特点，组委会提供的服务是有所差别的。但是，媒体是优先考虑的服务对象，这是由奥运会的理念和奥运会自身发展需求决

---

①　引自刘淇同志 2007 年 7 月 30 日在 2008 年北京奥运会筹办工作报告会上的讲话。

定的。因为到现场观看奥运盛况的观众最多不过几百万人，而通过电视观看比赛的观众达到几十亿，通过平面媒体了解赛事的观众更是不计其数。所以必须给媒体创造良好的工作条件，通过他们把奥运会的盛况传播到全世界。

有些地方举办大型活动的时候，往往习惯于把贵宾放在最优先的位置。其实，只有贯彻了媒体优先的原则，才能真正做好为媒体服务的各项工作；才能让媒体获得其所需的有效资源，顺利开展各项采访报道工作；才能最终通过媒体的辛勤工作，为全世界的受众完美呈现一届成功的奥运盛会。

当然，贯彻媒体优先的原则，并不意味着事事都得顺着媒体，记者需要什么就提供什么。真正的善待媒体不是无原则的迁就，媒体运行有其规范、规则，服务中也包含管理的手段和程序。贯彻媒体优先原则的具体做法是：

（1）在靠近主体育场的地方，专门设立 MPC 和 IBC，作为媒体工作的总部，为记者提供相应的设施和服务。

（2）为满足电视转播需求，在奥林匹克中心区专门修建一座演播塔，供各主要电视机构设立以中心区为背景的演播室。

（3）在场馆空间分配、机位设置、流线设计、人力和物资分配、电力保障等重要环节上，优先考虑媒体的需求。

（4）在住宿、交通、停车等方面保障媒体的需求。

二、资源共享原则

每四年一次的奥林匹克盛会，是全世界媒体关注的热点事件，无论有没有注册记者名额，任何媒体都想参与奥运会的报道工作。但是由于场馆空间资源有限，奥运会不可能满足所有媒体到现场采访的需求。因此奥运会采取的方式是通过组织主报道机构提供相应信息，供其他媒体共享。

比如，《IOC 媒体技术手册》规定奥组委必须为采访报道奥运会的媒体提供"奥林匹克新闻服务"（ONS）。奥林匹克新闻服务（ONS）为前来采访报道奥运会的媒体提供赛前信息（包括运动员简历、历史成绩、背景信息、体育项目纪录等）、赛时新闻（包括赛事前瞻、赛事回顾、即时引语、新闻发布会摘要、媒体通告等）和成绩公报等新闻素材。其作用相当于奥运会"临时通讯社"，而各媒体通过相关信息系统终端（北京奥运会为：INFO 2008），即可随时获得有关信息并撰写报道。换句话说，即使媒体只派一名记者来报道奥运会，也不会遗漏任何重大赛事新闻。

在摄影服务领域，北京奥运会组建了国际奥林匹克摄影队 IOPP（International Olympic Photo Pool）和国家奥林匹克摄影队 NOPP（National Olympic Photo

Pool），指定美联社、法新社、路透社、盖蒂图片社、主办国通讯社派出优秀的摄影记者，在最好的位置上拍摄精美的图片，全世界的媒体可以订购这些精美的图片。

在电视转播方面，北京奥林匹克转播公司（BOB）作为北京奥运会的主转播机构，承担所有比赛国际电视信号（ITVR）制作任务，其他200多个电视机构可以利用这些电视信号，并适当补充一些自己制作的单边信号和解说来转播奥运会比赛盛况，[1] 完成电视报道，满足本国电视观众的需求。

由于有了资源共享的原则及其机制，奥运会的采访报道才能有序进行，不会因为争抢位置或其他报道资源而造成无序和混乱。

三、提供采访原则

新闻是对客观事实的报道。记者报道赛事，除了"眼观"，还必须通过"问"和"听"来丰富报道内容。记者要完成奥运会采访报道任务，需要同运动员、教练员或者官员这些奥运会的参赛主体进行面对面的采访，如果没有这样的机会，他们的报道可能只停留于干巴巴的比赛成绩和背景资料层面，不会生动出彩。所以，为注册记者提供采访机会，是媒体运行的重要任务之一。而奥运会能为记者提供的面对面采访机会就是在混合区和新闻发布会。在这两个区域，记者有机会采访运动员和教练员。但由于受时间、空间乃至运行方案的限制，有些记者还是无法采访到运动员。

混合区是设立在运动员参赛后回更衣室的必经之路上的一个采访区域，它得名于运动员在此区域接受媒体记者采访时产生的人员混合状态。而新闻发布厅则不仅只设在MPC（主新闻中心），每个竞赛场馆也会设立。在有些场馆，新闻发布会一天中甚至会开上十几次；有时也会应部分记者的要求举行一些特定对象的小型新闻发布会。

记者还可以提交采访预约表。媒体运行工作人员通过单项体联新闻官，和运动员、教练员取得联系，得到许可后，可在规定时间和地点采访运动员和教练员。

除了在竞赛场馆媒体中心、主新闻中心、广播电视中心外，即使在限制严格的奥运村，每天也允许400名媒体人员通过一定的批准程序"进村"采访运动员和教练员。可以想象，如果没有面对面的采访机会，记者将陷入无米之炊、无源之水的境地，难以完成报道任务。

---

① 李嵘. 从新闻管理到媒体服务——奥运会媒体运行观念的转变. 新闻记者，2007（11）：43～46.

四、客观平衡原则

奥运会是全世界体育盛会，追求的口号是"更快、更高、更强"，信奉的理念是"贵在参与"。但是由于各国的经济发展水平和体育事业发展水平各不相同，各国人民对体育项目的偏爱也千差万别，因此各国在奥运赛场上表现出来的竞技水平和比赛成绩也相去甚远。奥运会媒体运行在提供新闻信息服务和电视转播公共信号时，应把握客观、公正的平衡原则，不得在赛事信息和转播信号中植入对参赛国竞赛水平褒贬评价的信息。但是，各国注册记者和电视转播机构可以根据本国运动员的表现，加入自己的采访信息和单边信号，以此丰富本国代表团的报道。

《IOC 媒体技术手册》对 ONS 稿件提出了具体要求："ONS 要提供平衡的新闻报道，ONS 新闻要不带偏见和偏爱，保持独立，不受外界影响；ONS 人员受雇期间必须独立工作，不能与其他媒体机构有业务联系……"

不可否认的是，虽然不同的媒体在报道奥运会的过程中不可避免地带有自己的倾向性，但是奥运会要求组委会所提供的有关报道信息应该具有客观性、平衡性和国际性，只有这样，奥运会才能够为更广泛的媒体所接受，才能在更大的范围内传播，产生更大的影响。

五、方便快捷原则

奥运会规模巨大，在任何一个国家举办都将给各方面带来巨大的压力。要为媒体报道奥运会创造良好条件，就必须在人员入境、器材入关、住宿、交通、采访申请等各方面，提供方便快捷的服务，以保证各国媒体充分报道奥运会的盛况。

为了方便国外媒体报道北京奥运会，我国政府部门认真研究了外国媒体对奥运会的相关需求，对已有的相关政策和程序进行调整，于 2006 年 12 月 1 日颁布了《北京奥运会及其筹备期间外国记者在华采访规定》。该文件规定，自 2007 年 1 月 1 日至 2008 年 10 月 17 日，外国记者赴中国地方省份采访，无须向地方外事部门申请，只需征得被采访单位和个人同意；外国记者来华采访不再必须由中国国内单位接待并陪同；有关部门将提供给外国记者周到快捷的采访设备出入境手续……这些新举措受到了国际舆论界的普遍好评。[①]

在奥运会的五大客户群中，记者这个客户群比较特殊，他们是来工作的，不

---

① 李嵘. 从新闻管理到媒体服务——奥运会媒体运行观念的转变. 新闻记者，2007（11）：43~46.

是来观赛的。与贵宾和观众相比，记者需要携带大量设备，在各个岗位观看比赛时，心思都花在了赛事报道上。他们的内心除了受本国比赛成绩影响外，还承受着来自新闻大战的压力。在奥运赛场上，记者倒在报道一线的案例并不鲜见。因此，媒体运行在各个环节提供服务时，要坚持方便快捷的原则。比如北京奥运会在首都机场提供了一站式服务，为记者提供方便。在媒体酒店、主新闻中心（MPC）、国际广播中心（IBC）、各场馆媒体中心（VMCs），从交通到餐饮，都本着方便快捷的原则来规划。

六、周到细致原则

奥运会媒体运行的核心任务是为媒体提供周到细致的服务，而在大型的国际赛事中，只有在赛前按计划和标准去筹备，在赛时一一去落实，才能保证媒体运行的设施设备、运行计划落到实处，完成周到细致的服务，满足记者报道赛事的需求。

媒体运行的细节要从大处着眼，从小处入手，体现细节决定成败的理念。从大处着眼，就是在场馆媒体运行规划时，要考虑媒体服务周到细致的原则，不能丢项漏项，在标准上不能缺斤少两。从小处入手，就是在具体服务中，从媒体签到表设计、储物柜钥匙、笔记本连锁登记分发，到看台席网络端口、强电插座是否完好，都要做到细致入微，保证运行畅通无阻。

思考与练习题：

1. 了解大型赛事媒体运行的依据。
2. 理解大型赛事媒体运行的功能。
3. 分析大型赛事媒体运行的特点。
4. 理解大型赛事媒体运行的原则。
5. 媒体运行等于新闻宣传吗？为什么？说说你的理由。
6. 大型赛事的媒体运行会面临哪些挑战？

第四章　大型赛事媒体运行的构架和内容

【内容提要】本章共分两节。通过大型赛事媒体运行部门的构架，详细介绍媒体运行的内容，大型赛事媒体运行的构架是媒体运行服务团队正常、有序工作的必备手册。

在大型体育赛事中，赛事组委会往往会设立一个机构专门负责媒体运行，如1984年洛杉矶奥运会设立了新闻关系部和新闻运行部，2008年北京奥运会设立了新闻宣传部和媒体运行部，2010年广州亚运会则设立了广播电视与媒体服务部，名称虽不同，但工作性质都是一样的。

第一节　大型赛事媒体运行的构架

一、大型赛事的媒体运行部

一项大型体育赛事从申办成功到结束，都是在一定的组织框架下，各部门既分工又协作的情况下完成的。媒体服务部是组织管理活动中最重要的一个环节，其运营与管理水平直接影响到媒体报道的整体效果和媒体对赛事的评价，也是能否成功举办大型赛事的重要影响因素。所以，做好媒体运行工作，发挥媒体运行的功能是办好大型体育赛事的关键。

前面已经反复提到，媒体运行是指为满足媒体采访报道需求而提供一系列设施和服务的一种团队运作模式。

在国际大型赛事中，媒体运行团队承担着为注册文字记者、摄影记者、非持权转播商的采访报道和持权转播商、主播机构的赛事转播提供专业工作平台，以及注册、通信技术、交通、住宿、餐饮等支撑服务的任务。

北京奥运会和广州亚运会后，我国体育媒体已经普遍习惯了国际化的媒体运行和新闻服务模式，如果没有他们习惯的设施设备、新闻素材和运行方式，他们会把赛事报道变成旅游报道，甚至变成批评和讽刺。

不同的赛事因规模大小、影响范围、受众不同等因素，媒介规模和需求也不尽相同，组织者在媒体运行服务时要全盘考虑，作出需求分析和预算。

纵览大型体育赛事的运作管理，组织者一般都会设立专门的媒体运行部。1984 年洛杉矶奥运会就设立了新闻关系部和新闻运行部。新闻关系部需要天天应对媒体的需求，包括采访要求、新闻发布会、新闻发布、图片及支持材料、陈述政策及反馈信息、场馆参观、媒体事件进展等；新闻运行部的工作重点是在奥运会期间为全部媒体提供后勤准备，主要职责包括媒体制证、媒体住宿、信息服务、主新闻中心服务、图片服务、场馆新闻运行服务、电视媒体服务等。这两个部门的紧密合作是赛事运营的成功之道。[①]

二、北京奥运会媒体运行的构架

筹划 2008 年北京奥运会时，国家体育总局十分重视媒体运行与新闻宣传，在管理指南中专门列出新闻宣传部和媒体运行部，其组织管理构架如下：

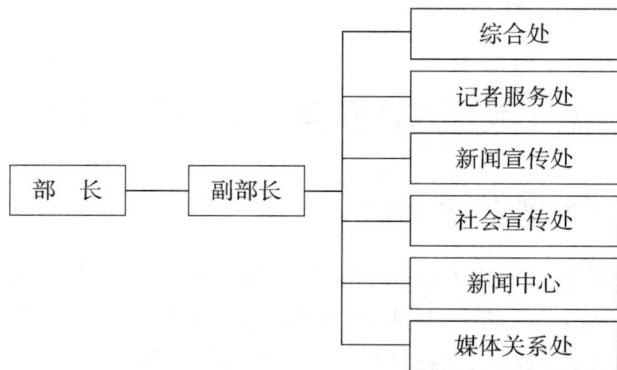

图 4 - 1　北京奥运会媒体运行部组织管理构架

（一）北京奥运会媒体运行的业务构架

国际奥委会《IOC 媒体指南》对北京奥运会媒体运行的规定：媒体运行的任务是为 21 600 名奥运会注册媒体人员提供所需的设备和服务，确保他们能够充分报道奥运会。

北京奥运会媒体运行的业务领域包括新闻运行、广播电视运行，其具体业务运行如下：

---

①　易剑东. 大型赛事报道与媒体运行. 杭州：浙江大学出版社，2008. 190 ~ 192.

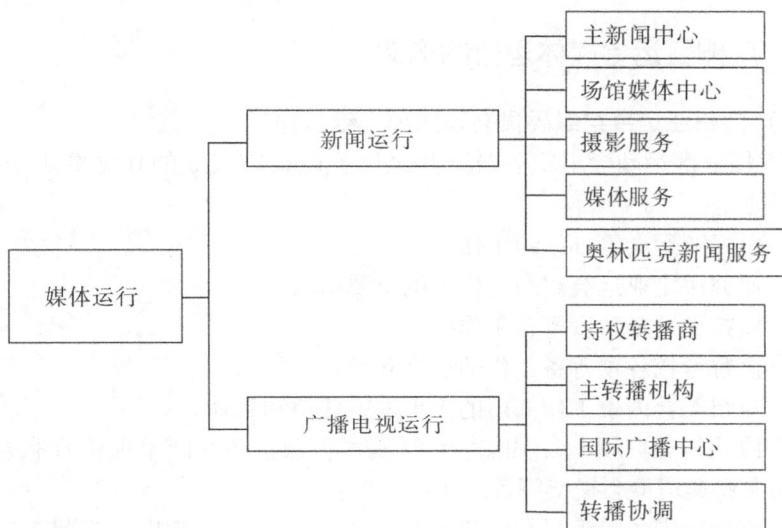

图 4 - 2　北京奥运会媒体运行的业务构架

（二）北京奥运会场馆媒体中心业务构架

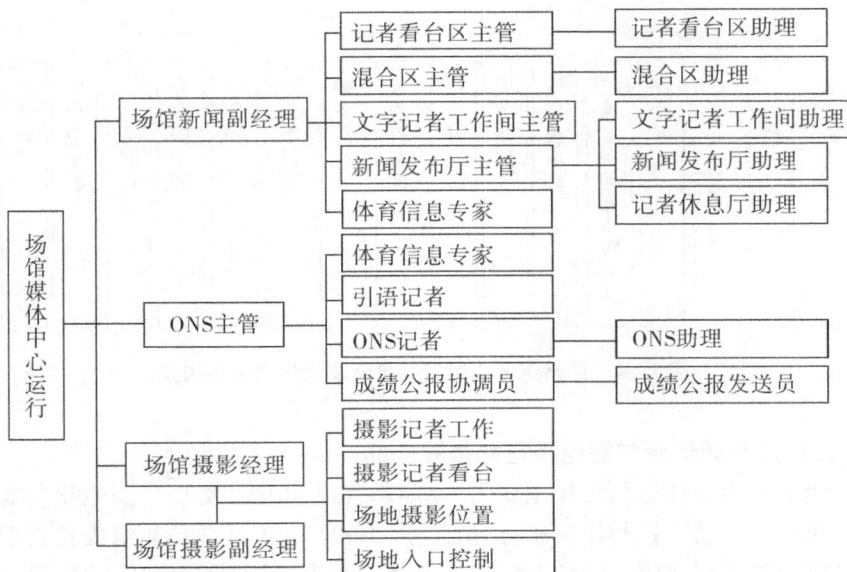

图 4 - 3　北京奥运会场馆媒体中心业务构架

三、广州亚运会媒体运行的构架

（一）广州亚运会组织委员会职能部门组织构架

第 16 届亚洲运动会组织委员会是经国务院批准成立的独立事业法人单位，其主要职能是：

（1）负责亚运会筹办组织工作。

（2）研究决定亚运会组织工作中的重要事项。

（3）安排部署各阶段筹备工作。

（4）监督考核各项筹备工作的进度和质量。

（5）对组委会内设工作部门的人事进行任免和管理。

（6）协调与亚奥理事会、国际单项体育联合会和亚洲单项体育联合会的关系，按期向亚奥理事会提交筹备工作进展报告。

（7）定期向国务院汇报和向国家体育总局、广东省政府、广州市政府通报工作进展情况。

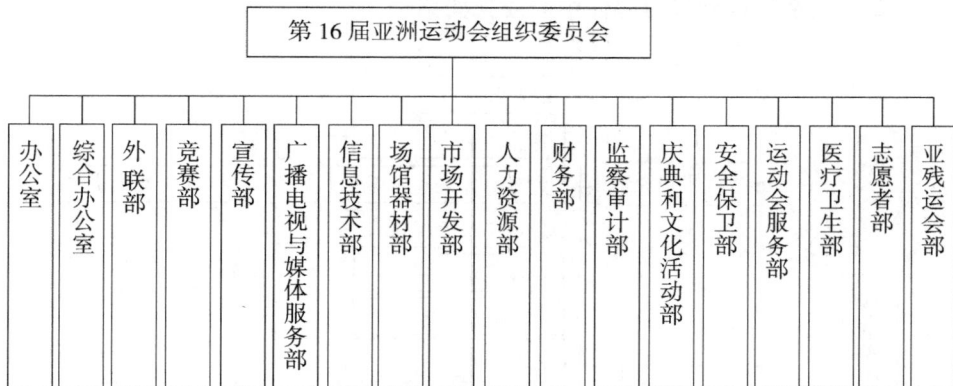

图 4-4 广州亚运会组织委员会职能部门组织构架

（二）广州亚运会广播电视与媒体服务部

广州亚运会媒体运行工作主要由 GAGOC（广州亚组委）广播电视与媒体服务部来执行。广播电视与媒体服务部成立于 2007 年 3 月，是亚组委负责亚运会电视转播及平面媒体服务的部门，主要负责：为采访报道广州亚运会的注册媒体创造优越便利的工作环境；为注册平面媒体和主播机构、持权转播商提供采访必需的设施和服务；充当亚组委与平面媒体、广播电视转播商之间的沟通协调者。

该部门由综合处、广播电视处、主新闻中心和分新闻中心处及媒体支撑服务处组成。

1. 广播电视与媒体服务部的行政管理构架

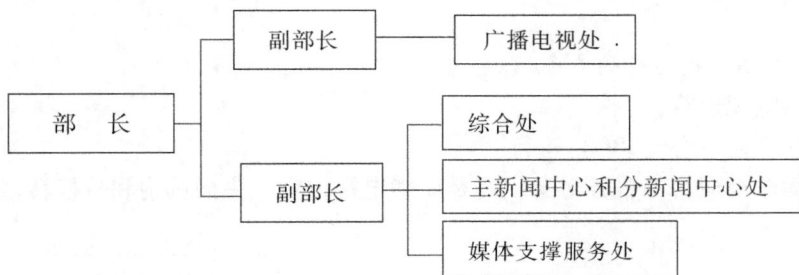

图 4-5　广州亚运会广播电视与媒体服务部的行政管理构架

2. 广播电视与媒体服务部的岗位组织构架

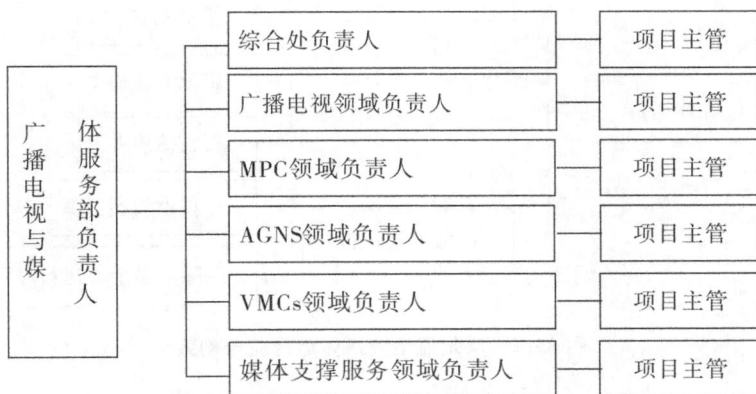

图 4-6　广州亚运会广播电视与媒体服务部的岗位组织构架

（三）广州亚运会媒体运行业务构架

广州亚运会媒体运行分为两大领域，即新闻运行和广播电视运行，其赛时的主要服务场馆为 IBC、MPC、VMCs 三大类。

1. 新闻运行的业务领域

主新闻中心运行（Main Press Center，MPC）；

场馆媒体中心运行（Venue Media Centers，VMCs）；

新闻服务（News Services，NS）；

摄影服务（Photo Services）；

媒体支撑服务（Media Support Services）。

新闻运行的服务对象主要是注册文字记者、摄影记者、非持权转播商和新媒体记者。

2．广播电视运行的业务领域

广播电视运行；

国际广播中心（IBC）运行。

广播电视运行的服务对象主要是广播电视记者、主播机构和持权转播商。

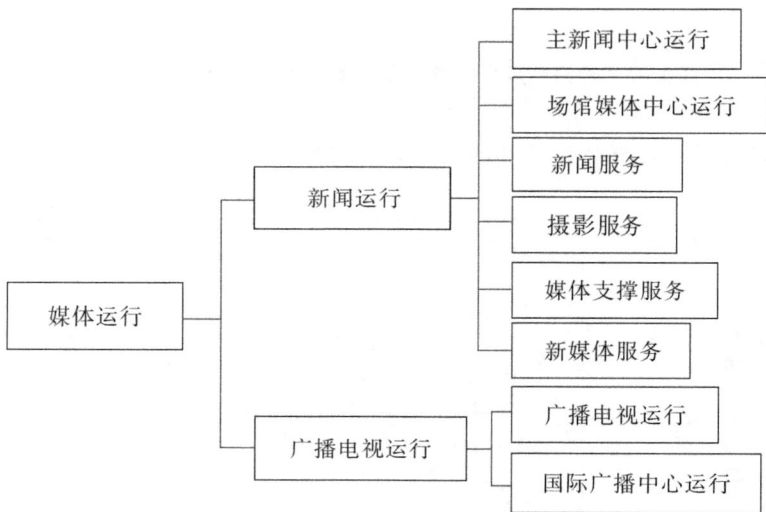

图 4-7　广州亚运会媒体运行业务构架

（四）广州亚运会媒体运行机制

广州亚运会媒体运行的筹备工作是一个极其复杂的综合性项目，其特性决定了组织工作的具体方式——广播电视与媒体服务部和 GAGOC 内各专业功能部门的紧密配合与合作。不管是在赛前筹备阶段，还是在赛时运行阶段，紧密的配合、及时的沟通和良好的合作都是亚运会媒体运行成功的关键所在。

1．赛前筹备阶段

广播电视与媒体服务部通过举行会议的方式，与 GAGOC 内各部门就各项工作的筹备进行商讨沟通，进一步促进各方对政策制定的了解和交流，最后达成共识，确定符合赛事筹备需求的各项服务政策与程序，并以会议纪要的形式上报所属的分管机构，待审批后开始实施。会议的组织一般有部门例会、秘书长会议、专题汇报会等几种形式。

　　2．赛时运行阶段

　　媒体运行工作进入场馆化阶段，所有的服务工作基本上都是以场馆为单位来实施。因此，赛时媒体运行工作的协调落实需要通过场馆例会和功能区例会的方式来完成。每天定时举行相关会议，汇报各场馆及功能区当天的运行情况，讨论研究次日的运行计划，并解决运行中有可能出现的问题。

　　（五）广州亚运会媒体运行的主要职责

　　1．赛前筹备阶段媒体运行的职责

　　建立媒体运行的相关工作机制和流程；规划媒体运行相关事项；确定媒体关系处理的总体原则；筹建 MPC 和 VMCs，监督承建商的工程进度和完成质量；在指定时间内受理媒体的需求申请；编制提供给媒体的各种出版物；与世界各大媒体联系，建立长期联系和合作关系；收集运动员、教练员、参赛队伍、历届赛事等相关背景资料，为 AGNS 的启动作准备；进行新闻宣传，负责组委会重要事项的新闻发布与管理。

　　2．赛时运行阶段媒体运行的职责

　　负责媒体记者的接待、注册、交通、住宿等工作；为媒体记者提供技术和语言支持；安排和协调媒体记者的采访需求；管理各场馆中的媒体运行功能领域；提供背景信息、场馆比赛成绩和最新消息、即时引语和新闻发布会摘要；安排新闻发布会、通气会等；组织赛事活动的图片报道；监测媒体动向，并定时汇报；撰写官方新闻通稿，发布官方声明，引导舆论导向；对各类突发事件进行新闻发布。[①]

第二节　大型赛事媒体运行的内容

　　大型赛事媒体运行的内容具有阶段性和操作性，这可从赛前和赛时来详细解读。2010 年广州亚运会的媒体运行以北京奥运会为范本，由新华社媒体运行专家指挥和实践，获得了海内外媒体的一致好评。本节以广州亚运会为例，解析广州亚运会媒体运行的内容，即主新闻中心运行、场馆媒体中心运行、新闻服务、

---

　　① 第16届亚洲运动会组织委员会. 亚运会媒体运行：广州亚运会媒体运行志愿者专业培训教材. 广州：暨南大学出版社，2009.5 ~ 6.

摄影服务、广播电视服务、媒体支撑服务以及新媒体服务等。

一、大型赛事媒体运行的主要内容

北京奥运会奥林匹克专家易剑东在《大型赛事报道与媒体运行》一书中将大型体育赛事媒体运行的主要内容归纳为：

（1）对成功赛事的媒体运行进行考察调研，制订新闻宣传部与媒体运行部的总体工作方案和阶段性工作方案。

（2）根据筹备各阶段的工作重心，逐步建立健全新闻运行部或媒体运行部结构及人员配置。

（3）建立赛事形象标志体系。

（4）召开各阶段宣传工作会议。

（5）制订与筹办相关的重大时间节点（活动）的宣传工作方案并组织实施。

（6）组织各类媒体分阶段进行专题性集中报道。

（7）组织与实施新闻发布会。

（8）编印、发行与新闻宣传工作相关的赛会出版物。

（9）配合各阶段工作举办各类体育文化活动。

（10）对各比赛场馆公共区域进行宣传环境布置。

（11）配合相关部门进行记者报名、注册、报道和管理工作。

（12）建设和管理主、分新闻中心，完善比赛场馆新闻服务设施，建立组委会与竞委会之间的新闻宣传官网。

（13）监测媒体动向，建立相应机制，积极应对不利于赛事成功举办的各类宣传。

（14）进行赛事相关的表彰、奖评活动。

（15）赛后完成新闻宣传工作总结。

具体来说，大型体育赛事媒体运行的内容具有阶段性和操作性，可通过赛前和赛时来详细解读。[①]

（一）赛前媒体运行

体育组织一旦获得举办权，就要做好前期的准备工作，促进媒体对赛事和举办地的正面、积极的报道，提升赛事和举办地的形象，形成赛事的标志体系，以期赛事成功举办，提升赛事影响力。

1. 成立大型体育赛事媒体运行部门

大型体育赛事都会设立媒体运行部门，这是整项赛事组织结构必不可少的部

---

① 易剑东. 大型赛事报道与媒体运行. 杭州：浙江大学出版社，2008. 195～210.

分。我国习惯于把媒体运行部门直接归属于新闻宣传部，而北京奥运会设立了新闻宣传部和媒体运行部，职责各不相同。新闻宣传部负责新闻发布、记者接待和社会宣传工作，负责组委会网站内容建设和奥林匹克教育工作。媒体运行部负责主新闻中心、国际广播中心和场馆媒体中心的规划和运行工作，为注册媒体人员提供工作设施和各项服务。①这也标志着管理者观念的转变，即从新闻管理到媒体服务。

大型体育赛事媒体运行的任务主要是对媒体记者进行管理、协调和为媒体记者服务，在考虑新闻需求"时效性、接近性、重要性、冲突性、趣味性"的基础上，将赛事相关信息上传下达，扩大赛事影响，为比赛营造良好的舆论氛围，以获得应有的经济、社会、文化效益。

2．建立赛事官方网站

现代化信息技术的运用，能有效提高工作质量，提高比赛成绩的准确性和公正性，提高工作效率，从而保证赛事报道顺利进行。

3．建设便利的硬件、软件设施

大型体育赛事都会设立新闻中心，这是组委会整体工作的有机组成部分，由组委会的宣传部或媒体运行部负责。新闻中心的建设分为软件和硬件。软件是指部门、人员的设置；硬件是指新闻中心的建筑设施和设备，是记者工作必不可少的物质平台。硬件和软件也可称作设施和服务。针对报纸、电视、广播、网络等不同新闻媒介的特殊需求，应配置符合其工作便利的设施与服务。

4．组织赛事节点事件，召开新闻发布会与通气会

创造赛事新闻载体，引导舆论，积极宣传，增进媒体的理解与信任，提升赛事的知名度和影响力。

5．发送媒体宣传手册或媒体指南

大型赛事的媒体指南大都是赛事组织者各方面信息的汇总，囊括了组织的方方面面和赛事的众多数据，包括基本信息、团队会员、运动队以及赛事信息、往届信息、往届成绩回顾、赛事组织委员会的信息等。

大型体育赛事的媒体宣传手册或媒体指南能让媒体更好地了解赛事，从而更全面、更积极地报道赛事。奥运会的媒体指南一般会提前一年半左右完成印刷并寄给媒体。

根据国际奥委会（IOC）的要求，北京奥委会为注册媒体机构提供了一系列指南或文件：《媒体按数量注册指南》、《媒体住宿指南》、《媒体收费卡指南》、

---

① http：// www. Beijing2008. Cn/50/56/article211715650. shtml.

《媒体货运指南》以及《媒体运行信息》、《北京奥运会及其筹备期间外国记者采访服务指南》等。① 负责此项工作的媒体运行部于 2007 年 3 月向各国家和地区的奥林匹克委员会以及注册媒体机构寄发指南和文件，旨在帮助他们了解北京奥运会媒体运行工作的筹备情况，协助他们制订报道计划。

（二）赛时媒体运行

1. 新闻中心的建立与运作

（1）新闻中心的职能。

布置环境和策划方案；记者接待；发布信息；树立权威，平衡舆论等。

新闻中心担负着及时、有效、准确传递比赛相关信息的职责。新闻中心应及时掌握舆论动态，判断新闻舆论调控的效果，并通过各种有效手段进行舆论引导，促使各类传媒对赛事进行客观、公正、有利的报道，以保证新闻舆论按照预定的目标有序、正常地进行。

（2）新闻中心的人员设置、管理和经费预算。

（3）新闻中心的设施及工作区域。

包括记者工作区、记者服务区、新闻发布厅、混合采访区、看台的文字记者席和摄影棚等。

（4）新闻中心的运行。

新闻中心的首要任务就是服务记者，做好赛事新闻报道、舆论宣传工作，因此其一切工作应围绕服务对象——媒体记者的工作来展开。新闻中心的工作包含两个层次：第一层次，即最基本的要求，是保证媒体记者对比赛的采访报道顺利进行；第二层次，要努力创造对比赛、举办城市和整个国家有利的新闻舆论，记者的宣传报道不仅是对比赛本身的报道，更是对整个城市甚至国家形象的塑造和宣传。正如"国际传播所造成的影响不仅跨越了国界，而且也跨越了文化领域和经济领域"②。因此，运行新闻中心要以记者的工作和对比赛的宣传报道为出发点，认真做好记者服务工作，平衡、影响、调控媒体舆论。

以北京奥运会为例，为了让记者更好、更准确地获得需要的采访资料，奥组委成立了奥林匹克新闻服务（ONS），在奥运会期间它担当着组委会"官方通讯社"的角色，为奥林匹克大家庭成员，如国际奥林匹克委员会（IOC）、国际单项体育联合会（IFs）、国家奥林匹克委员会（NOCs）、体育代表团和注册媒体

---

① 北京奥运会媒体指南套装开始向国际媒体寄发，http：//www. Beijing2008. Cn/03/70/article214027003. shtml.

② ［美］罗伯特·福特纳. 国际传播：全球都市的历史、冲突及控制. 刘利群译. 北京：华夏出版社，2000. 30.

等，提供客观准确、迅速翔实的新闻信息服务。

（5）新闻中心工作流程。

记者住地 → 新闻中心 → 信息资料获取 → 领取证件 → 看台/场地（观看比赛、摄影、摄像、写稿等）→ 混合区采访/参加赛后新闻发布会 → 记者工作区（写稿、发稿）→ 返回驻地。

（6）其他工作环节和内容。

信息布告板、信息站及简报等。

简报是信息沟通的重要渠道。简报要将当天发生的重要事情和重要信息及时地传递给各有关人员，这能够增强各部门、人员间的信息交流和情况掌握。尤其对相关领导来说，简报成为及时掌握新闻中心各项工作进展的有效途径。同时，简报也是一个发现问题、解决问题的渠道，能够起到防微杜渐的作用。

2. 大型体育赛事官方网站及信息终端的运作

媒体运行中的赛事即时消息的发布是一件十分重要的工作。通常，大型赛事的媒体运行部在官方网站及时快速地发布消息，以便媒体作出最权威的引用与报道。而现代信息技术的发展及 INFO 终端系统的广泛应用促使媒体运行更方便、更快捷、更环保。

3. 广播电视协调

电视是世界上绝大多数人观看和了解大型体育赛事的主要媒介。对体育赛事进行广播电视转播是举办各种大型综合性运动会的传统，是赛事组织工作中不可缺少的一环。制作出观赏性较强的体育赛事电视节目，吸引广大观众观看，是宣传体育运动的重要方式。随着体育赛事广播电视版权有偿转让规则与运作方式的不断完善，电视转播逐渐成为主办、承办单位获取收入的重要渠道之一。而广播媒体以其信号覆盖范围广，技术含量低，终端设备便宜、易得等特点成为赛事传播的另一重要渠道。

媒体运行部广播电视处是赛事组委会乃至政府、主转播商、持权转播商和其他相关单位之间联系的接口，其职责是协调和督促相关方面为主转播商和持权转播商提供高水准的设施和服务，以保证赛事电视转播的成功。

4. 其他服务工作

包括银行分支机构、行李寄存室、旅游和海运服务、食品服务、房间服务、书刊服务、影印服务、邮政服务、电话服务、交通服务、航空机票服务等。

二、广州亚运会媒体运行的领域和场馆

（一）广州亚运会媒体运行的领域

广州亚运会媒体运行分为两大领域：新闻运行和广播电视运行，主要服务场

馆为 IBC、MPC 和 VMCs。

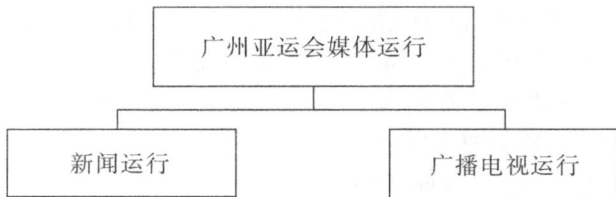

图 4 - 8　广州亚运会媒体运行领域

（二）广州亚运会媒体运行的场馆

1. IBC

IBC 是广州亚运会广播电视运行中心及持权转播商的前方总部，为主播机构和持权转播商以及来自亚洲 45 个国家和地区的广播电视媒体人员提供设施和 24 小时服务。赛事期间，GAB（广州亚运会转播有限公司）负责转播区域的运行，亚组委负责公共区域的运行。

2. MPC

MPC 是广州亚运会期间注册文字、摄影记者和非持权转播机构人员的主要工作场所，也是亚运会重要的非竞赛场馆之一。除了赛时为注册记者提供设施和 24 小时服务外，MPC 也是第 16 届亚运会组委会媒体运行的总部。

3. VMCs

VMCs 是注册媒体进行现场赛事报道的场所，与 MPC 相对应，VMCs 可以称作亚运会新闻大战的最前沿阵地。所有竞赛场馆的 VMCs 都将为注册媒体提供文字记者工作间、摄影记者工作间、AGNS 独立工作间、记者看台席、摄影机位、混合区、新闻发布厅、媒体餐饮休息区、场馆媒体经理及摄影经理办公室，并在场馆外围设置媒体班车点、媒体自驾车停车场和媒体专用入口。

三、广州亚运会新闻运行

广州亚运会新闻运行包含了主新闻中心（MPC）运行、场馆媒体中心（VMCs）运行、赛事新闻服务（AGNS）、摄影服务和媒体支撑服务五大业务领域，主要任务是为约 6 000 名注册文字记者和摄影记者，以及未获转播权的广播电视媒体人员提供完善的设施和服务，为他们采访、报道广州亚运会提供技术保障和服务。

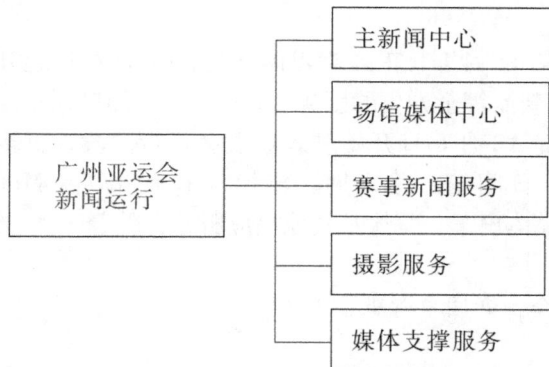

图 4 - 9　广州亚运会新闻运行领域

(一) 广州亚运会主新闻中心—— 赛事报道"大本营"

1. 广州亚运会主新闻中心概况

主新闻中心的英文全称为 Main Press Center,简称 MPC。大型国际赛事的主媒体中心(MMC)包含主新闻中心(MPC)和国际广播中心(IBC),它们是注册媒体的大本营,分别为注册文字记者、摄影记者和注册广播电视记者提供设施和 24 小时服务。其中最重要的设施是文字和摄影记者工作间,里面专设服务台、记者工位、储物柜、成绩公报柜等设施,并按标准配备电视机、INFO 终端(提供专业的赛事新闻服务)、打印机、复印机、传真机、付费电话、付费有线上网和免费无线上网等设施设备。MPC 还设立规格不等的新闻发布厅,定期召开新闻发布会和新闻通气会。

对于亚运会来说,MPC 是一个十分重要的非竞赛场馆,很多媒体工作人员对主办城市的印象主要来自 MPC。因此,为了提高便利性和时效性,MPC 内往往会配置现代化、高水准的工作设备,体现出主办城市或国家的科技实力,而各种人性化的设施和服务则体现了城市的软实力。

广州亚运会的 MPC 设在亚运城主媒体中心(MMC)内。MMC 位于广州市番禺区石基镇(地铁海傍站)亚运城内,靠近媒体村、运动员村、技术官员村和体育综合馆。MMC 为四层永久性建筑,其中第一层为 MPC,第二至四层为IBC。MMC 外部还包括一个临时建筑区域,是 MPC 的生活服务区。

MPC 在永久性建筑中的设施包括主服务台、新闻服务台、交通服务台、旅游信息台、语言服务台、文字记者工作间、摄影记者工作间、新闻发布厅、租用办公空间、场馆运行办公区和收费卡服务中心。生活服务区的设施包括餐饮区、银行、邮局、美发沙龙、旅行社、商店、图书馆、报刊亭、医务室、健身房、按摩室等。

MPC 于 2010 年 11 月 1 日正式对媒体开放，11 月 6 日起开始 24 小时运行，提供餐饮、交通、新闻等全方位的服务。11 月 30 日即广州亚运会闭幕式后三天进入亚残会转换期。12 月 6 日开始进入亚残会运行阶段，直至 12 月 19 日亚残会结束。12 月 22 日闭馆。移入期、转换期和移出期，MPC 的开放时间为 9：00—20：00。媒体班车、餐饮及其他相应服务会随着 MPC 的开放和关闭作出相应的调整。

2. 广州亚运会主新闻中心服务内容

表 4-1 广州亚运会主新闻中心服务内容

服务项目	服务内容
主服务大厅及内部服务	主服务台：提供 MPC/VMCs 媒体设施、交通和住宿信息，发放媒体包，办理储物柜出租，分发成绩册等； 资料发放台：交通住宿信息指南、亚运手册等出版物；旅游信息、市场开发办公室、新闻宣传服务台、访客卡办公室等
文字记者工作间及配套服务	INFO 终端、无线局域网宽带接口、合理的桌椅排列布局、通信设备、服务台、成绩公报柜、电视、小型图书馆、储物柜等
摄影记者工作间及配套服务	租用办公空间设置暗房、提供相机和镜头修理业务、摄影服务台、磁盘/胶卷递送服务、负责人办公室、图片处理中心、器材储物柜等
租用办公空间服务	配备设施和设备：外墙、大门、机构名称标识、外部信箱、通用照明、空调、内线电话、桌椅、电源、插座、电脑布线、有线接口位置等
新闻发布厅及配套服务	设置大、中、小型新闻发布厅各 1 个，配备麦克风、耳机、墙饰、照明、背景、摄影角度设置、同声传译室、音频分配器、大屏幕投影仪和电动幕
餐饮服务	传统的自助餐馆、备有服务员和菜单的餐馆、咖啡馆、接受电话订餐、提供送餐服务、饮用水和食物保证洁净新鲜、现场烹制、价格合理、满足不同习惯信仰人群的需求
交通服务	详细完善的交通信息、24 小时服务等
语言服务	提供口译服务，包括同声传译和交替传译

（续上表）

服务项目	服务内容
技术服务	主新闻中心、电信中心、公共电信服务、技术人员驻守、提供技术和维修服务、广播公告系统等
医疗服务	配备医生和护士、安排专用救护车、24 小时运行、免费现场医疗等
安保服务	出入控制、分级管理、保证安全
场馆管理与后勤服务	总成绩册、维修服务、保洁服务、废水清理系统、存储区、停车场、媒体班车、赞助商保护、海关手续等
景 观 和 标 识服务	渲染亚运会氛围，突出城市特色，墙饰应为亚运会会徽、OCA 会徽、IOC会徽，不允许出现商业广告和个人标识，明晰的路线指示系统等
观众服务	指引服务、接待服务、注册检查服务

广州亚运会还首次建立了媒体服务移动平台，注册媒体能够非常便捷地通过手机查询最新的媒体通告、媒体班车、赛程安排、场馆运行状况、天气以及运动员等信息。这类服务运行得非常成功，极大地满足了记者各方面的需求。[①]

3. 广州亚运会主新闻中心服务团队

MPC 是广州亚运会媒体运行的总部。MPC 团队分为赛前和赛时两部分，团队组织结构如图 4 – 10 所示：

---

① 褚亚玲. 从广州亚运看媒体运行服务. 中国记者，2011（1）：83 ~ 84.

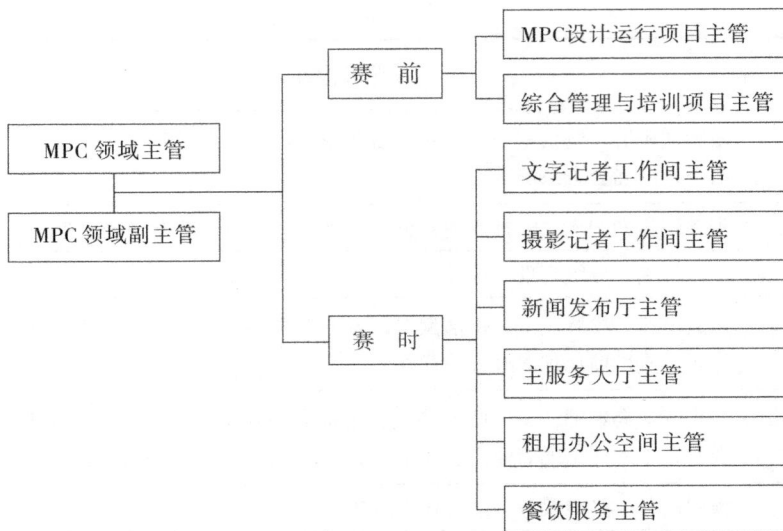

图 4 - 10　广州亚运会主新闻中心服务团队构架

（二）广州亚运会场馆媒体中心—— 赛事报道"瞭望台"

1. 广州亚运会场馆媒体中心概况

　　场馆媒体中心的英文全称为 Venue Media Centers，简称 VMCs，主要是指在竞赛场馆中供注册媒体观看比赛、编写和发送稿件、进行现场赛事报道的区域，也是提供相关配套设施和服务的场所。由于每个竞赛场馆都有一个场馆媒体中心，所以 VMCs 是对全部场馆媒体中心的统称。

　　广州亚运会设有 53 个竞赛场馆，28 个训练场馆。根据 OCA 的要求，所有竞赛场馆都设有媒体中心，以满足媒体现场报道赛事的动态需求。由于广州亚运会的场馆数量多，分布较广泛，所以训练场馆不设媒体中心，而是在非竞赛场馆的 OCA 总部酒店、运动员村、媒体村和广州新白云国际机场，按照 OCA 要求设立 VMCs。除东莞体育中心体育馆、佛山明珠体育馆、佛山世纪莲体育中心游泳体育馆、广东汕尾海上运动场馆之外，广州市区范围内的 49 个竞赛场馆分布于各区，并形成了广东奥林匹克体育中心、广州天河体育中心、广州大学城、广州新城亚运城和花园酒店及周边场馆五大亚运场馆群的格局。

　　场馆媒体中心（VMCs）是记者采访报道大型体育赛事的前沿阵地。一般提前 5 天对媒体全天开放，赛前 3 小时开始运行，赛后 3 小时关闭。VMCs 在场馆开设媒体入口、媒体班车落客点（含停车场）、国际专业摄影队（POOL）停车位、服务台、文字记者工作间、摄影记者工作间、带桌和无桌文字记者看台席、看台席摄影位置和场地摄影位置、混合采访区、新闻发布厅、媒体休息区等设施。

文字和摄影记者可在工作间储存设备，在成绩公报柜领取赛程表，以及获取赛事前瞻、赛事回顾等信息，也可在 INFO 终端查询其他场馆的比赛信息，以便在工位上打开笔记本电脑写稿。也可提前到看台席就位准备观看比赛，在带桌记者席上给笔记本电脑接上电源、插上有线上网端口，即可通过有线上网卡登录上网，也可免费无线上网。比赛期间在看台席上可收到新闻服务业务口提供的运动员出场名单、成绩公报以及采访和新闻发布会需求调查问卷。摄影记者可持 EP证、穿上摄影背心（有 PHOTO 字样）到看台席摄影位置或换上 POOL 背心到场地摄影位置拍摄运动员比赛的精彩瞬间。

比赛结束后，教练员和运动员会按赛前约定走混合区，混合区会按照主转播商、持权转播商、指定通讯社、其他媒体记者的顺序，依次安排记者进入混合区，采访刚刚结束比赛的教练员和运动员。在混合区还有新闻服务的记者记录即时引语和采访，同时还为记者采访提供语言翻译服务。从北京奥运会和广州亚运会的混合区运行情况来看，由于记者对体育项目不太熟悉，比如垒球比赛结束了，看台席上有的记者还浑然不觉，错失了混合区采访。对于集体项目，有的记者只想采访明星运动员而错过采访普通运动员，导致混合区运行效率不高。有的国内记者只采访国内教练员和运动员，其实他们也可以作一些精彩的国外教练员和运动员采访，因为混合区也提供语言翻译服务，只要事先到媒体接待台了解即可享受这一服务。[①]

2. 广州亚运会场馆媒体中心的服务内容

表 4-2　广州亚运会场馆媒体中心的服务内容

服务项目	服务内容
记者看台席	专业入口，良好视野的看台位置、数量、布局，免费电源接口，收费电话，网络缆线接口，小型电视机，声音装置，遮阳棚等
摄影编辑席	位置、数量、免费电源、网络接口、无线上网、无线通信、照明等
混合区	位置、空间、设施；媒体安排：广播电视媒体采访区，文字、摄影记者采访区

---

① 褚亚玲. 从广州亚运看媒体运行服务. 中国记者，2011（1）：83~84.

（续上表）

服务项目	服务内容
记者工作间	布局合理、电源、无线局域网、电视、INFO 终端、打印机、储物柜等
新闻发布厅	位置、布局、桌椅、话筒、扩音设备、背景板、记者席、同声传译、调音台、摄影摄像平台等
AGNS 独立工作间	位置、环境；设施：INFO 终端和打印机等
摄影位置	位置、设施、照明、磁盘/胶卷收集服务、传送服务、特殊摄影位置等
餐饮休息区	沙发、餐桌椅、电视、饮料、茶点、小吃等
媒体班车点和媒体停车场	班车点靠近 VMCs 入口，场馆安保区设置停车场，标识清晰明确
媒体专业入口	出入控制、标识清晰
场馆新闻运行经理及摄影经理办公室	办公桌椅、电脑、电视、电信网络端口等

3. 广州亚运会场馆媒体中心服务团队

广州亚运会场馆媒体中心服务团队是广州亚运会的场馆运行团队：最高负责人是场馆主任，其下是由分管不同业务的负责人担任场馆副主任；场馆副主任以下为分管场馆媒体运行各业务口的经理，包括场馆摄影经理、场馆新闻运行经理、AGNS 经理和场馆电视转播经理，分别负责摄影服务、新闻运行、AGNS 运行和广播电视运行；各业务经理领导一组工作人员在特定功能区工作。如图 4 - 11 所示：

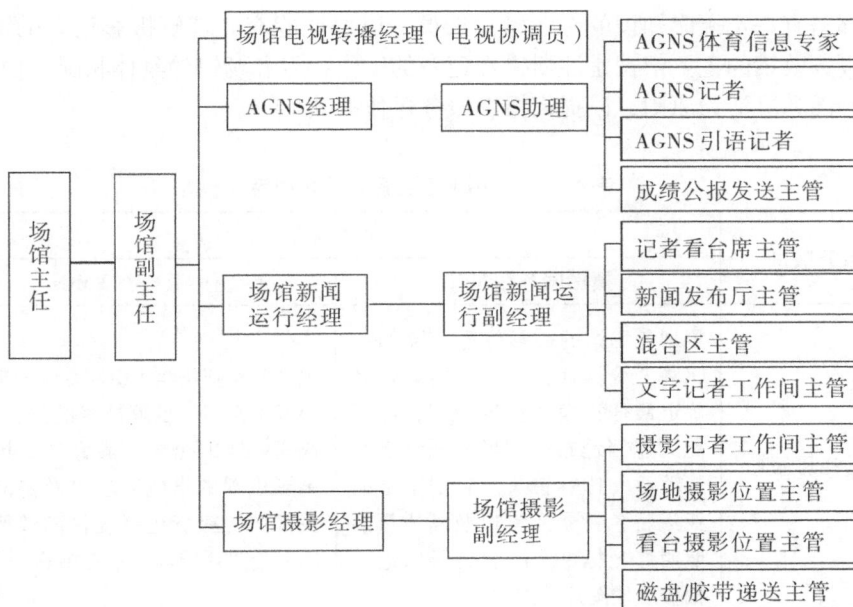

图4－11　广州亚运会场馆媒体中心服务团队构架

（三）广州亚运会赛事新闻服务（AGNS）

新闻服务是大型赛事媒体运行的重中之重，本内容将在下编详细阐述。

（四）广州亚运会摄影服务

1. 广州亚运会摄影服务概况

摄影服务是指为前来报道亚运会的注册摄影媒体提供所需的相关设施和服务，确保摄影媒体能在开闭幕式和赛场内外拍摄到亚运会上的最佳图片。

在体育报道中，摄影报道比文字报道具有更为广阔、丰富的表现形式与手段。体育照片已成为时下人们最为喜欢的摄影样式之一，因为它通过全世界相通的一种语言——形象语言打动人们，这些扣人心弦的瞬间被定格下来记入史册。这也就是在电视和网络直播技术如此发达的今天，摄影记者依然是运动场上一个举足轻重的群体的原因。

2. 广州亚运会摄影服务内容

广州亚运会摄影服务为报道亚运会的1 000多名注册摄影记者提供便于其有效工作的设施和服务，并在赛前和赛时负责摄影服务的运行和管理。

摄影服务团队是亚运会广播电视与媒体服务的重要组成部分，由摄影服务经理、场馆摄影经理、场馆摄影服务主管和助理组成。摄影服务团队的工作人员大多数都是有一定摄影知识的专业媒体人员，以保证能充分理解摄影记者的需求。摄影服务政策的主要依据是注册摄影记者的工作特点和场馆的具体状况，而程序则以严谨和灵活为原则，以提高摄影服务运作的效率。

表 4 - 3　广州亚运会摄影服务内容

服务项目	服务内容	
	摄影服务在 MPC	摄影服务在 VMCs
赛前摄影服务	规划各场馆的摄影位置，与 AFs、OCA 充分沟通协调，为摄影记者确定最佳视角的摄影位置，确保能无遮挡地拍摄到场内和终点线运动员的比赛镜头。制定丰富的亚运特色背景元素以及高质量的照明灯光标准，以满足摄影记者拍摄最佳图片的需求	规划各竞赛场馆 VMCs 专设的摄影记者工作间、足够规格的储物柜、快捷畅通的摄影记者路线、场内摄影位置的供电需求以及协同相关部门为摄影记者提供高效稳定的大量图片传输技术支持等
赛时摄影服务	广州亚运会 MPC 中，有专门为摄影记者设立的充分体现整合性功能的摄影记者工作区。将影像中心、摄影记者工作间以及摄影服务团队办公区域有效地结合在一起，其空间布局科学完善，为摄影记者提供全方位的资源服务。MPC 全天 24 小时开放，摄影记者可在这里长时间工作和用餐，并享受全方位的资源服务	广州亚运会竞赛场馆的 VMCs 为注册摄影记者专门提供的设施和服务有：停车场、专用通道、精心规划的摄影位置、航拍、媒体车船、设备完善的摄影记者工作间、充足的照明、足够容量的储物柜、快捷的递送服务、摄影队图片编辑的座席等

3. 广州亚运会摄影服务团队构架

（1）主新闻中心（MPC）摄影服务团队构架。

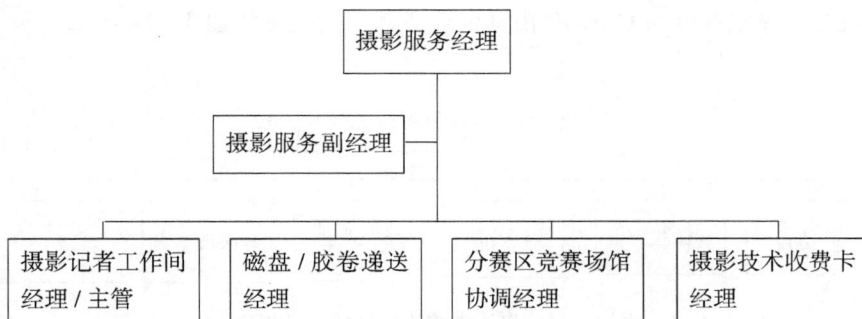

图 4 - 12　广州亚运会 MPC 摄影服务团队构架

（2）场馆媒体中心（VMCs）摄影服务团队构架。

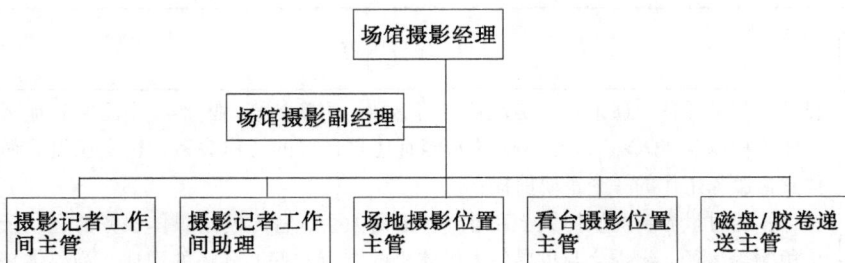

图 4 - 13　广州亚运会 VMCs 摄影服务团队构架

（五）广州亚运会媒体支撑服务

1. 媒体支撑服务概况

媒体支撑服务是广州亚运会媒体运行的重要工作领域之一，是亚组委与注册媒体机构的接口。该领域的工作是负责协调、落实注册媒体在采访报道广州亚运会期间的注册、餐饮、住宿、交通、收费卡、新媒体技术应用和出版物发放等服务工作。GAGOC 广播电视与媒体服务部通过与亚组委内部各功能部门的沟通协调，落实注册媒体的合理要求，提供支持服务和工作便利，保证注册媒体能够以最佳的状态采访报道亚运会。

媒体支撑服务内容多而杂，这决定了其综合协调的工作特点。媒体支撑服务工作人员首要对媒体反馈回来的需求信息进行准确的判断，并将需求信息快速且准确无误地向亚组委相关业务部门传达。各部门将根据需求信息进行组织协调，调整及补充为注册媒体提供的服务，确保达到历届亚运会所提供的标准。

媒体支撑服务处与 GAGOC 内其他业务部门的关系如图 4 – 14 所示：

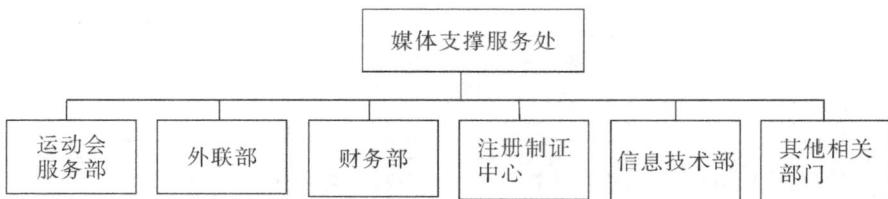

图 4 – 14 媒体支撑服务处的业务接口

2. 广州亚运会媒体支撑服务内容

表 4 – 4 广州亚运会媒体支撑服务内容

服务项目	服务内容
媒体关系	目的：与世界三大通讯社（美联社、路透社、法新社）、亚洲45个国家和地区注册媒体机构以及 NOCs、45 个 AFs 的新闻官建立良好的合作关系，这是亚组委做好媒体支撑服务工作的一个重要前提； 实施：通过世界新闻媒体大会和世界转播商大会、官方网站媒体服务专栏以及媒体出版物等途径，组委会与世界各大媒体机构进行友好、顺畅的沟通，为媒体采访报道亚运会营造良好的氛围； 广州亚运会第一次世界新闻媒体大会于2009年12月举行。会上，GAGOC 从场馆规划、竞赛组织、媒体交通和住宿、媒体技术、MPC 与 VMCs、摄影服务和新闻服务、开闭幕式筹备进展、亚运会形象景观设计等方面向与会人员介绍亚运会筹备工作情况
媒体注册	目的：亚运会期间区分媒体人员身份并授予他们在履行职责时进出某些区域的权限，致力向所有媒体机构提供高效、便捷的注册服务； 实施：亚运会身份注册卡上包含以下内容：亚运会官方标识和名称、注册类别编码、持卡人照片和个人信息（姓名、国籍、亚运会工作职能、所属机构、负责机构、护照号码等）、持卡人享有的权利代码（通行权利、交通权利）、条形代码及其他重要内容
媒体住宿	目的：为了让注册媒体能更及时、快捷、有效地报道亚运会，GAGOC 为媒体记者提供良好的住宿环境； 实施：GAGOC 只负责向注册媒体提供住宿，注册媒体住宿安排的时间表与注册程序保持一致。注册媒体的住宿类型分为两种，一种是媒体指定酒店，另一种是媒体村

（续上表）

服务项目	服务内容
媒体交通	目的：为了让注册媒体及时快捷地采访报道亚运会，GAGOC 将建立一个高效、顺畅的媒体交通系统，确保该系统效率的可靠性和灵活性； 实施：交通口岸至媒体村和指定接待饭店的交通服务；往返开闭幕式场馆的交通服务；往返竞赛场馆的比赛采访交通服务；往返训练场馆的训练采访交通服务；前往交通口岸的交通服务；提供给亚运会官方摄影队的专用车辆服务；往返媒体村和 MPC 的亚运城穿梭巴士服务；场馆群内部各场馆之间的交通服务；场馆群之间的往返交通服务；专项活动/会议/宴请用车服务；广州至汕尾赛区的交通服务；社会租车服务；免费城市公共交通服务等。媒体专用车辆服务时间为 2010 年 10 月 25 日至 11 月 30 日，每天 7：00 至 24：00
媒体出版物	目的：GAGOC 广播电视与媒体服务部面向有意采访广州亚运会的世界媒体、亚洲国家和地区的各新闻机构发放的出版物系列，同时也包括阐述媒体运行政策和细则，对媒体运行工作人员和志愿者进行专业岗位培训的出版物； 实施：《亚运会媒体运行：广州亚运会媒体运行志愿者专业培训教材》、《媒体注册指南》、《媒体住宿指南》、《媒体货运指南》、《媒体收费卡指南》、《媒体交通指南》、《媒体服务指南》、《港澳台及外国记者服务指南》

3. 广州亚运会媒体支撑服务团队构架

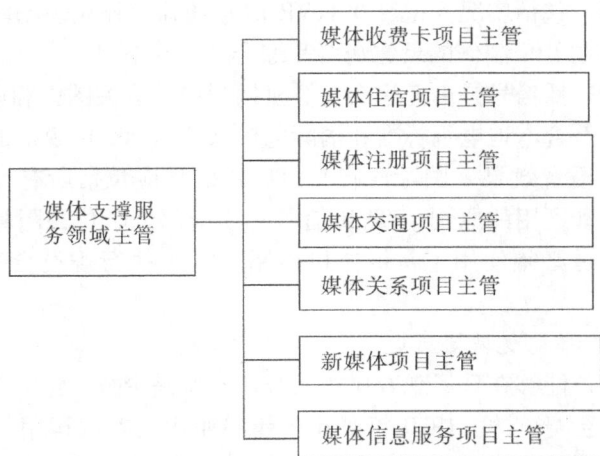

图 4-15　广州亚运会媒体支撑服务团队构架

四、广州亚运会广播电视运行

(一) 广州亚运会广播电视服务

1. 亚运会广播电视服务概述

广播电视运行通常由组委会成立一个主播机构来制作公共信号并向持权转播商提供服务。亚运会广播电视服务的主要工作是根据《亚奥理事会广播指南》和《主办城市合同》为主播机构和持权转播商提供服务，具体服务主要是通过协商沟通的方式实施，并在亚组委和转播商之间搭建一座沟通的桥梁。

转播是指向公众传播亚运会正式活动和仪式，而不作任何有形方式的流通，因此，转播是通过广播、电视以及其他任何由 OCA 规定的方式进行的一种传播。

发行是指通过包括图片、录音、录像（录像光碟和卡带）、胶卷以及其他类似有形物品等方式向公众展示亚运会期间的正式活动和仪式。

OCA 可以授予转播机构以上两项传播权以获取收益。OCA 可以授予一家广播电视机构在其相应的地域范围对亚运会进行独家转播的权限。

广播转播权是指直接对亚运会所作的现场或录音广播电视的传播，以及进入MPC、IBC、VMCs 的权利。广播电视转播权一旦出售，便不得授权给相应区域内另一家广播电视转播商。

亚运会广播电视节目主要包括以下内容：一是由亚运会主播机构制作的所有赛事的国际电视和广播公共信号（基本节目报道），称作"国际电视信号"（ITVR）；二是对每一国际广播电视机构根据其国家节目需要所制作的基本报道进行个性化处理，包括实况报道、在 ITVR 信号基础上补充现场附加的摄像机信号、其他转播商在 IBC 制作的录像资料和综合性电视节目。

国际电视和广播信号是由亚运会主播机构制作的有关图像和语音的国际电视信号。该信号应符合本地电视标准和国际电信联盟（ITU）规范的直播图像以及所需的相关背景语音效果（国际语音）。ITVR 信号应包括所有场馆赛事活动的报道，本着客观和通用的原则，ITVR 信号必须全部电子化，图标和文字必须使用英文，所有报道必须使用正常摄像机摄制。OCA 执行委员会享有 ITVR 信号版权。

2. 亚运会广播电视转播历史

亚运会期间，能够在现场观看比赛的观众毕竟是少数，绝大多数人都是通过电视来观赏亚运会赛事的。1970 年第 6 届曼谷亚运会首次运用卫星转播技术向各国传送亚运会开闭幕式和各项精彩赛事的 ITVR 信号。当时购买了电视转播权的国家和地区有日本、韩国、伊朗、以色列、印度尼西亚、中国台湾以及中国香港，每一个转播商收费为 2 000 美元，这是亚运会历史上的首次电视转播。

2006 年第 15 届亚运会在卡塔尔首都多哈举行，多哈亚运会在电视转播上实现了一次历史性的突破，不但对全部比赛进行 2 000 多个小时的直播，而且在亚运会的历史上首次全部使用高清数字信号。多哈亚运会有来自 47 个国家和地区的 3 000 多家媒体参加了报道，而电视观众达到 15 亿人次。

多哈亚运会在充足的财力支持下，发挥国际智慧，联合多国的广播电视转播优秀团队成功完成了历史上项目最多、规模最大、参加人数最多的一届亚运会的广播电视服务工作。多哈亚运会之后，OCA 重新确定了亚运会广播电视报道的国际化标准，将主播机构运营、服务的要求提高到一个前所未有的水平。

3. 广州亚运会广播电视服务内容

广州亚运会主播机构于 2008 年 9 月通过公开招标确定，其组织结构为广州电视台、广东电视台和北京奥林匹克转播公司（BOB）中方人员组成的联合体。按照国际惯例和 OCA 的要求，中标的主播机构需成立一个独立的项目运作公司，全面履行亚运会主播机构的职责。经过严格的调研，广州亚运会的主播机构确定为广州亚运会转播有限公司（GAB）。其职责是制作国际电视和广播信号，并为其他广播电视机构提供亚运会广播电视制作所需的设施和服务。

广州亚运会一共有 42 个竞赛项目，包括 473 个小项。在广州有 49 个竞赛场馆，再加上东莞的举重竞赛场馆、佛山的游泳和拳击竞赛场馆及汕尾的帆船竞赛场馆，一共有 53 个竞赛场馆。在这些竞赛场馆中，GAGOC 和 GAB 提供的电视转播设施和服务，包括 IBC、摄像机机位（Camera Position）、混合采访区、电视转播综合区评论员座席（Commentary Position）、观察员座席（Observer Seats）、评论控制室（CCR）、转播信息办公室（Broadcasting Information Office）等。服务内容如下：

表 4 – 5　广州亚运会广播电视服务内容

服务项目	服务内容
摄像机机位	主播摄像机用于 ITVR 信号的制作，单边摄像机则提供给持权转播商用于制作单边信号。主要分布在赛场、观众席、运动员入口、混合区等区域
解说评论席	位置应设立在赛事的最佳观看点，一般都安排在赛场中轴线的延伸部分，并和主机位保持同一侧，以方便解说员能够轻易地看到记分板；让解说员拥有清晰视线，可以看到相关赛事的实时进展情况。提供普通评论席和带摄像机评论席

（续上表）

服务项目	服务内容
混合采访区	各竞赛场馆内设置一个混合区，供持权转播商在赛后进行现场实况转播或录像。混合区的安排顺序：单边的现场电视报道员、ENG 团队、电台广播员、文字记者
赛后新闻发布会摄像席位	在各个竞赛场馆提供新闻发布会所需的制作空间和加高的摄像平台，并为这些采访拍摄平台提供电源、灯光及相应的技术设备
观察员座席	观察员座席是为评论员及其他相关人员预先安排的、在没有转播任务时观看赛事的座席，设置在与评论员座席相邻的记者看台席中
评论控制室	评论控制室装备了协调评论席的各种必需设备，负责各个解说评论席设备的控制和信号的传输、调度等。评论控制室尽可能临近解说评论席，以保持信息畅通无阻
转播信息办公室	位于竞赛场馆内，临近解说评论席，主要用于转播管理和召开会议。提供电话、传真以及打印等设施和服务，并为评论员服务。转播信息办公室提供比赛结果、历史数据、亚运会竞赛规则、广州简介以及其他有关亚运会的综合信息（交通、城市资讯等）。IBC 的转播信息办公室 24 小时运营，确保持权转播商能够快捷地掌握所需要的可靠信息。转播信息办公室一般坐落在大楼的大堂或者门厅，便于持权转播商造访
广播电视转播综合区	广播电视转播综合区是 GAB 和持权转播商进行电视转播运行工作的重要区域，在竞赛场馆外广场或公共区域临时设置广播电视转播综合区，提供电力服务以及语音通信、数据通信和后勤保障服务
其他电视转播设施及服务	风景摄像机机位、航拍机位、亚运城演播室等

（二）广州亚运会国际广播中心

国际广播中心的英文全称为 International Broadcast Center，简称 IBC。IBC 是广播和电视信号制作的综合区域。亚运会主播机构在 IBC 内接收从竞赛场馆传输过来的 ITVR 信号并发送出去，IBC 集中了所有信号分配和传输的转播设备和通信设备。IBC 是专门为国际性广播电视机构设计的场所，并根据国际性广播电视机构自身的需要和意愿安装转播设备、布置制作区域、提供基本服务，使其能更有效地制作和传送有关亚运会的广播电视报道。

　　第 16 届广州亚运会的 IBC 设在亚运城主媒体中心（MMC）内，MMC 第二至四层为 IBC，建设规模约 2.13 万平方米，于 2010 年 2 月完工。IBC 于赛前一个月正式开放，为 GAB、持权转播商以及来自亚洲地区的约 4 000 名广播电视媒体人员提供设施和 24 小时服务，是广州亚运会运行时间最长、最重要的非竞赛场馆之一。

　　IBC 包括提供各种服务设施的主服务大厅，GAB 办公区和技术区，提供技术支持、信息服务的技术中心和信息中心，专用工作间，一个可容纳 600 人召开每日通气会的会议室，广播电视运行、场馆管理、后勤服务、安保、技术等管理和支持服务部门的办公用房等。IBC 为广播电视转播商提供各项保障服务，包括技术支持、餐饮、休闲、医疗、购物、安保、物流等。IBC 内还设有银行、邮局、报刊亭等多种服务设施，并配备相应工作人员。

　　IBC 的顺利运行需要一支功能完善、沟通顺畅、精诚合作的管理团队，广州亚运会赛时 IBC 团队主要由来自各业务口的 500 名工作人员组成，这些工作人员负责场馆电力保障、空调运行、安全保卫、人员注册、转播商服务以及文化活动等。IBC 团队由 MMC 团队主任统一领导，下设运行秘书长 1 名、常务副主任 1 名以及相关业务口副主任 5 名，如图 4-16 所示：

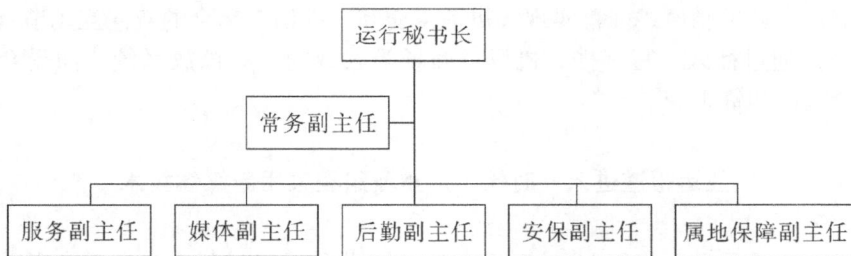

图 4-16　IBC 团队构架

五、广州亚运会新媒体运行服务

（一）广州亚运会新媒体转播政策

　　广州亚运会新媒体转播权是指在互联网、手机、IPTV、地铁电视、公交电视等新媒体平台上传播广州亚运赛事及官方相关活动的视音频内容的权利。

　　新媒体转播权分为独家转播权和非独家转播权。独家转播权指经 GAGOC 授权的新媒体运营商拥有在某个国家或地区的新媒体转播唯一权益，包括在网络、手机等所有新媒体平台上播出广州亚运会视音频的权利。获得独家授权的新媒体转播唯一权益机构可在权益地域范围内进行转播权的再次销售,称为转播分授权。

(二) 广州亚运会广泛运用新媒体

广州亚运会新媒体传播的技术平台包括互联网、手机、IPTV、地铁电视、公交电视、出租车电视、楼宇电视等。

(1) 在官方网站上提供官方新闻、媒体公告等信息,与网络媒体合作,开设亚运会专栏或专题,通过博客、论坛等形式吸引互联网用户全面了解、参与广州亚运会,利用 P2P 等交互式技术进行亚运会赛事的网络视频直播和点播。

(2) 利用 3G 移动通信网络向手机用户提供赛事直播、地理定位、电子地图、内容定制和查询等数据业务,通过 CMMB 手机电视技术,向手机用户提供基于卫星电视网的手机电视服务。

(3) 通过宽带网络向用户提供广州亚运会的数字电视节目、赛事点播、视频录像等 IPTV 业务。

(4) 通过分布地铁沿线各站台及车厢内的地铁电视向地铁乘客提供 GAGOC 官方发布的信息服务,以及丰富多彩的亚运新闻资讯节目。

(5) 通过公交电视和出租车电视向乘客提供广州亚运会信息服务、赛事直播等节目,通过触摸式屏幕实现人机信息交互,提供亚运会的双向互动节目。

(6) 通过社区、写字楼、机场、商场等区域的视频播放系统,向受众提供亚运会宣传和资讯。①

亚运报道进入 e 时代 广州亚组委采用新媒体技术

记者从上周召开的第 16 届亚运会第一次世界新闻媒体大会获悉,预计明年将会有来自世界各地近万名媒体工作人员参与亚运会的报道。广州亚组委将在广州亚运会上采用新媒体技术为各大注册媒体提供更快捷和多样化的媒体服务。

融合了 TD/SCDMA 移动通信技术及手机电视等技术的广州亚运会媒体服务移动平台,是广州亚组委为近万名注册媒体提供的"新武器"。这是一种将亚运会媒体服务在手机等移动终端上集成的技术应用,由广州亚运会高级合作伙伴中国移动负责开发。注册媒体通过媒体服务移动平台可以利用手机或者电脑免费获得赛事直播点播、记者席查询、场馆信息、媒体交通、赛事安排、摄影服务、媒

---

① 第 16 届亚洲运动会组织委员会. 亚运会媒体运行:广州亚运会媒体运行志愿者专业培训教材. 广州:暨南大学出版社,2009.17~205.

体公告、媒体论坛、手机定位等服务内容，大大提高媒体的采访效率。

广州移动公司计划在广州亚运会的 53 个比赛场馆的媒体区/贵宾区进行 WLAN 覆盖。经亚组委许可的媒体及贵宾用户可以在比赛现场使用高速无线上网。同时，广州移动为参与亚运会报道的媒体量身设计了"即拍即传业务"和"即摄即传业务"。届时，摄影记者和摄像记者，只要使用能够接入中国移动 WLAN 专用无线网络的数码相机或电脑等终端，即可将照片、视频通过无线网络，以最快速度传送到图片服务器接收端。

后亚运"无线广州"

2010 年广州亚运会采用的新媒体技术除了供注册媒体使用外，市民也能享受到这些新技术所带来的便利。

"通过媒体服务移动平台的基础技术为广州市民打造一个'无线广州'手机客户端。"广州移动公司亚运项目管理部副总经理林二维透露，借亚运的契机，中国移动广东公司投入超过 10 亿元完善广州及周边地区 2G/3G（TD/SCDMA）以及 WLAN 基础网络，在亚运会后向市民提供信息化全业务基础网络的环境。

他还透露，这些新技术与目前传统 WAP 上网的最大区别在于，新技术把分散的业务整合，通过一个客户端"无线广州"就可以让任何一个用户随时随地了解他想要的信息，譬如政务、民生、衣、食、住、行等。据悉，目前这些技术已进入紧锣密鼓的实施阶段。

（《新快报》，2009 年 12 月 24 日，刘勇、郑剑锋）

新媒体服务成广州亚运会亮点 亚残运会将继续使用

由广州亚组委与中国移动共同开发的媒体服务移动平台以其丰富的内容和快捷便利的优点，在广州亚运会上受到参会记者的广泛好评。据组委会最新调查统计，共有 1 028 名记者在赛时使用了这套系统。

广州亚运会向注册媒体提供的这种基于手机查询官方信息及赛事视频的新媒体服务，在亚运史上还是首次，给记者带来了切实的方便。

注册记者的媒体包里都有一张媒体服务移动平台手机客户端软件的安装光盘，将软件安装到手机上，就可以获取包括媒体公告、运动员简历、媒体交通、亚运地图、赛事直播等十二个方面的亚运官方信息。

在组委会发放的调查问卷上，来自马来西亚《大都会日报》的记者阿扎哈尔（音译）写道："媒体服务移动平台有运动员简历查询功能，我能很方便地查到任何一个运动员的详细信息，为我写稿提供了很好的参考。"

半岛电视台的埃萨姆表示："以往采访体育赛事时，不但要背负各种采访器材，还要在背包里装上几本沉甸甸的指南，这个信息平台帮我'减负'了。我常使用的栏目是媒体公告和亚运地图，媒体公告信息更新很及时。我在赛场工作的时候，也可以了解到主新闻中心新闻发布会的情况。"

亚组委广播电视与媒体服务部副部长、亚运城主新闻中心主任任天华表示："新媒体技术在记者的采访工作中正在发挥越来越大的作用。媒体服务移动平台是广州亚运会的一次创新，可以直接有效地提高记者获取信息的速度。赛时我们向媒体发放了200份调查问卷，了解媒体对媒体服务移动平台的意见，几乎每一份调查问卷都给予了积极的评价，我们的创新是成功的。"

（新华社，2010年11月30日，贾文军）

思考与练习题：

1. 了解大型赛事媒体运行的管理构架。
2. 了解大型赛事媒体运行的业务构架。
3. 阐述北京奥运会媒体运行的内容。
4. 阐述广州亚运会媒体运行的内容。
5. 阐述广州亚运会主新闻中心运行的内容。
6. 阐述广州亚运会场馆媒体中心运行的内容。
7. 以新闻学知识分析主新闻中心和场馆媒体中心的关系。

下　编　大型赛事新闻服务体例

第五章　大型赛事新闻服务概述

【内容提要】本章共分三节。首先阐述大型赛事新闻服务的含义，分析新闻服务的特点，然后介绍新闻服务的原则和职责，详细说明新闻服务的内容和工作流程。

大型赛事的新闻服务是随着媒体运行的逐步完善而得以规范化的一个重要事项。在国际上，新闻服务的历史并不长。

据考证，1988 年汉城奥运会组委会用电报网打出纸质公报，向记者提供信息，这可以算作新闻服务的雏形了。20 世纪 90 年代，随着信息技术特别是因特网技术的迅速发展，1996 年亚特兰大奥运会开始尝试通过电子方式来传输信息，这在当时并没有引起人们的足够重视，但它的确促进了新闻服务的发展。到了 2000 年悉尼奥运会，真正意义上的现代新闻服务开始形成了。在 2004 年雅典奥运会期间，媒体运行和新闻服务越来越规范，世界各地的记者开始从中受益。

在国际奥委会的推动下，2006 年都灵冬季奥运会借鉴了此前夏季奥运会的做法，成功引入了媒体运行与新闻服务，其新闻服务的水平甚至超过了历届夏季奥运会，这标志着媒体运行与新闻服务在国际大赛中走向成熟阶段。

众所周知，2008 年北京奥运会是一届成功的奥运会，时任国际奥委会主席雅克·罗格评价它"是一届真正无与伦比的奥运会"。而衡量一届奥运会或大型赛事是否成功，除了国际奥委会或国际单项体育联合会的评价之外，最好的评判者莫过于媒体。北京奥运会的盛况和新中国的面貌通过媒体传播到世界各地，这离不开北京奥运会媒体运行部的规范运作与创新思维。2012 年伦敦奥运会继承了北京奥运会在媒体运行与新闻服务方面的成功经验，而在经费投入与使用方面，比北京奥运会的成本更低，更为节俭。2014 年索契冬奥会将新媒体技术引入到媒体运行体系中，又尝试推出了很多新的做法。

我们注意到，进入 21 世纪以来，国际足联、国际篮联等国际体育单项组织在各自的大型赛会期间，不约而同地开始使用奥运会的媒体运行模式，这不得不说是奥运会带给我们的重要财富。

在国内，北京奥运会媒体运行与新闻服务只是一个起点，而不是终点。2010 年广州亚运会、2011 年深圳世界大学生运动会、2011 年贵阳全国少数民族运动会、2013 年南京亚青会都参照北京奥运会的标准，因地制宜作了一些修改，均由新华社组建临时官方通讯社，向来自海内外的记者提供媒体运行服务。2014年南京青奥会和南宁世界体操锦标赛，也是由新华社中标承担媒体运行服务工作的。

我们欣喜地看到，在我国职业足球联赛和职业篮球联赛中，赛事组织方开始按要求自觉地提供媒体运行服务了，虽然各赛区的软硬件水平参差不齐，但是，这毕竟是一个好的开端。

第一节　大型赛事新闻服务的含义和特点

大型体育赛事媒体运行的核心内容是新闻服务。新闻服务是指大赛组委会为来自世界各地的注册媒体提供赛事新闻信息服务，它充当着大赛期间的"官方通讯社"角色，具有核心的地位作用、海量的信息资讯、专业的团队服务等特点。大型赛事新闻服务的原则是准确、及时、清楚、简洁、平衡、全面。优质的新闻服务能创造极高的新闻价值，实现大型体育赛事的国际传播。

一、大型赛事新闻服务的含义

"新闻服务"的英文全称为 News Service，简称 NS。"大型赛事新闻服务"的英文表述为 Games News Service，简称 GNS。以此类推，"奥运会新闻服务"的英文缩写就是 ONS，"亚运会新闻服务"的英文缩写就是 AGNS，"大学生运动会新闻服务"的英文缩写就是 UNS。

因此，所谓大型体育赛事的新闻服务，一言以蔽之，就是赛事组织方为来自世界各地的记者提供赛事信息服务，服务内容包括赛前信息、赛时新闻、成绩公报柜管理与纸质公报发送等。从本质上看，新闻服务相当于一个专门为大型赛事临时组建的"官方通讯社"，为所有注册媒体、国际体育组织官员和各个单项体育联合会成员提供客观、准确、迅速、翔实的新闻信息服务。[①]

其工作流程是：新闻服务团队在赛前和赛时收集、编写运动会相关信息，经过总编辑部审核后，再通过 INFO 信息系统或者专门的网站发布，媒体记者可以在任何一台 INFO 信息终端或指定的网络终端查询或打印这些信息，或者在指定

---

① 第 16 届亚洲运动会组织委员会. 亚运会媒体运行：广州亚运会媒体运行志愿者专业培训教材. 广州：暨南大学出版社，2009. 76.

的区域得到由专业志愿者及时提供的纸质信息。这些信息只是一种"半成品"，媒体记者可以根据自己的需要进行加工和利用。

二、大型赛事新闻服务的特点

1. 核心的地位作用

在媒体运行的六个业务领域中，大部分是硬件服务，只有新闻服务是无形的，它是信息，是核心，是不可或缺的。著名媒体运行专家、北京奥运会新闻服务总编辑陈越说："新闻服务是大型赛事媒体运行的重中之重，它是无形的，它是信息，是一种软件，比如一台电脑，在配备了所有必要的硬件之后，它的正常运转，必须依靠软件。新闻服务就是大型赛事媒体运行的软件，它不可或缺。"[①]

既然新闻服务是指赛事组织方为来自世界各地的记者提供赛事信息服务，那么，提供赛事信息服务的目的是什么？答案是传播。除了传播赛事本身的信息外，还要隐性或显性地传播赛事举办地的政治、经济、文化、科技、生活以及社会风貌，通过这一系列因素塑造出一座城市乃至一个国家的形象，提高国际影响力。正如"国际传播所造成的影响不仅跨越了国界，而且也跨越了文化领域和经济领域"[②]。来自不同国家或地区、不同媒介的记者就是一个个传播主体，他们所供职的媒体就是一个个传播平台，通过他们的笔头、镜头和声音来实现大型体育赛事的传播效应。

大型体育赛事涉及场馆、项目、人员、成绩等事项，庞大而且繁杂，记者单个人是不可能完成全面的赛事报道任务的，必须依赖赛事新闻服务。可以说，新闻服务是记者当中的记者，它在赛事新闻报道中的地位无可替代，优质的新闻服务能创造极高的新闻价值，达到赛事传播的目的。

2. 海量的信息资讯

大型体育赛事范围大、项目多、人员广、内容杂、信息量巨大，用"海量"来形容是非常贴切的。媒体记者是不可能把每一个赛事项目、每一个运动员的赛况报道得面面俱到的，分身乏术的媒体记者只有依靠赛事新闻服务才能完成报道工作。

大型赛事新闻服务是一种团队运作模式，在赛前和赛时，团队成员分别在主新闻中心和各比赛场馆收集、编写赛会的相关赛事信息，经过总编辑部审核后，

---

① 陈越于 2010 年 11 月在广州体育学院作题为"大型赛事媒体运行的现状、问题与对策"的学术演讲。

② ［美］罗伯特·福特纳. 国际传播：全球都市的历史、冲突及控制. 刘利群译. 北京：华夏出版社，2000. 30.

再通过 INFO 信息系统发布，相当于为注册的媒体记者和官员提供了一个及时、全面、丰富的"信息超市"，媒体记者可以在任何一台 INFO 信息系统终端查询、选择并打印这些信息。

例如，2004 年雅典奥运会组委会发布简历 13 808 份，发布裁判员、运动员、运动队等历史数据及背景信息 1 397 项，发布新闻类稿件 7 659 篇。2008 年，北京奥运会的新闻服务团队发布了 11 815 篇稿件，是雅典赛事新闻稿件量的 1.5 倍。

2010 年，广州亚组委聘请了专业的新闻团队，在第一时间采集运动员的赛后感言，为记者提供素材。亚运会期间，亚运赛事新闻服务团队共发稿件近万篇，为那些因亚运会比赛项目众多（42 个大项）、场馆众多（53 个竞赛场馆，17 个独立训练场馆）而分身乏术的记者提供及时、专业、全面的新闻服务。

来自印度的记者诺里斯·普里塔姆评价说，他所供职的德意志电波电台只派出两名记者对广州亚运会进行采访，由于亚运会项目太多，他和同事根本顾不过来，所以每天都得靠 INFO 信息系统开展工作。[①]

因此，借助 INFO 系统查询 AGNS 提供的新闻服务信息，注册记者就不用像无头苍蝇那样到处乱跑了，他们"可以立足于一个场馆采写生动鲜活的比赛现场，同时也可环顾其他多个场馆的比赛情况，全面撰写有关赛事的新闻稿件"[②]。

3. 专业的团队服务

大型体育赛事新闻服务提供的资料只是一种"半成品"，媒体记者可以根据自己的需要进行加工和利用。尽管这些新闻信息对于媒体来说仅仅是一种素材，但其准确性和时效性却不可忽视。因此，新闻服务工作人员不仅需要良好的外语（特别是英语）基础，更需要长期新闻采写所积累的敏感度和经验，以及专业、扎实的赛事报道功底。

在新闻服务团队中，各个项目的体育信息专家，以及总编辑部的英文高级审核专家，都是来自世界各地的一流专家，他们参加过各种大赛的新闻报道工作。这一批活跃的国际公认专家，人数将近一百人。邀请他们来充实新闻服务团队，中外合璧，既能做到与国际接轨，又能保证新闻服务的质量。

例如，2011 年深圳世界大学生运动会的新闻服务是由大运会组委会媒体宣传指挥部管辖下的一个业务部门负责的，其性质为合同商，由新华社中标承担。新华社为此成立了一个 8 人领导小组，负责赛前及赛时对官方通讯社 UNS 的工作进行宏观把控，组长为新华社广东分社社长杨春南。官方通讯社 UNS 专家小

---

① 褚亚玲. 从广州亚运看媒体运行服务. 中国记者, 2011 (1)：83~84.

② [美] 杰克·海敦. 怎样当好新闻记者. 伍任译. 北京：新华出版社, 1980. 183.

组由 7 名经验丰富、管理能力突出，从事过北京奥运会和广州亚运会新闻服务运行工作的专家组成，赛前具体负责指导官方通讯社 UNS 各业务口进行筹备工作，赛时担任重要岗位的领导指挥工作，组长为新华社体育部部务会成员徐济成。官方通讯社 UNS 与深圳市委、市政府和大学生运动会组委会进行总联络、总协调的负责人为新华社深圳支社社长王传真。

官方通讯社 UNS 赛前筹备运行团队由 15 名核心队员组成，主要职责是在领导小组及专家小组的领导下，负责与大学生运动会组委会沟通，建立相关联系机制，具体落实官方通讯社 UNS 的场馆、物资、人员、后勤保障等赛时运行的基本需求，制订各类相关计划和方案，并负责监督实施。

官方通讯社 UNS 赛时运行团队由赛前筹备运行团队负责招募组建，包括主新闻中心及竞赛场馆分新闻中心各部门的所有官方通讯社 UNS 工作人员，共计520 人。他们负责在各场馆将赛前制订的各类计划和方案进行具体落实，完成官方通讯社 UNS 的赛时运行工作。官方通讯社 UNS 赛前筹备运行团队和赛时运行团队的负责人为新华社广东分社新闻信息中心副主任何惠飞。

根据深圳大运会组委会提供的总结，官方通讯社 UNS 赛时运行团队由 520人组成，突出了国际化、专业化的特点，其分工协作构成如下表。

表 5 - 1   深圳大运会 UNS 赛时运行团队构成

岗位类别	人 数	来 源	阅历和经验
管理团队人员	27	新华社广东分社	采写、编辑体育新闻和主管大型体育专业报刊，具有策划多项重要文体活动的丰富经验
国际体育信息专家	53	来自美国、澳大利亚等 12 个国家和地区	大多数参加过北京奥运会和广州亚运会的新闻服务工作，是英文体育新闻采写、编辑中的佼佼者
专家组成员	7	新华社	采访报道过多届奥运会等国际大型赛事，是负责组织北京奥运会和广州亚运会新闻服务的核心领导成员
译 审	8	新华社老记者、老编辑和外语专家	经验十分丰富，业务能力极强，在编辑业务和政策方面为官方通讯社 UNS 提供了强有力的保障

（续上表）

岗位类别	人　数	来　源	阅历和经验
译员	19	中山大学、暨南大学、广东外语外贸大学高级翻译学院的老师和研究生	能胜任在高强度运转状态下精确翻译英文稿件的工作
UNS 记者	30	中山大学、暨南大学、广东外语外贸大学高级翻译学院英语专业和新闻专业的研究生、本科生	能熟练地用英语采写体育新闻稿件
UNS 成绩公报主管	30	广州体育学院体育新闻系的研究生和本科生	既熟悉体育项目，又通晓新闻和外语，能确保成绩公报发送准确快捷
即时引语记者	196	广东外语外贸大学各学院的研究生和本科生	发挥英语、日语、俄语等外语专长，为赛会提供了大量最新鲜、最原始的新闻素材，还额外承担了许多电视、文字传媒的现场义务翻译工作
赛会通用志愿者	150	深圳市各高校的本科生	经过 UNS 现场培训和指导，很快掌握了成绩发送等具有一定专业要求的工作

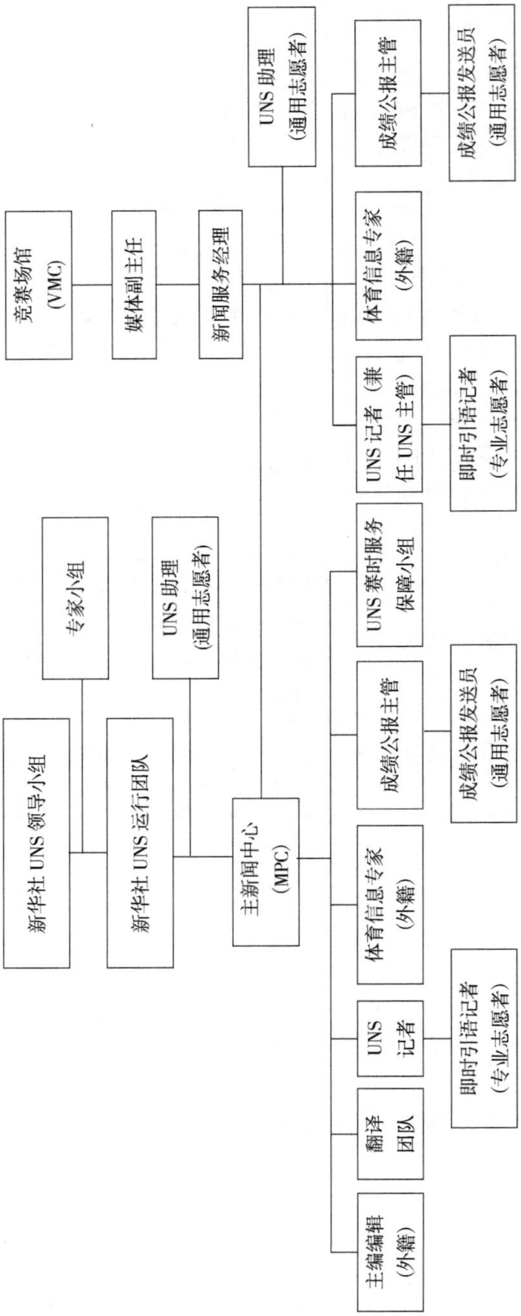

图 5-1 深圳大运会官方通讯社 UNS 工作构架图

第二节　大型赛事新闻服务的原则和职责

大型赛事既是运动员的"战场",亦是媒体记者的"战场",只有了解新闻服务的原则和职责,把握新闻服务体例的写作方法,才能做好媒体运行,实现大型赛事的国际传播,从而产生良好的经济和社会效应。

一、大型赛事新闻服务的依据和对象

1. 大型赛事新闻服务的依据

大型赛事新闻服务的依据是 ORIS。ORIS 是奥运会成绩和信息服务（Olympic Results and Information Service）的英文缩写,奥运会成绩和信息服务（ORIS）是国际奥林匹克委员会（IOC）、组委会和国际单项体育联合会（IFs）的合作项目。它在奥运会前通过一系列会议决定每一个奥运会项目的成绩和信息流程。ONS 必须在每次 ORIS 会议上派一名代表参与决策,并代表新闻运行和文字媒体的利益。

2. 大型赛事新闻服务的对象

大型赛事新闻服务的对象主要是注册媒体,还有奥林匹克大家庭的成员,包括国际奥林匹克委员会（IOC）、各国奥林匹克委员会（NOCs）、国际单项体育联合会（IFs）、各国体育代表团等。

二、大型赛事新闻服务的工作系统

(一) INFO 终端

奥运会新闻服务的工作平台是 INFO 系统。它是注册记者的"专业智囊"。INFO 系统是大型体育赛事提供专业新闻服务的内部网站,也可称为组委会的"官方通讯社"。它通过电脑终端以网页形式向运动会大家庭、媒体及其他所有注册人员提供赛事信息服务,主要包括运动员简历、比赛成绩、赛时新闻、奖牌榜、日程表、赛事前瞻、赛事回顾、混合区即时引语、新闻发布会摘要、活动安排、背景信息、纪录、交通、天气等信息。这些信息对注册记者来说非常有用,因为有的新闻或背景类的资讯在 INFO 上就可了解,能节省时间与精力,提高工作效率。

根据奥运会《IOC 媒体技术手册》的规定:

主新闻中心（MPC）和场馆媒体中心（VMCs）的所有工作间每 15 个工位配

一台 INFO 终端。在 MPC 和 VMCs 的每两台 INFO 终端配一台打印机。

其他非竞赛场馆的 INFO 终端/打印机由组委会和 IOC 协商安装。

MPC 和 VMCs 的 INFO 终端应有专用空间，不能侵占文字和摄影记者的工位。

INFO 终端应安装在便于文字和摄影记者使用的位置。如果空间允许，较大场馆的看台记者席、混合区和媒体休息区也应安装 INFO 终端。

远程无线 INFO 接入不能全部替代 INFO 终端，但可以减少终端数量。

INFO 后面需要说明大型赛事的年份，如 INFO 2008、INFO 2010 等。

广州亚运会 AGNS 采集的新闻信息通过 INFO 2010 信息系统发布。注册媒体可以通过 MPC、VMCs、运动员村、媒体村和 OCA 总部饭店的 INFO 2010 信息系统终端查询和打印与赛会相关的信息和新闻（见图 5-2、图 5-3）。

图 5-2　深圳大运会 INFO 系统首页横向图

图 5-3　深圳大运会新闻资源发布平台（首页）

（二）INFO 内容

表 5 - 2　奥林匹克运动会新闻服务内容构成

序 号	INFO 内容（中文）	INFO 内容（英文）
1	即时引语	Flash quotes
2	项目预测／回顾信息	Sport‐specific preview/review information bullet points（fact-boxes）
3	新闻发布会内容摘要	Press conference highlights
4	新闻发布会日程	Press conference schedules
5	受到关注的新闻	Human interest stories
6	与奥运会有关的一般新闻	Games‐related general news stories
7	成绩和其他数据，包括竞赛日程和出场名单	Results and other data including competition schedules and start lists
8	颁奖仪式上颁发奖牌和鲜花的人员	Medal and flower presenters at medal ceremonies
9	其他运行信息，比如天气和交通的最新信息	Other operational information such as weather and transport updates
10	组委会、IOC、NOCs、IFs 和赞助商的新闻信息	OCOG，IOC，NOCs，IFs and sponsor news and information
11	运动员简历	Athlete biographies
12	历史成绩	Historical results
13	奥运会的信息和数字	Olympic facts and figures

三、大型赛事新闻服务的原则

大型体育赛事新闻服务提供的虽然是"半成品",但其采写与发布的原则,与普通的"成品"新闻报道一样,必须坚持准确、及时、清楚、简洁、平衡、全面等基本原则。

(一)　从新闻报道的角度来说,大型赛事新闻服务既要准确,又要及时

大型体育赛事新闻服务的核心内容是为注册媒体记者提供赛事基础信息,包括运动员信息、成绩公报、赛事赛况新闻等,从赛事新闻报道的角度来看,新闻服务的第一个原则是准确,"新闻准确性高于一切"①。新闻服务的"准确"原则,一是指信息内容真实,要仔细核实信息来源,千万不要把报道建立在传闻或道听途说之上,在没有确定内容是否正确的情况下,绝对不要进行推测,无论看上去多么真实;二是指完整的新闻报道结构,即导语加消息,先将赛事报道的精华浓缩为导语———一个句子或简短的段落,然后按照重要性的顺序,添加赛事信息。② 下文所提及的每一种新闻服务体例的格式,都是这种简单的结构模式。这也是媒体记者熟悉的把握信息的模式。

新闻服务的第二个原则是及时。在大型体育赛事中,除了酣战的赛事战场外,媒体战场是体育赛事的第二战场,媒体记者是观众耳目的延伸,他们时刻关注赛场内外,迫切了解最新的赛事赛况,所以新闻服务团队工作必须及时、快捷,以保证媒体沟通大众的桥梁畅通运行。新闻是易碎品,某一媒体对受众的影响力与其对新闻事件的反应速度基本成正比,传播速度可以塑造媒介的声誉,同时也能增强其市场竞争力。③

美国《纽约时报》前副主编罗伯特·赖斯特说:"如果第二次世界大战之前,新闻界普遍认为,最没有生命力的东西莫过于昨天的报纸的话,那么今天的看法是:最没有生命力的东西莫过于几个小时以前发生的新闻。"这已是 20 世纪的事了。到了今天,最有价值的新闻再难与"几个小时之前"这样的字眼有关,错过了那几秒,新闻就会成为"旧闻",再没有价值可言了。

众所周知,通讯社是专门为世界各地的媒体和用户服务的,堪称"媒体中的媒体",及时、迅速是通讯社发布消息的最大特点。大型赛事新闻服务团队工作的及时性,主要体现在即时引语和新闻发布会摘要的采写与发布方面。即时引

---

① 　[美] 杰克·海敦. 怎样当好新闻记者. 伍任译. 北京:新华出版社,1980. 183.

② 　[英] 菲尔·安德鲁斯. 体育新闻:从入门到精通. 周黎明译. 北京:中国人民大学出版社,2010. 64.

③ 　桑苗. 浅谈现代新闻的时效性. 青年记者,2010 (2):11～12.

语的采写和录入，从采访结束到引语被上传至 INFO 信息系统，不应超过 12 分钟，纸质稿件分发到位则应在采访结束后 15 分钟内完成。赛事前瞻、赛事回顾和新闻发布会摘要，从发布会结束到信息被上传至 INFO 信息系统，不应超过 30 分钟，纸质稿件分发到位则应在发布会结束后 35 分钟内完成。

（二）从语言表达的角度来说，大型赛事新闻服务既要清楚，又要简洁

新闻服务语言表达的原则之一是清楚，这主要是指提供的基础信息、赛事新闻必须清楚明了，它包括三层含义：一是表述正确，通顺流畅；二是新闻的要素齐备（即通常所说的新闻报道 5 个"W"）；三是专业的体育术语运用娴熟、得当。赛事新闻报道是专业性很强的工作，适当使用一些受众熟悉的体育术语和专用词语，能使报道形象生动，拉近与受众的距离，产生良好的传播效果。如篮球的"盖帽"、"空中接力"，羽毛球的"勾对角"、"吊后场"，网球的"切球削球"、"穿越"、"双误"等。

新闻服务语言表达的原则之二是简洁，这是指提供的赛事报道的词语、语法、句子必须简洁。首先是用词得当，言简意赅，切忌词不达意，拖泥带水；其次是语法简单整齐，避免复杂的句子和从句；再次是句子简短明了，直截了当，切忌使用陈腐和委婉的表述。

（三）从传播立场的角度来说，大型赛事新闻服务既要平衡，又要全面

与一般媒体带有强烈的集团倾向、地域色彩不同，通讯社要为各种不同媒体甚至是观点对立的媒体服务。而体育比赛涉及胜负双方，以及与胜负相关的个人、地域、民族、种族、国家等尊严与荣誉，这就要求新闻服务工作必须讲究平衡原则。"平衡就是在突出报道一种主要因素时，还要顾及其他因素，特别是相反的因素；在突出报道一种主要意见时，还要注意点出其他意见，特别是相反的意见。"①

平衡是报道公正得以实现的重要途径，它包括三个方面的含义：一是客观报道，个人看法不应出现在报道中，新闻服务团队一定要将事实和看法分开，坚持事实并让受众从中得出他们自己的结论；二是均衡报道，即以平等的态度与方式对待赛事事实"双方"，保证新闻公平；三是中立报道，不偏不倚，新闻服务团队的赛事报道只注重客观事实，切忌将个人的爱恶情绪带进写作中，避免引发误解，造成负面影响。只有做到了客观、均衡、中立，才能保证报道的公平公正，实现新闻正义。

与"平衡"原则相伴随，"全面"的原则也很重要。所谓全面，就是要求新

---

①　孙旭培. 新闻学新论. 北京：当代中国出版社，1994. 167.

闻服务要体现出全面的赛事资讯、完整的新闻要素、多样的报道体例、专业的赛事报道、合格的服务人员等，让媒体记者能够随时随地查询到赛事资料，完成本职工作，提高工作效率，实现传播效应。

综上所述，大型体育赛事既是运动员的"战场"，亦是媒体记者的"战场"，只有了解新闻服务的特点和原则，把握新闻服务的体例写作，才能做好媒体运行，实现大型赛事的国际传播，从而产生良好的经济效应和社会效应。

四、奥林匹克新闻服务团队

1．奥运会新闻服务人员

奥运会大约有 150 名付薪的 ONS 员工，每个场馆至少有 4 名付薪人员，一些大的场馆，比如奥运体育场、游泳中心、高山滑雪和花样滑冰场馆，付薪人员更多。根据场馆的分布，冬奥会大约有 70 名付薪员工。

位于主新闻中心（MPC）的 ONS 编辑部应有 15 名经验丰富的专业人员轮班工作。应向 ONS 员工发放必要的证件，保证他们进入场馆完成工作。

所有的 ONS 高级员工都要有新闻从业背景，最好有通讯社的工作经验，并且通晓体育项目。

ONS 的招募应以相关技能和经验为基础，不管应聘者是来自本国还是海外。

ONS 新闻须按要求用英语书写，并供翻译所用。所有的工作人员须英语写作通畅、口语流利，最好以英语为第一语言。

ONS 经理在赛时担任 ONS 主编，并向新闻官汇报。

由经验丰富的专业新闻人员组成的 MPC 团队，负责编辑所有竞赛场馆、奥运村媒体中心、MPC 和 IOC 酒店的 ONS 团队传送的信息。

每个场馆的 ONS 报道团队由 ONS 主管管理，包括项目信息专家、即时引语记者。

所有场馆的高级职员都应是付薪人员。

2. 奥林匹克新闻服务的主要职责

表5-3 奥林匹克新闻服务的主要职责

职　务	服务职责
ONS 经理/主编	ONS 经理/主编向新闻运行官汇报，并负责 ONS 的全面运行，包括： 赛前测试赛的信息服务； 运动员简历数据库的内容更新； 通过 INFO 收集、加工、发布赛事新闻和数据； ONS 服务的质量监控； 协调场馆员工和志愿者； 制订员工计划和招募员工
ONS 副经理	规划 MPC 编辑部和场馆报道运行及员工的招募； 监控赛时编辑程序和 ONS 信息流动； 协助 ONS 经理/主编处理员工和机构问题
ONS 行政助理	支持 ONS 经理和副经理工作，协助新员工融入 ONS 运行
编　辑	赛前，及时、准确地将背景资料输入 INFO，并管理运动员简历； 赛时，管理 MPC 编辑团队和处理来自场馆的稿件内容方面的问题
助　编	处理场馆团队的信息，并就有关内容或传送时间等问题向编辑提出建议
ONS 场馆主管	负责管理竞赛场馆 ONS 报道团队，布置采写新闻和其他任务； 对 ONS 场馆团队发送的信息进行质量把关，向编辑部的编辑发送即时引语
项目信息专家	为项目或分项的专家； 负责提供 ORIS 所需的有关项目的新闻报道，比如赛事前瞻、赛事回顾和详细的出场名单； 按需要为场馆报道提供专业用语，并校阅 ONS 场馆团队其他成员采写的报道； 协助场馆媒体联系媒体与运动员；如有需要，安排采访；提供技术指导； 在新闻发布会上介绍运动员；在新闻发布会上担任 MC
即时引语记者	提供在混合区采集到的有关运动员的赛场表现和赛事的准确、简要、有新闻价值的评论，只有有经验的人员才能担任即时引语记者

（续上表）

职　务	服务职责
ONS 报道员	ONS 记者担任临时通讯社记者的角色，提供场馆赛事稿件，协助项目信息专家撰写相关项目的赛事前瞻和赛事回顾； 如有可能，ONS 还应派出少量记者作为城市记者，采集有关奥运会的相关新闻，帮助媒体为它们的用户提供均衡的全方位的新闻稿件
ONS 成绩公报柜主管	规划、协调、及时、准确地往 MPC、VMCs 内的成绩公报柜中投放纸质成绩公报，以满足媒体的需求
ONS 成绩公报柜助理	负责协助维护成绩公报柜
赛前员工	ONS 赛前团队员工的数量取决于组委会收集到的历史数据、简历的数量，往届的奥运会成功地将这些任务外包给了一家专业体育数据公司

五、大型赛事新闻服务团队构架

大型体育赛事新闻服务团队的主要工作区域有四个，分别设在 MPC 内的 NS 总部、各竞赛场馆、酒店总部、奥运村/亚运村等。

1. MPC 的新闻服务团队构架

在 MPC 总部的工作人员可以分为三类：一类是稿件编辑工作人员；一类是行政人员；一类是成绩公报发送人员。NS 经理是 NS 团队的总负责人。如图 5-4 所示：

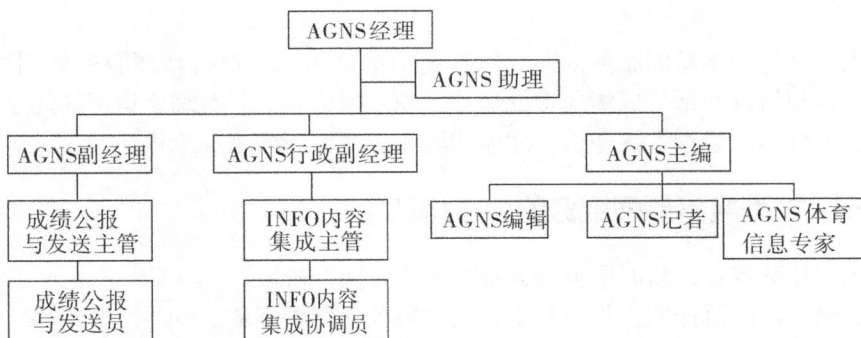

图 5-4　广州亚运会 MPC 新闻服务团队构架

2. VMCs 新闻服务团队构架

各竞赛场馆的 NS 团队由各场馆的 NS 副经理领导，负责完成赛事新闻服务和成绩公报柜管理及纸质公报发送任务。

赛时新闻稿件的采集和撰写由 NS 记者、NS 体育信息专家和 NS 引语记者完成，通过 INFO 传送到 MPC 编辑总部。

各场馆的成绩公报发送员负责赛时场馆成绩公报柜的管理工作，并根据赛事进程及时准确地发送赛时成绩公报。如图 5 - 5 所示：

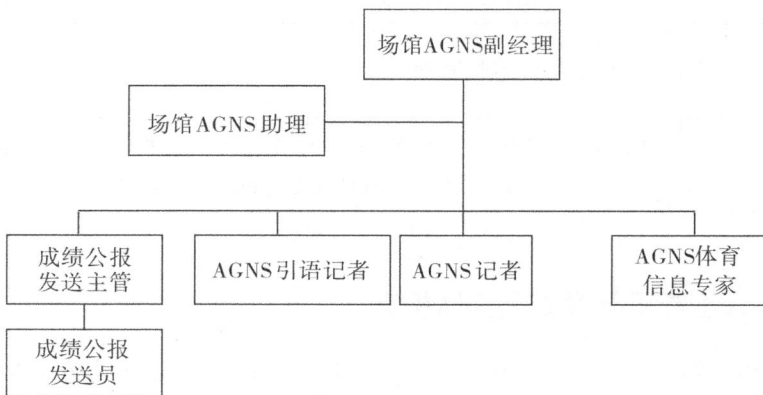

图 5 - 5　广州亚运会 VMCs 新闻服务团队构架

第三节　大型赛事新闻服务的内容

大型体育赛事新闻服务的内容包括赛前信息录入、赛时新闻服务体例写作、成绩公报柜管理与纸质成绩公报发送等三项主要内容。只有综合运用新闻学、传播学、体育学、管理学等知识，才能圆满完成赛事新闻服务工作。

一、大型赛事新闻服务的内容构架

大型体育赛事的新闻服务分为赛前和赛时两个阶段。

赛前，新闻服务的工作内容主要是收集各项背景资料。

赛时，新闻服务的工作内容主要是撰写赛事新闻服务体例稿件，通过 INFO 信息系统发送稿件；发送赛时成绩公报，将各种赛事成绩和新闻通告以纸质形式发送，并及时更新成绩公报柜。如图 5 - 6 所示：

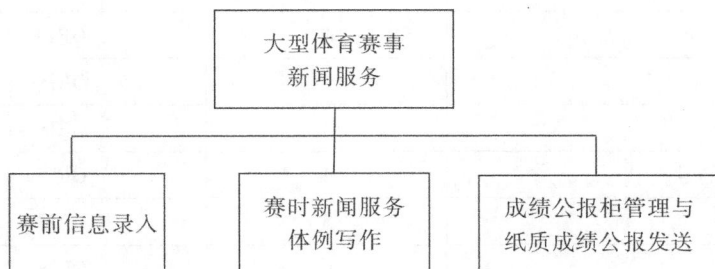

图 5 - 6 大型赛事新闻服务的内容构架

二、大型赛事赛前信息

（一）赛前信息内容

赛前信息是 NS 在赛前收集整理的信息，主要是一些背景资料，一般在大型赛事开幕式前完成，包括：

（1）简历：包括参赛运动员、教练员、技术官员、运动队、官员和马匹的简历。

（2）历史成绩与背景信息：包括参赛代表团信息、运动员的历史成绩，以及各项大型赛事的比赛成绩、竞赛项目和单项体育联合会等背景信息。

（3）纪录：包括所有体育比赛项目在当前和历史上的世界纪录等。

（4）其他信息：如场馆、交通、注册、住宿、气象信息等。

（二）运动员简历要点

收集、更新运动员的简历是新闻运行面临的最大任务之一。

奥运会期间，ONS 还需根据需要更新简历。

简历专供 INFO 系统使用，如有任何其他部门需要使用，包括组委会网站，必须提交申请并得到 IOC 批准。

以下为经各方讨论同意的 ORIS 文件中有关简历部分的内容。

根据奥运会《IOC 媒体技术手册》，运动员简历要点如表 5 - 4 所示：

表5－4　奥林匹克新闻服务运动员简历要点

要　　素	序　　号	ORIS 文本
项　　目	1	ORIS
姓	2	ORIS
名	3	ORIS
运动员的号码	4	ORIS
国　　家	5	ORIS
性　　别	6	ORIS
出生日期	7	ORIS
出生城市/镇	8	ORIS
出生州/省/区	9	ORIS
出生国家	10	ORIS
身高（厘米/英尺）	11	ORIS
体重（公斤/磅）	12	ORIS
婚姻状况	13	ORIS
孩子的数量（姓名、年龄）	14	ORIS
以前所用名（乳名）	15	ORIS
居住城市/镇	16	ORIS
居住州/省/区	17	ORIS
居住国家	18	ORIS
所属机构名称	19	ORIS
机构所在城市/镇	20	ORIS
机构所在州/省/区	21	ORIS
机构所在国家	22	ORIS
所学专业	23	ORIS
职　　业	24	ORIS
语　　言	25	ORIS
俱乐部/运动队名称	28	ORIS
俱乐部/运动队所属城市/镇	29	ORIS

（续上表）

要　素	序　号	ORIS 文本
俱乐部/运动队所属州/省/区	30	ORIS
俱乐部/运动队所属国	31	ORIS
教练姓名	32	ORIS
教练国籍	33	ORIS
何时开始当教练	34	ORIS
用手习惯	38	ORIS
用脚习惯	39	ORIS
首次国际/全国赛——年份	40	ORIS
首次国际/全国赛——国家	41	ORIS
首次国际/全国赛——对手	42	ORIS
首次国际/全国赛——比赛	43	ORIS
首次国际/全国赛——地点	44	ORIS
历史成绩	62	ORIS

（三）教练简历要点

1. 姓
2. 名
3. NOCs 代码
4. 性别
5. 国籍
6. 出生日期
7. 运动队
8. 何时开始任教
9. 以前执教的运动队
10. 以前所执教的运动队的时间
11. 现任职的俱乐部
12. 现属俱乐部的赛季数量
13. 执教当前国家队的场次/成绩
14. 执教国家队获联赛冠军的次数

15. 运动员时期的主要成绩

16. 执教以来的主要成绩

17. 一般兴趣爱好

（四）运动队简历要点

1. 队员姓名

2. 教练

3. 位置

4. 身高

5. 体重

6. 队员出生日期

7. 俱乐部

8. 主要成绩

9. 一般信息

（五）历史数据和背景信息

大赛组委会需要按 ORIS 文件中奥运会和冬奥会项目的有关规定，提供包括往届奥运会在内的体育项目历史数据和比赛信息。

简历应包括相关的摘要信息，比如多枚奖牌获得者、历届奥运会奖牌榜、NOCs 奖牌榜和排名。除了历史成绩，还要有项目、比赛和单项体联的背景信息。以下是数据的样本：

1. 历届奥运会多枚奖牌获得者

2. 历届奥运会奖牌获得者

3. NOCs 奖牌榜

4. 多枚奖牌获得者

5. 最近一期奥运会和世界锦标赛成绩

6. 当前排名表

7. 预选赛期间成绩

三、大型赛事赛时新闻服务体例

NS 的赛时服务体例主要是比赛期间的相关信息报道，包括即时引语、新闻发布会摘要、赛事前瞻、赛事回顾、媒体通告、颁奖嘉宾名单、扩展型出场名单和综合新闻等。

1. 即时引语

即时引语是赛后运动员及教练员在混合区回答广播电视和文字记者提问时，

即时发表的简短、中肯的感言和评论。及时、生动的即时引语对媒体报道有很大的实用价值，是整个 INFO 系统中点击率最高的三大模块之一。

2．新闻发布会摘要

新闻发布会摘要是新闻发布会主要内容（发问和回答）的概括，帮助未能参加发布会的记者了解发布会的内容。

3．赛事前瞻

赛事前瞻是各项重要赛事的赛前分析和预测，帮助媒体记者掌握比赛看点，做好报道计划。

4．赛事回顾

赛事回顾是各项重要赛事的赛后回顾，帮助媒体，特别是无法到现场观看比赛的记者了解比赛细节。

5．媒体通告

媒体通告是与媒体报道工作有关的重要信息，如新闻发布会日程、班车时刻表、VMCs 开放和关闭时间的变更，以及其他重要通知等。

6．颁奖嘉宾名单

颁奖嘉宾名单由外联部提供，于决赛开始前半小时录入，包括颁发奖牌的嘉宾名单、职务等背景信息。

7．扩展型出场名单

扩展型出场名单是重要赛事（如决赛等）的参赛选手含简历信息在内的基本信息，主要是供持权转播商作现场解说时使用。

8．综合新闻

上述体例以外的新闻稿件，包括 IOC、NOCs、IFs、组委会等官方新闻，赞助商新闻、赛事深度报道等。①

四、成绩公报柜管理与纸质公报发送

在大型赛事比赛期间，NS 还将负责管理 MPC、VMCs 文字和摄影记者工作间内的成绩公报柜。按照 ORIS 文件的有关要求，NS 将及时发送纸质公报，确保注册媒体能够在第一时间获得其所需要的相关信息，特别是出场名单、当日赛程和比赛成绩等信息。"成绩公报团队的任务是负责管理主新闻中心和场馆媒体中心记者工作间内的成绩公报柜，确保及时发送成绩公报，并确保媒体人员在第一

---

①　第 29 届奥林匹克运动会组织委员会. 奥运会媒体运行. 北京：中国传媒大学出版社，2007. 118.

时间获取所需要的相关材料，尤其是比赛成绩。"①

每个场馆的成绩公报团队由成绩公报发送主管领导，根据比赛项目的实际需要配备相应数量的成绩公报发送员。

成绩公报团队应密切关注比赛的进程，严格按照 IOC 的要求，保证纸质成绩公报及时送达。

成绩公报柜的标签应保持一致性，并能随时进行更换。

根据注册媒体人数，确定成绩公报的数量，避免过多或过少。

纸质成绩公报的打印和复印由技术部门完成，要分清竞赛类（C 类）和新闻类（N 类），避免混乱。

成绩公报发送主管应至少保留每项成绩公报的副本一份，以备额外的需求。

成绩公报发送主管应与 VMCs 的记者工作间主管、记者看台席主管保持密切联系，及时关注注册媒体能否及时获得成绩公报。

下面介绍广州亚运会成绩公报发送流程：

（一）广州亚运会成绩公报发送工作介绍

AGNS 在广州亚运会的 53 个竞赛场馆都设有新闻服务办公室，人员由场馆 AGNS 副经理、AGNS 助理、体育信息专家、AGNS 记者、即时引语记者、成绩公报发送主管和成绩公报发送员组成。其中成绩公报发送主管和发送员组成场馆成绩公报团队。

成绩公报分为两种：C 类（竞赛类）公报，主要包括竞赛日程、出场名单和比赛成绩；N 类（新闻类）公报，主要包括由驻各个场馆的体育信息专家、AGNS 记者和即时引语记者提供的赛事前瞻、赛事回顾、即时引语、新闻发布会摘要和综合新闻。

C 类公报（竞赛系统产生）由场馆 PRD（成绩公报复印分发室）送交给成绩公报发送主管签收，成绩公报发送主管签收公报后，分配给成绩公报发送员，再由发送员分别发送至看台记者席和记者工作间的成绩公报柜中（见图 5 - 7）。N 类公报由场馆体育信息专家、AGNS 记者和即时引语记者采写后通过 INFO 系统发表，再由成绩公报团队自行从 INFO 信息终端上打印一份样稿，然后前往 PRD 复印所需的份数，最后分别发送至看台记者席和记者工作间的成绩公报柜中（见图 5 - 8）。

---

① 易剑东. 大型赛事报道与媒体运行. 浙江：浙江大学出版社，2008.208.

图 5 - 7　C 类成绩公报发送流程

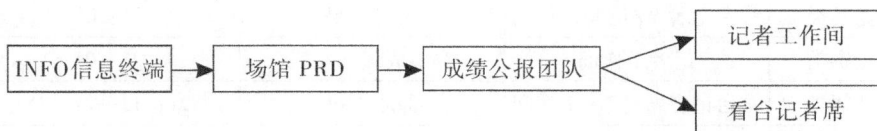

图 5 - 8　N 类成绩公报发送流程

（二）广州亚运会成绩公报发送工作情况

1. 赛前准备期

广州亚运会成绩公报发送工作的赛前准备期历时 7 个月。其中包括人员培训、制订发送计划和公报摆放方案、测试赛三个方面的内容。

（1）人员培训。

本届亚运会，成绩公报发送主管的初次选拔是针对外语院校及体育院校的研究生所作的一次有关体育与英语水平的笔试。根据考核成绩，入选的同学从 2010 年 4 月份开始便进入正式的培训。培训方式包括远程培训、通用知识讲授和随堂测验。

赛前两个月，成绩公报发送主管按场馆需求进驻值班。赛前一个月，在各场馆 AGNS 副经理的协调组织下，主管正式与成绩公报发送员见面并按计划对发送员进行通用知识培训，教发送员看懂各类公报，了解发送程序，勘察发送路线。即便培训内容翔实，也还是需要通过各种测试赛的实践训练才能使公报员理解比赛时真正的发送流程与工作标准。

（2）制订发送计划和公报摆放方案。

公报的发送计划是根据赛程制定的纸质公报发送时间表来制订的，是成绩公报团队发送公报的时间标准。发送计划在成绩公报发送工作中起着重要的指导作用，它可以告诉成绩公报团队什么时候该发什么公报，把公报发到哪里去。有了发送计划，各个场馆的成绩公报团队就能明确自己的工作准则，为团队赛时的顺利运行打下坚实的基础。表 5 - 5 是广州体育学院篮球馆 2010 年 11 月 14 日（亚运会第二比赛日）的发送计划。

表 5-5　广州体育学院篮球馆 2010 年 11 月 14 日发送计划

公报类型	发送地点	公报名称	发送时间
竞赛类	记者工作间	出场名单	18：15
新闻类	记者工作间	第三比赛日前瞻	19：15
竞赛类	记者工作间	第三比赛日赛程	19：15
竞赛类	看台记者席/记者工作间	比赛结果	21：05
竞赛类	记者工作间	赛事成绩一览表	21：05
新闻类	看台记者席/记者工作间	即时引语	21：15—21：25
新闻类	记者工作间	比赛回顾	21：30
新闻类	看台记者席/记者工作间	新闻发布会摘要	21：45—22：00

在做完发送计划后，团队就要开始考虑公报摆放方案。赛时，成绩公报团队得到需要发送的公报后，就要根据摆放方案把公报准确地摆放至公报柜的各个格子内。在放入成绩公报的同时，把此前做好的标签贴在相应的格子上，标签可以告诉记者该格子里面放置的公报内容。可以说，发送计划和摆放方案是成绩公报工作顺利运行的"双保险"。

（3）测试赛。

测试赛对于成绩公报团队的磨合起着关键性的作用。此前，团队已经在理论上对自己的工作有所了解，但是还没有经过实践的锻炼。赛前一个月，各竞赛场馆纷纷进行高密度的亚运测试赛，其间，各场馆的团队模拟了赛时的成绩公报发送流程及可能出现的问题（见表 5-6）。测试赛后，主管根据出现的问题积极与发送员沟通并讨论解决方案。通过数场测试赛，各场馆的成绩公报团队顺利磨合完毕。

表 5-6　广州亚运会赛时常见问题及补救措施表

内容描述	补救措施
INFO 信息终端故障	及时拨打技术部服务电话说明故障并维修
纸质成绩公报打印不及时，导致发送延误	向有需求的记者解释并查阅 INFO 系统告知信息
AGNS 稿件出现政治性错误	第一时间通知主新闻中心编辑部并删改
AGNS 伤病减员	重新安排工作计划，请求其他部门调派人手

（续上表）

内容描述	补救措施
成绩公报因系统故障无法及时分发	借用记者工作间的空闲电脑打印公报并复印分发
当日比赛因故取消或更改	在记者工作间白板上张贴通知，告知赛程有变

2．赛时运行期

赛事运行时，需发送的公报种类繁多、时间紧、要求高，工作十分烦琐，各场馆团队应时刻以记者的要求优先为原则，及时调整公报发送的种类、数量以及公报柜的摆放，做到按时、准确地将公报发送到记者的手中，充分满足记者的需要。经历了赛前准备期的磨合，分布在53个竞赛场馆的成绩公报团队在赛时确保了绝大部分成绩公报的准时发送，得到了亚组委以及参与亚运会报道的记者的好评。

（1）公报发送和使用情况。

以下选取了亚运会赛事比较密集、赛时公报发送量最大的五个场馆，对它们的公报发送数量进行统计（见表5-7）。研究发现，赛时这些场馆的公报总发送量与比赛场数之间存在显著的相关关系（$r = 0.885$，$p = 0.046 < 0.05$）。亚运城体育馆公报的发送量居53个竞赛场馆之首，种类多达2 527种。

表5-7　广州亚运会部分场馆赛时公报发送数量统计表

项　目	场　馆	比赛场数	新闻类公报数	竞赛类公报数	总发送量	公报柜数量
田　径	广州奥林匹克中心体育场	114	348	293	641	14
游泳、跳水、现代五项游泳	广东奥林匹克游泳馆	161	375	477	852	13
赛艇、皮划艇激流回旋、皮划艇静水	广东国际划船中心	99	253	311	564	11

（续上表）

项　　目	场　　馆	比赛场数	新闻类公报数	竞赛类公报数	总发送量	公报柜数量
蹦床、竞技体操、艺术体操、壁球、台球	亚运城体育馆	509	882	1 645	2 527	10
排球、乒乓球	广州体育馆	452	68	1 198	1 266	9

　　在各个场馆发送的成绩公报中，竞赛类公报的使用率要比新闻类公报的使用率高。到场馆报道的记者对竞赛赛程、出场名单和比赛结果这三类竞赛类公报的需求量高。而新闻类公报则受到记者们的"冷遇"，许多场馆的即时引语和新闻发布会摘要都没有被索取。

　　（2）根据实际情况调整工作计划。

　　虽然各场馆的成绩公报团队在赛前制订了详细周全的发送计划，但是面对赛时出现的实际情况，各团队都相应地调整了工作计划。

　　第一，大多数记者一般会在比赛开始前几分钟赶到竞赛场馆，然后直接上媒体看台。而在成绩公报团队的发送计划中，出场名单只发送到记者工作间，因此，直接上媒体看台的记者就不能拿到出场名单这份对报道十分有用的公报。为此，不少场馆的成绩公报团队派发送员把出场名单送到媒体看台，有些场馆的团队还把部分成绩公报柜放到媒体看台，摆上记者可能需要的公报，满足了记者的需求。比赛结束后，记者会立刻前往新闻发布厅等待新闻发布会的开始，他们急需比赛的成绩公报。而新闻发布厅不是公报发送的目的地，根据这一情况，场馆成绩公报团队又派发送员把比赛成绩发送到新闻发布厅。

　　第二，场馆成绩公报团队根据到场记者的人数和国籍来决定公报发送的数量和种类。国际象棋和中国象棋的比赛在广州棋院进行。在国际象棋比赛期间，到场的大多数是西亚的记者，成绩公报团队额外增加了英文版公报的发送量。在中国象棋比赛期间，到场的大多数是中国记者，团队就增加了中文版公报的发送量，减少了英文版公报的发送量，这一灵活的做法在满足记者需求的情况下大大减少了人力物力的浪费。

　　第三，有些竞赛场馆由于竞赛项目较多，成绩公报团队对公报摆放方案进行适当的调整。AGNS总部在摆放方案中规定，把公报柜分为总括、赛事信息、当天公报和未来公报四个部分。在羽毛球赛场，由于公报数量多，每天比赛结束后，团队就会将当天的公报撤销，但是考虑到记者可能会对前几个比赛日的赛事信息存在需求，团队决定加上"已进行的比赛"一栏，放上前几天比赛的相关公报，这一做法得到记者的一致好评。此外，在田径赛场，由于每个比赛日的比赛场数繁多，成绩公报团队在"当天公报"中用标签标明该公报所属项目的比赛时间，以时间先后顺序对公报进行细分，使得记者能快速准确地找到所需要的公报。

第四，由于场馆设计的原因，赛艇和龙舟赛场的成绩公报团队办公室距离PRD 很远，但是 PRD 距离媒体看台很近。如果按照既定程序发送公报，公报就不能准时送到记者的手中。团队根据实际情况，派两名发送员在 PRD 门口等公报，等公报出来后，一名发送员就把公报第一时间送到媒体看台，满足了记者的需求；另一名发送员把公报带回团队办公室后再向记者工作间发送。

（3）及时总结。

53 个竞赛场馆成绩公报团队在每天的发送任务结束后，都会召开总结会议，总结当天工作中发现的问题，并研究解决问题的办法。通过总结，提高了团队凝聚力，增进了团队间的交流，为日后的工作做好更充分的准备。此外，团队有专人负责对已发送的公报进行登记和存档，如果记者需要此前比赛日的公报，团队可以立即满足其需求。①

五、大型赛事新闻服务的工作流程

大型赛事的新闻服务运行一般以设在 MPC 的 NS 编辑部为总部，竞赛场馆NS 团队负责采集并提供新闻信息。NS 团队采集或者撰写的新闻稿件通过 INFO内容管理终端（ICMS）传送到 MPC 的 NS 编辑总部，总部的 NS 编辑团队对传送过来的稿件进行编辑加工，同时在必要的情况下由 NS 图片编辑为稿件配图，经NS 主编审核后发送到 INFO 信息系统上。注册媒体记者可以在任意一台 INFO 信息系统终端查询并打印这些稿件和信息。

NS 主编负责监控 NS 稿件从采集到编发的整个流程，并亲自处理某些重要稿件。如图 5 - 9 所示：

---

①　徐照清，黄天龙. 广州亚运会成绩公报发送工作研究. 东南传播，2011（5）.

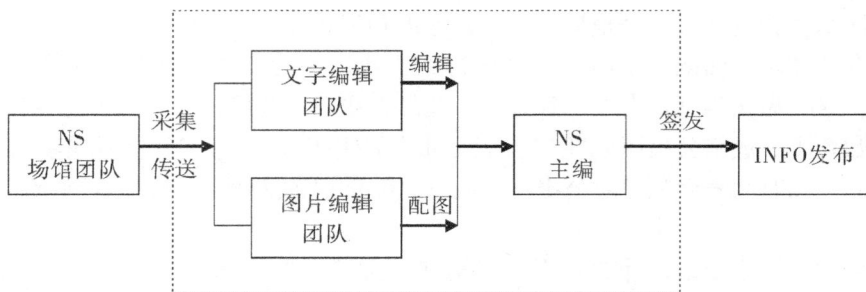

图 5-9 广州亚运会的新闻服务流程

    GAGOC 广播电视与媒体服务部亚运会新闻服务团队全面负责广州亚运会 AGNS 的筹备组织及赛时运行。赛时，一支规模庞大的 AGNS 团队进驻 53 个竞赛场馆及部分非竞赛场馆，全面报道 42 个竞赛项目，见证 476 块金牌的诞生并参加所有的新闻发布会，采访所有获得奖牌的运动员。广州亚运会期间有 700 名工作人员加入 AGNS 团队，为将近 10 000 名注册媒体记者服务。

思考与练习题：

1. 大型赛事的新闻服务是指什么？
2. 分析大型赛事新闻服务的特点。
3. 大型赛事新闻服务的工作平台是什么？
4. 描述大型赛事新闻服务的工作流程。
5. 分析说明大型赛事新闻服务的原则。
6. 概述大型赛事新闻服务的内容。
7. 为什么说"新闻服务是媒体运行的重中之重"？

第六章　大型赛事新闻服务体例（一）

【内容提要】　本章共分三节。本章介绍大型赛事新闻服务的三种体例，分别是即时引语、赛事前瞻与赛事回顾、大型赛事新闻发布会摘要，着重分析界定各自的概念、体例特点及写作法则，指导体育赛事新闻写作。

第一节　即时引语

即时引语是伴随着奥运会媒体运行服务进入中国的一个新概念。它是大型赛事官方通讯社为注册媒体提供新闻服务的一种最基本形式，具有较高的被引用率。正确使用即时引语有助于增强体育报道的客观性、公正性和生动性，能激发公众对体育报道的接受兴趣。即时引语的写作与一般新闻写作一样，应当坚持客观、公正、准确、及时的基本原则，同时还必须符合国际规范，以便于赛时官方通讯社的终审和签发。

众所周知，引语是新闻的重要组成部分，写好引语是做好新闻报道的前提和基础。马克思在《〈莱比锡总汇〉报的查封》一文中，把"根据事实来描写事实"和"根据希望来描写事实"作为区分好报刊和坏报刊的标志之一，他认为好的报刊应该是"根据事实来描写事实"的。[①]　那么，在新闻写作中，"引语"是"根据事实来描写事实"的最直接方法。

与一般新闻报道相比，大型体育赛事报道对于引语的重视程度，更是有过之而无不及。这是由大型赛事媒体运行的性质以及即时引语的地位与作用所决定的。

一、即时引语与大型赛事报道的关系

（一）引语与即时引语等相关概念辨析

所谓引语，即引用别人所说的话，也称引文、引述。引语一般分为两种，即

---

① 叶同春等. 新闻写作，勿忘"直接引语". 写作（高级版），2004（12）：35.

直接引语和间接引语。在体育新闻报道中，因为体育赛事的特殊性，体育记者要经常使用直接引语和间接引语。

所谓直接引语，是指直接引用被访者所说的话语、句子甚至是整段话。直接引语有直观性和权威性，但是要避免篇幅过长。"最佳的引语应该简短、锐利并且切中要害。"① 直接引语一般要用引号括起来，并用一般现在时撰写，比如：

"赢得我第一个温布尔登网球冠军是我生命中最重要的时刻，"这位新冠军说道，"我现在很想边哭边亲吻这块著名的草皮。"②

所谓间接引语，是指不直接引用被访者的原话，而是叙述者通过引述动词加从句的形式来转述人物话语的内容。间接引语对于浓缩某个人的话语或厘清采访对象表达得不是特别明确的内容非常有效。间接引语没有引号，要用过去时撰写，同时还要注意人称代词的转变，比如：

教练认为，他的球员们似乎比对手更想获得胜利。③

而即时引语是一种直接引语，属于体育赛事媒体运行范畴中的专门术语，是指"在比赛结束后，运动员、教练员或者领队在混合区内回答广播电视和文字记者提问时发表的简短、具有新闻价值的评论和感言"④。即时引语包括时间、地点、人物、内容等要素，其中，时间是在比赛结束后，地点是在场馆混合区，人物是运动员、教练员或领队，内容是评论或感言。即时引语是新闻服务记者在最快的时间里获得的最直观的信息，因为"即时"就是指当下、立刻，其时效性非常强，因此被体育记者广为采用。

（二）混合区与即时引语记者

按照国际惯例，每一个比赛场馆都必须设置混合采访区。"混合区是比赛结束后运动员退场时接受媒体采访的区域。它是运动员比赛结束后退场的必经之

---

① ［英］菲尔·安德鲁斯. 体育新闻：从入门到精通. 周黎明译. 北京：中国人民大学出版社，2010. 114.

② ［英］菲尔·安德鲁斯. 体育新闻：从入门到精通. 周黎明译. 北京：中国人民大学出版社，2010. 114.

③ ［美］布鲁斯·加里森，马克·塞伯加克. 体育新闻报道. 郝勤等译. 北京：华夏出版社，2002. 66.

④ 第16届亚洲运动会组委会. 亚运会媒体运行：广州亚运会媒体运行志愿者专业培训教材. 广州：暨南大学出版社，2009. 89.

路，得名于运动员赛后在这一区域接受媒体采访时所产生的人员混合。"① 混合区一般靠近比赛终点区，并且以方便运动员与媒体接触的方式来安排。每场比赛结束后，混合区通常要运行二三十分钟。

就奥运会而言，混合区最前端是广播电视媒体采访区，由主转播商负责运行。混合区第二段是文字媒体部分，由新闻运行团队负责运行，采访的顺序依次是：国际奥委会认可的世界通讯社、主办国通讯社、文字记者、摄影记者。每家媒体在混合区的采访通常仅限 1 分钟，以使尽可能多的媒体有机会采访到运动员。

国内大型赛事的即时引语记者，大部分是从新华社各部门中抽调出来的，小部分是新华社从全国各地的媒体或高校中选拔出来的，他们都需要经过新闻服务的岗前培训。即时引语记者可以在混合区（包括广播电视媒体部分）收集运动员接受媒体采访时的即时引语，以便通过 INFO 编发，供注册媒体选用。引语记者的首要职责是旁听与记录，不能打扰其他媒体的采访工作。但在有些赛事中，如国内运动会和一些单项赛事，即时引语记者也有单独提问的机会。

（三）即时引语在大型赛事新闻服务中的特殊地位

上编已经阐述，大型赛事是指高水平的职业联赛、国家级以上的综合性运动会、洲际以上的体育单项赛事以及举世瞩目的超级对抗赛等体育比赛。比如，高水平的职业联赛有 NBA、欧洲五大联赛等，综合性的赛事有全运会、亚运会、奥运会等，单项赛事有篮球亚锦赛、足球亚洲杯、足球世界杯、游泳世锦赛等，超级对抗赛有意大利、西班牙"超级杯"足球赛等。

大型赛事的特点是比赛级别、水平、关注度都比较高，赛事组织难度大，安保严密，申请现场采访的媒体多，而组委会能派发的采访证又相对有限。像奥运会、世界杯等大型体育赛事，社会影响力大，各大媒体都想对其进行采访报道，组委会不得不对采访名额实行配给制。即使是有采访权的媒体，也不一定能在第一时间采访所有的运动项目或所有的比赛场次。于是，国际奥委会从 2000 年悉尼奥运会开始，制定了奥运会媒体运行与新闻服务的国际标准，这一做法后来被国际足联、国际田联等单项组织以及一些国家和地区的体育组织所沿用。

我们知道，现代体育产业是一个环环相扣的链条，先后依次由赛事资源、媒体资源、广告与赞助资源、受众资源四个环节构成。其中，媒体资源起着承上启下的枢纽作用。"从某种程度上讲，正是依靠大量媒体记者的辛勤工作，全世界的受众才了解到奥运会，进而喜欢奥运会的各项比赛，最终使奥运会成为全人类

---

① 第 29 届奥林匹克运动会组织委员会. 奥运会媒体运行. 北京：中国传媒大学出版社，2007.85.

的一项体育文化盛事。"① 媒体在报道比赛信息的同时，也向世界构建了赛事举办城市乃至所在国家的形象，正如国际奥委会前主席萨马兰奇所说："奥运会成功与否，是由媒体作出评判的。"

所以，国际奥委会和各种体育组织都十分重视媒体服务工作。《IOC 媒体技术手册》实质就是奥运会媒体运行的原则和标准，要求赛事组委会把所有媒体都当作服务对象，即客户，而不是管理对象，即被管者。

《IOC 媒体技术手册》规定，奥运会媒体运行分为新闻运行和广播电视运行两大领域。其中，新闻运行包括主新闻中心、场馆新闻中心、摄影服务、媒体支撑服务和奥林匹克新闻服务 5 个业务领域，而广播电视运行则有 12 个业务领域。实践表明，媒体使用频率最高的三项新闻服务分别是成绩公报、运动员简历和即时引语。其中，即时引语是媒体最感兴趣、最愿意使用的文字内容。"及时、丰富的即时引语对媒体报道有很大的价值。"②

随着 2008 年北京奥运会、2010 年广州亚运会、2011 年深圳世界大学生运动会，以及 2011 年贵阳全国少数民族运动会的相继召开，大型赛事媒体运行及新闻服务概念被成功引入我国，新华社负责完成了上述大赛全部的媒体运行与新闻服务工作，同时还承担了 2013 年沈阳全运会和 2014 年南京青奥会的媒体运行与新闻服务工作。在新华社的推动下，中国篮球职业联赛和中国足球职业联赛分别引入了媒体运行服务的概念，其中，佛山龙狮篮球俱乐部和广州恒大足球俱乐部的媒体运行服务堪称全国表率，它们都有专业志愿者进行即时引语的采集、发布工作，因而受到媒体的好评。

如果说，媒体的评价是衡量一项赛事质量的重要标准的话，那么，做好媒体运行与新闻服务工作就是赢得媒体好评的重要手段，而即时引语的采写与发布是新闻服务的核心内容之一，在新闻服务系统中占有无比重要的地位。

二、即时引语在大型赛事报道中的重要作用

在大型体育赛事中，即时引语是各媒体记者使用频率最高的稿件之一，其主要作用如下：

1. 即时引语能增强真实性与准确性，给人以在场感

一般来说，记者与公众之间有一种心照不宣的契约：一方面，记者将尽其所能地为公众提供对事件尽可能完整而准确的报道；另一方面，公众认定记者的报

---

① 第 29 届奥林匹克运动会组织委员会. 奥运会媒体运行. 北京：中国传媒大学出版社，2007. 21.
② 第 29 届奥林匹克运动会组织委员会. 奥运会媒体运行. 北京：中国传媒大学出版社，2007. 120.

道是诚实而准确的。[①] 要达成这种契约并不容易，前提条件是记者的报道必须是准确的，准确与真实堪称同义词，它们都是新闻的生命。而确保报道准确的方法有很多，其中最有效的途径是，消息来源可靠，记者本身就在现场。而体现记者在现场的最好证明，就是在新闻报道中有当事人直接对记者所说的话，即直接引语，在大型赛事报道中被称为即时引语。如果新闻中使用了即时引语，公众就能推断：既然新闻当事人在直接说话，那么这件事就是真实无疑的了。

在场感比现场感更重要，它更能强化新闻的真实性。现场感是就新闻作品本身的呈现方式而言的，强调综合运用叙事描写等表现手法，以给人如见其人、如闻其声、如临其境的接受效果。在网络极为发达的今天，很多记者足不出户，就能通过"道听途说"，下载改编出现场感极强的"好"新闻来。而在场感是对记者本身的要求，一方面，记者必须有采访权限；另一方面，记者必须在现场，眼见为实，耳听为真，实话实录。在一般媒体记者到达不了的混合区，即时引语记者能"代替"其他记者在场，与采访对象进行零距离接触，感受他们的体味，聆听他们的心跳，记录他们的原话，为媒体用户提供即时引语，供不能亲临现场的记者加工引用。

严格来说，即时引语不是完整的新闻，只是一种新闻半成品，只有注册媒体才能从赛事通讯社的 INFO 系统中选择使用，这就避免了在一般门户网站上随意下载的现象发生。

2. 即时引语能增加报道的客观性与公正性

如果说真实是新闻的生命的话，客观就是新闻永久的命题之一，也是难题之一。新闻的客观性原则，要求记者不偏不倚、公正无私地进行报道，只有这样的报道才是真实准确的。但是，在现实中，特别是在电视体育报道中，出镜记者或主持人的主观倾向性是非常明显的。他们往往抱着崇拜的心理去报道胜利者，带着同情的眼光去报道失败者。例如，在伦敦奥运会上，央视解说员杨健、出镜记者冬日娜等人以啜泣或哽咽的方式报道刘翔受伤退赛，就显得不太恰当。

好的即时引语采写，能在一定程度上增加新闻报道的客观性。因为即时引语只是一个半成品，它天生就是用来被引用的，比赛的详细过程与结局还得由各媒体记者自己去采写。而引语记者只负责记录运动员等当事人的赛后感言，丝毫不带自身的主观色彩和主观臆断，引语一旦被引用，就可以让读者客观、独立地去揣摩说话者的意思。所以，从某种意义上说，即时引语一旦被引用发表，引语记者与有关媒体记者就形成了看不见的合作者关系，只是引语记者不被公开署名

① ［美］梅尔文·门彻. 新闻报道与写作. 展江主译. 北京：华夏出版社，2003.5.

而已。

大凡有过新闻从业经验的人都知道，受利益、立场、视角、情感、认知等主客观因素的制约，新闻的客观性不易做到，但是，我们一定要确保新闻的公正性。记者学会聆听当事双方的意见，总是可以做到的，这样的报道能被最大限度的受众所接受。引语的采访与写作也不例外。

比如，2012 年伦敦奥运会羽毛球男子单打决赛的冠亚军分别被中国的林丹和马来西亚的李宗伟夺得。林丹连续两届于奥运会决赛对战李宗伟，林李二人真正成了一辈子的对手和朋友。输球后的李宗伟无比伤心，而赢球后的林丹也十分谦让，他们在混合区分别接受采访时的话语，令全世界观众为之动容，让公众深切体会到，竞技体育虽然残酷，但绝不是零和游戏，而是悲壮与崇高的叠加，试看原话：

李宗伟：没办法，这就是自己的命数吧。……我已经尽力了，在伦敦奥运会前，我只有两周时间来训练。5 场比赛，我每场都是吃止疼药打完比赛的，我已经很开心了。

林丹：我赛后跟他聊天，知道脚伤对他还是有些影响。但没办法，这就是竞技体育。①

读者读到这样的对话，除了为李宗伟唏嘘外，也一定能感到霸气的林丹真的成熟了。

3. 即时引语能树立报道的权威性

通常情况下，广义的新闻包括事实与意见两个部分。在新闻报道特别是电视直播中，运动员的比赛过程与结局就是客观事实，而评论员的看法则属于主观意见。切中肯綮的意见，能起到画龙点睛的功效，能帮助公众阅读比赛、欣赏比赛、体味比赛，而胡说八道的评论则令人大倒胃口。在这种情况下，公众还是希望看看比赛的主角——运动员是如何说的，他们的说法最具权威性，其次才是教练、领队等人较为专业的看法。

如前文所述，即时引语是比赛结束后，运动员、教练或领队在去往休息室路上的场馆混合区接受采访时，即兴发表的评论或感言。因为这些评论或感言发表在赛后几分钟之内，是新闻当事人最真实的情感独白，同时又因为发言主体是运动员、教练或领队，引语的专业性、技术性非常强，也使得即时引语的权威性非

---

① 林丹伦敦卫冕 和李宗伟英雄惺惺相惜. 新京报, 2012 – 08 – 06.

常高。媒体对即时引语的引用，有助于公众"重温"比赛，从理性的角度看待比赛与人生的关联，以确证读者自身的本质力量。

4. 即时引语能平添报道的人情味

由于即时引语的采写发生在比赛结束之时，此刻，精彩的赛况还停留在人们的脑际，赛事的胜负还萦绕在人们的心头，运动员或教练的感言无疑展示了一系列人性的感受，如胜者狂喜、愉悦、兴奋，负者伤心、绝望、悲壮、愤怒等，即时引语记者对于被访者的言语、表情、动作的描述，无形中增加了报道的人情味，激发了受众的欣喜或悲悯情怀，最能使受众产生共鸣。

例如，在中国选手王明娟获得 2012 年伦敦奥运会女子 48 公斤级举重比赛金牌后，当其经过混合采访区时，央视记者"截住"她，准备进行采访。但此时的王明娟急不可耐地在镜头前东张西望，于是就产生了以下似采访非采访的对话：

记者：你找什么呢？
王明娟：找水喝，我渴死了。
记者：拿了冠军，心情怎么样？
……
记者：你现在最想吃什么？
王明娟：想喝水。[①]

这段对话，一方面反映了该名记者缺乏人际交往经验（姑且不论人文关怀），面对此情此景，如果是有经验的记者，肯定会先帮王明娟解决口渴的问题，然后再进行采访；另一方面展现了王明娟的率真可爱，在对话中，她以"找水喝"开头，以"想喝水"结尾，虽然答非所问，却前后呼应。如果现场的新闻服务记者将这段话作为即时引语上传至 INFO 系统，估计会有更多的媒体将其作为花絮或特写材料。

三、大赛报道中即时引语的采写原则

与一般新闻写作一样，即时引语的采写也应当遵守客观、公正、准确、及时等基本原则。不过，结合体育赛事的特点，采写即时引语还应遵守以下五项原则：

---

① 这段对话系笔者根据电视直播整理。

1. 广泛阅读浏览，做足赛前功课

即时引语的采集大多在赛后完成，但是，作为一名合格的新闻服务记者，赛前的准备工作非常重要，准备工作是否充分与完整，决定了引语采集的质量好坏。新闻服务记者应在赛前通过互联网等渠道熟悉项目规则、规程，了解交战双方过往的历史成绩，了解双方运动员名单、简历，熟知体育明星和主要运动员，获取运动队资料等。

除此之外，即时引语记者还应做好下列功课：第一，记者必须认真阅读与领会媒体指南。在记者注册时，组委会一般会下发一个媒体包，包内材料往往包括媒体指南、宣传手册、纪念品等，这些材料对于记者都很有用。第二，记者应养成不懂就问、请教他人的习惯。在综合性赛事中，记者对其采访的运动项目不一定都很熟悉，这就要求记者在比赛开始之前，尽可能多地与官员、记分员、统计员以及赛事组织者进行沟通与交流，这些人员可以解答有关比赛规则及比赛细节等详细问题。第三，记者应通过阅读书籍、杂志、报纸来研究问题。对于以往很少接触的运动项目，记者可以通过阅读专业运动杂志来补课。第四，官方文件的摘要和电子图书馆的资料库，非常有助于记者了解某些球队和球星们以往的表现。第五，记者在采访前必须做好"平视"的心理准备，虽然他们在混合区采访的对象往往是体育明星，但不能忘记自己是代表媒体用户和广大公众提问的。"如果你把他们当作偶像看待，采访就不好进行下去。"①

2. 提前到达赛场，中立观看比赛

比赛期间，即时引语记者由官方通讯社统一派遣。下列要诀是他们必须遵守的：

第一，必须提前到达比赛场馆。重要赛事容易造成交通拥堵，即时引语记者最好乘坐媒体班车提前到达比赛场地。提前到达的好处有两个：一是不耽误观看比赛，二是容易了解一些赛前突发的事件。

第二，必须熟悉场馆的流线设计，熟知场馆媒体区域，包括记者工作间、看台、混合区、新闻发布厅等。确保在开赛前进入媒体看台，寻找最佳的观察位置，认真观看比赛。

第三，必须铭记自己是官方通讯社记者这一身份，在观赛时要客观冷静，保持中立。因为官方通讯社的服务对象是所有的注册媒体客户，不像地方媒体或多或少会带有主观倾向。

第四，随时与新闻服务团队（团队主管、项目专家、NS 记者、NS 引语记者

---

① ［美］杰里·施瓦茨. 如何成为顶级记者——美联社新闻报道手册. 曹俊，王蕊译. 北京：中央编译出版社，2008.75.

等）讨论比赛细节，交流心得，做到用眼看、用耳听、用脑思、用心记。

3. 自主看懂比赛，留意赛况细节

即时引语记者在观赛时要比普通观众更加留意赛况细节，通过观察所了解的细节能够使报道更加生动。即时引语记者常常关注的细节有：运动员的身体语言特别是表情和肢体语言、表现突出的运动员（"黑马"）、老将落马，还有就是赛事转折点等。

对于即时引语记者来说，认真细致地做好比赛记录至关重要。详细的比赛记录能记下赛场上每个回合或每一分钟所发生的情况，有助于减少记者报道中的失误。除了详细的比赛记录，比赛的技术统计数据也非常重要。比如，统计数据对于篮球、橄榄球等项目的及时准确的报道十分有用，记者在场内应以最短的时间获得翔实准确的统计数据。

总之，即时引语记者应边观赛、边记录、边收集、边分析，发挥新闻嗅觉，发现新闻价值，形成价值问题，为随后的混合区采访做好充分的准备。"一个好的记者应该提出一些有深度和新颖的问题，只有这样的问题才会引起采访对象的兴趣以及换来精彩的回答，记者也才能够做出成功的报道。"[①]

4. 找准提问机会，诱使对方开口

比赛场馆的混合区位于赛场和运动员更衣室之间，运动员赛后下场必须经过这里。即时引语记者在混合区采访运动员，能获得最直接、最感性的第一手信息。

在不干扰主流媒体记者工作的情况下，即时引语记者在混合采访区应该自信、积极、灵活，声音清晰、洪亮，提问精干、明晰，言简意赅。对于个人项目的采访，主要采访奖牌获得者、落马老将、"黑马"等。对于集体项目的采访，可以采访教练、队长、主要运动员、表现好的运动员等。

比赛结束后，主力队员和教练所说的话对读者很有吸引力。即时引语记者应设法尽快进入混合区，靠近运动员、教练或领队，用心聆听众多记者参与的集体采访，及时提出自己准备的问题，注意提问的技巧，诱使被访者开口说话，抓住他们的真实想法，关注被访者的表情动作特征，让素材既感性又有活力，避免陈词滥调。

即时引语记者在被访者说话时，最好记录其原话，因为原话不能演绎。当然不是每一句话都要记录，只记录重要的、有价值的引语，有三四条就可以了。如果对记录笔记的准确性有怀疑，则应坚决舍弃。

---

① ［美］布鲁斯·加里森，马克·塞伯加克. 体育新闻报道. 郝勤等译. 北京：华夏出版社，2002.118.

5．按照格式写作，方便终审签发

根据国际惯例，即时引语的时效要求最高，往往要求稿件在引语采集后的10—15分钟内签发并上传至赛事官网。因此，即时引语记者在采集引语后，应立即通过固定或移动通信设备，将引语以口头形式传回场馆新闻服务办公室，或记者本人尽快返回场馆新闻服务办公室，根据事先拟定的模板，立即编写引语稿件，经场馆新闻服务经理审阅后，尽快发至新闻服务编辑总部，由主编完成终审和签发。

四、采写即时引语应规避的问题

在体育新闻报道中，即时引语的写作应注意避免以下问题：

1．拖沓冗长，内容空泛

拖沓的句子、空洞的内容，既不能给受众提供有价值的素材，也影响受众的阅读兴趣。因此，即时引语记者要巧设计、巧提问，做到言简意赅。

2．陈词滥调，千篇一律

即时引语的采集是新闻服务记者与运动员或教练在混合区的问和答。这一问一答很有学问，既要避免记者所提的问题表面肤浅，又要防止运动员的回答懈怠马虎，陈词滥调，因此即时引语记者既要准备具有深度的问题，还要预备富有新意的提问，让被访者有话说、愿意说、说到位。

3．断章取义，曲解原意

即时引语的写作切忌断章取义，曲解原意。国内报纸的体育新闻报道，带"引号"的句子少之又少，更多的话语都是记者转述，即用记者的语言转述采访对象的原话。因为很多记者没有去比赛现场，只好东抄西抄，拼凑成文。尽管这种方式便于读者阅读，但采访对象的原话在转述过程中，有可能面临被歪曲的尴尬局面，从而导致信息的原意很难得到真实客观的表达。

此外，断章取义往往使记者的主观倾向性更加明显，容易造成新闻失实，甚至引发新闻官司。因此，新闻服务记者首先要遵守职业操守，客观真实地写作即时引语；其次，后台的新闻服务编辑要把好关，对于那些有争议、存歧义、带主观色彩的引语，要进行核实纠正，力求准确无误。对于通讯社来说，"最为首要的是保证新闻的准确性"①。准确比快速更为重要。

4．格式混乱，参差不齐

即时引语必须交代清楚新闻来源，有些体育新闻报道中经常出现"相关负

---

① ［美］杰里·施瓦茨. 如何成为顶级记者——美联社新闻报道手册. 曹俊，王蕊译. 北京：中央编译出版社，2008.18.

责人"、"某某专家"等字眼，这类信息都属于道听途说。无名无姓无职务的"说"，实际上是一种"说"的混乱，其可信度和权威性或多或少都会被削弱。所以，为了提高直接引语的可信程度，在直接引述被访者的话语时，记者有必要清楚地交代新闻来源，写明被访者的姓名和职务。而在大型赛事中，即时引语的采写还应当遵循组织方官方网站的要求，格式一致，模块统一，切忌胡编乱造，参差不齐。

五、小结：交叉使用，出奇致胜

即时引语在体育新闻采写中的地位与作用毋庸置疑，但这并不是说，每篇报道都要尽可能多地使用即时引语。一篇报道究竟要使用多少条即时引语并没有定论，但要适可而止。如果即时引语过多，就会形成新的单调重复。采写即时引语时，要从文章的整体结构和行文需要出发，"要把直接引语当成'奇'兵来用，注意它的简洁性和重要性，不能过多过泛"①。

因此，在体育新闻报道中，最好能将即时引语和其他引语交叉使用，以增加文字的变化，使文章显得错落有致、层次分明、生动活泼。

以下是有关即时引语的相关典型报道范例：

【志愿者感言】吴晨、王李阳、郑玲娜、袁静
——礼仪接待志愿者和工作人员

9 月 5 日，第九届民族运动会礼仪接待组服务人员与志愿者对接培训会在主新闻中心二楼安顺厅举行。代表团、中央领导和特邀嘉宾三个引领服务小组的三位礼仪志愿者和一名工作人员发表了言论。

吴晨（安徽，汉族）——代表团引领服务志愿者小组联络员

关于礼仪接待志愿者来源情况：

"我们属于第九届民族运动会组委会接待一处的礼仪接待部。本组共有 66 人，36 名男生，30 名女生，全部来自贵州民族学院，其中 64 人来自空中乘务专业，1 人来自市场营销专业，我来自旅游管理专业。"

关于礼仪接待志愿者的选拔：

"我们报名后，经过了学校团委的面试、培训、笔试、体检，最后才定下人员。主要考查形象、气质、语言表达能力、人际交往能力，当然身高很重要。"

---

① 张俊. 浅论新闻写作中直接引语的运用. 新闻天地，2011（2）：11.

关于礼仪接待志愿者的工作任务分配和接待方式：

"我们66人被分成3组：各代表团引领服务小组（34人）、中央领导引领服务小组（6人）、特邀嘉宾引领服务小组（26人）。我是代表团引领服务小组志愿者联络员。我们将采取一对一的接待服务方式，如每个代表团、每位中央领导、每位特邀嘉宾分别派一名志愿者接待。"

关于参加礼仪接待志愿者的心情和感受：

"很高兴，因为去年第七届贵州省少数民族运动会时我就参加了开幕式的龙舟表演。表演前，我们去年暑假经过了1个月左右的培训，收获很大。今年在贵州举办全国少数民族运动会，我理所当然要参加。而且，作为旅游管理专业的学生，我正好借此机会向来贵州的人们推介贵州，让人们向往贵州，以后来贵州旅游。同时，我也可以让自己的大学生活更加丰富多彩。"

王李阳（贵州遵义，汉族）——中央领导引领服务志愿者小组联络员

关于礼仪接待志愿者来源情况：

"从贵州民族学院选拔的接待志愿者分为礼仪接待组和赛会接待组，礼仪接待组有66人，赛会接待组有140人。"

关于参加礼仪接待志愿者的心情和感受：

"这次全国少数民族运动会是贵州历史上第一次承办的大型综合性运动会，作为土生土长的贵州人，有机会经历这种历史性时刻，为贵州的发展贡献自己的力量，我感到无比自豪和骄傲。"

关于专业对礼仪接待志愿者工作的作用：

"我是2009级市场营销专业的学生，这个专业特别重视语言沟通能力和人际交往能力，这对贵宾接待有很大的帮助。我平时特别注重交际能力的培养，我父母亲是市场营销人员，我从小受父母亲的影响，参加了各种各样的市场活动；大学期间，我在学校校庆时担任主持人。这次担任礼仪接待志愿者，相信我的人际交往能力能得到更大提升。"

"中国是礼仪之邦，无论我今后从事什么样的工作，无论在什么场合，都需要用到礼仪。相信这对我以后的发展有很大帮助。"

郑玲娜（贵州遵义，仡佬族）——特邀嘉宾引领服务小组志愿者

关于礼仪接待志愿者的选拔：

"在身高方面，女生要求在1.62米以上，男生要求在1.75米以上。除此之外，还要考查形象和气质。贵州民族学院的空中乘务专业共有两届约400人，几乎全部都报了名参加面试，最后录取了204名，担任颁奖礼仪或负责领座、礼仪接待等工作。我们接待组共有66人，其中空中乘务专业的学生有64人。"

关于礼仪接待志愿者培训：

"今年 8 月 14—31 日，贵州 18 所高校的所有礼仪志愿者进行了 15 天的培训。培训内容包括礼仪知识、纪律讲解、团队精神的培养等。主要采取上课的形式，一般地，头一天集体上大课，第二天分开上小课进行复习，常常有情景模拟、礼仪展示等内容。"

"空中乘务专业虽然也有大量的礼仪知识课，但是这次培训与平时的上课还是有很大区别的。首先，这次培训是直接为来贵州参加全国少数民族运动会的贵宾服务，我作为在贵州出生、长大的仡佬族人，感到非常兴奋和骄傲；其次，在 15 天的培训时间里，学员们朝夕相处，彼此之间增进了了解；最后，培训的教官了解我们的专业基础比较好，因此，他会要求我们协助培训来自其他学校的学员，使我们有一种主人翁意识。"

关于参加礼仪接待志愿者的心情和感受：

"这是贵州举办的重要盛会，也是大学生锻炼自己，提升人际交往能力、为人处世能力的好机会。从报名到现在，经过这么长时间，我发现从事这份工作确实非常有意义，我感到很荣幸。"

袁静（贵州，汉族）——礼仪接待组服务人员

关于礼仪接待服务人员和志愿者的工作分配情况：

"根据要求，贵州省每个厅局级单位都要负责对接一个省代表团。我来自贵州城乡和住房建设厅，负责接待广西代表团，包括代表团团长、领队等。每个代表团的服务人员会分到一名志愿者，代表团接待组共有 34 名志愿者，他们主要是协助我们做好接待工作。服务人员主要负责接待工作的宏观层面任务，如我们从组委会接待部秘书处领取代表团资料后，会制订详细的接待方案，然后再联系代表团开展接待服务工作。"

（新闻服务，薛寿元）

纳达尔咬 T 恤庆祝胜利　小德送飞吻掌声中落寞离场

北京时间 6 月 8 日消息，经历五盘鏖战，卫冕冠军纳达尔得以长盘 9∶7 艰难战胜德约科维奇，晋级法网决赛。在获胜的那一刻，纳达尔以及其团队的成员都是兴奋不已。

德约科维奇在其必保的第 16 局，以 0∶40 送出三个赛点。此时看台上，纳达尔的叔叔兼教练托尼·纳达尔已经坐不住了，立起身，等待胜利的到来。随着德约科维奇回球出界，纳达尔成为最终的胜利者。在与对手握手致意后，西班牙人开心地咬起了 T 恤，再一次做出了标志性的挥拳庆祝动作，还将护腕抛给了看台上的球迷。不过获胜的纳达尔在享受球迷的欢呼掌声的同时，也不忘示意球迷将掌声送给德约科维奇。

相比兴奋的纳达尔，又一次错失全满贯伟业的德约科维奇显然要落寞不少。但是塞尔维亚人依然颇具风度，在离开球场时，他也是向球迷送出了飞吻。而托尼·纳达尔同样为德约科维奇送上了掌声。

在一丝不苟坚持做完赛后的一系列程序——换衣服、解开膝盖上的绷带、整理背包后，纳达尔在现场接受了采访。"这个场地对我来说有着特殊的意义。"谈到第四盘错失发球胜赛局，纳达尔坦言："我知道这是一场艰难的比赛，德约科维奇做得很棒，不停向我施压。而我要做的就是努力不放弃，这是很重要的。"

能够第八次在法网进入决赛，当被问到更期待在决赛中遭遇费雷尔还是特松加时，纳达尔回答："他们都是很优秀的球员，我希望大家也能享受下一场精彩的对抗。"最后，纳达尔向一直支持自己的球迷表达了感谢之情："我要说谢谢，谢谢所有人对我的关心，对我的帮助。能够有机会在这个球场打球，意义重大。"

（新浪体育，2013 年 6 月 8 日，Chen）

第二节　赛事前瞻与赛事回顾

赛事前瞻与赛事回顾是大型体育赛事新闻服务必不可少的报道内容，二者前后相连构成了大型赛事的全程式报道，给受众提供完整的赛事信息，再现赛场风云，让受众身临其境地感受体育的魅力，享受体育的乐趣，从而增强新闻报道的力量。赛事前瞻与赛事回顾既密切相连，互为应用，又相对独立，存在差别。

体育比赛是体育的一切，也是各种形式的体育新闻不断涌现的源泉。一般情况下，媒体只会报道当天的体育活动，但是，大型体育赛事往往会在一段较长的时间里占据体育版的篇幅。事实上，像奥运会、亚运会、大运会、世界杯、四大满贯以及橄榄球、板球世界杯赛等，前前后后会占用体育新闻记者几个星期甚至几个月的时间。赛事报道比任何形式的体育新闻占据的报纸篇幅、广播和电视时段都要多，因此，如何生动多样、丰富多彩、准确无误地报道赛事活动是对体育记者的新闻素养和能力的考验。大型体育赛事通常按时间分段为赛前和赛后，相应的新闻报道也就对应为赛事前瞻与赛事回顾。

顾名思义，"前瞻"即展望、预测。赛事前瞻即赛事展望或赛事预测，是对某项大型综合运动会或单项体育赛事的赛前报道，包括赛前预报、赛前动态、赛前预测等。赛事前瞻报道发生在比赛开始前，结果并不可知。

赛事前瞻报道重"理"，要求全面、准确、客观、理性。大型赛事前瞻报道要突出新闻的释疑解惑功能，即充分运用新闻背景解释体育赛事的来龙去脉、内在的本质规律或预测体育赛事的发展趋势。

"回顾"即回过头去看、分析、反思。赛事回顾是对比赛结束后的大型赛事进行总结分析，再现精彩赛程，探索赛事规律，展望项目前景，分析发展趋势。赛事回顾报道发生在比赛结束后，胜负已分，结果已出，清楚明白。

赛事回顾报道重"事"，要求全程真实，生动丰富，点面结合，夹叙夹议。大型赛事回顾报道要突出新闻的铺叙评论功能，即"以今日之事态，核对昨日之背景，揭示明日之意义"。

一、赛事前瞻的报道法则与写作素养

（一）赛事前瞻的报道法则

大型体育赛事的新闻报道往往在赛事开始之前就已开始，也可以说是为大型赛事预热造势，一般由一篇或多篇报道组成，报道的角度各不相同，但目的都是引发读者对体育赛事的关注，并为读者提供全面理解和欣赏体育赛事所需要的背景信息。"由于电视、网络等媒体的竞争，现在报纸体育新闻出现了中心前移的趋势，也就是越来越重视赛前报道。在我国政府批准发行博彩型的足球彩票后，包括预测性报道在内的赛前报道愈发受到读者的关注。"[①] 近几年在我国举行的综合性赛事如北京奥运会、广州亚运会、深圳大运会等，单项赛事如中超、亚冠以及 CBA 等，报纸、电视、网络等媒体都进行了赛事前瞻报道。

大型赛事的前瞻报道要力求全面、准确、客观、理性，在丰富翔实的新闻背景下，对赛事进行专业、严谨、科学的分析，从而作出合理的、预见性的预测，以引导和激发受众对后续报道的兴趣。媒体工作者如何把握大型体育赛事前瞻报道？"与赛后报道相比，赛前报道的特点是突出新闻的释疑功能和解惑功能。"[②]

---

① 郝勤. 体育新闻学. 北京：高等教育出版社，2004. 184.
② 郝勤. 体育新闻学. 北京：高等教育出版社，2004. 185.

（二）赛事前瞻的写作素养

1. 背景信息，专项常识，彰显报道的专业性

体育新闻工作者必须拥有广泛的背景知识，对体育怀有极大的兴趣，最好对体育领域的某类赛事或某项运动有专门的研究，这样才能使报道得心应手，信手拈来。

大型赛事前瞻报道首先要做的是背景信息的介绍和专项体育知识的解答。如赛事项目的规则、赛程、赛制等，运动队名单、运动员职业生涯详细资料、统计数据、比赛时间、进出体育场的说明以及俱乐部的历史等。媒体工作者可以通过组委会、官网、新闻发布会、记录员、教练或运动员获得这些信息，这既可以为赛事预热造势，也可以满足体育爱好者的需求。如《南方都市报》2012 年 11 月 17 日关于 CBA 新赛季的前瞻报道。

CBA 史上最强赛季 24 日揭幕

昨日，CBA 在京召开新赛季新闻发布会，官方正式公布赛程，揭幕战将于 11 月 24 日打响，卫冕冠军北京主场迎战上海。

2012—2013 赛季仍有 17 支队伍参赛，按照赛程，常规赛于 2013 年 2 月 17 日结束，之后全明星比赛将于 2013 年 2 月 23 日和 24 日在广州举办，季后赛从 2 月 27 日开始，如果总决赛打满 7 场，赛季将在 2013 年 4 月 5 日落下帷幕。

CBA 联赛于 1995 年创办，昨天的季前发布会主题为"蓄力 18"，中国篮球协会回顾了 18 年来所取得的成绩，将希望寄托在新生代球员身上。据统计，在已注册的 237 名国内球员里，有 38 人是首度出现在 CBA 赛场上的。竞赛部部长白喜林拿出数据：本届 CBA 国内球员的平均年龄是 23.2 岁，最年轻的王哲林只有 18 岁。

（《南方都市报》，2013 年 11 月 17 日，徐显强）

《南方都市报》的这篇报道在 CBA 赛事开始前一周铺垫造势，分别就赛制历史、赛程时间、参赛队伍等背景资料一一作了介绍，以吸引受众的关注。

2. 数据对比，理性分析，体现报道的客观性

赛事前瞻报道立足于赛事本身，为了解答体育爱好者的疑惑，媒体工作者必须关注赛事热门问题，特别是赛事双方的状况比较，诸如球队的阵容、联赛的排名、最近比赛的结果、连胜或连负次数、球队的选拔、主力球员的伤病或停赛、队员处罚记录、队员转会、教练的压力、可能采取的战术、球队阵形等，摆出客

观状况，进行对比分析，使体育爱好者一目了然，心中有数。这既体现了报道的客观性，也为媒体与受众带来了一次"心灵"的沟通，引发了他们的共鸣，无形中增加了吸引力，增强了报道效果。

一般来说，像足球、篮球、排球等大球项目的首发阵容比较好预测，但像乒乓球、羽毛球、网球等小球类的团体赛，队员的出战顺序必须考虑到对手的情况，即充分运用田忌赛马的原理来上报出战名单，只有拥有足够的资讯，知己知彼，才可能百战不殆。如《南方都市报》2012年11月17日关于CBA新赛季的前瞻报道中，特别罗列了本赛季看点，抓住了受众眼球，使以下两场比赛更让人期待。

阿联回归人气旺，麦蒂PK马布里更瞩目

第1轮：粤疆大战阿联首秀

时间：11月25日19：35

对阵：广东VS新疆（主）

看点：两个联赛里的老冤家首轮就狭路相逢，这场比赛也是阿联回归广东后的首秀，同时还是新疆队新帅崔万军执教的第一场CBA常规赛。易建联＋泰伦斯与辛格尔顿＋韦弗这两组搭档之间的PK将有可能直接决定比赛胜负，而最终结果也很可能被视为两队新赛季走势的写照。

第二回合：2013年1月4日

……

第14轮：京粤战广东期待复仇

时间：12月25日19：35

对阵：广东VS北京（客）

看点：上赛季总决赛败给北京队后，广东队的霸主地位受到动摇，因此一直期待复仇机会，而北京队新赛季又把卫冕视为目标，所以双方常规赛交手不太可能会故意隐瞒实力。

第二回合：2013年2月3日

……

（《南方都市报》，2012年11月17日，汪雅云）

3. 科学预测，权威论证，增强报道的说服力

大型体育赛事前瞻报道还需要体育专家和专业运动员的积极介入，这是确保前瞻报道预测准确性、权威性的重要因素。体育专家包括熟悉项目规则、项目发

展史，甚至拥有高级裁判证的专项体育专家，研究体育史的教授学者，研究体育文化的专家学者，研究运动医学的专家学者以及教练员等。介入的运动员包括知名的退役或未退役的运动员。体育专家学者或运动员往往能够针对大型体育赛事作出理性、准确的判断，使受众信服，同时增强了报道的说服力。如《足球报—劲体育》2004 年 8 月 30 日刊发的《传统优势保障　北京奥运目标 40 枚金牌》的预测报道，记者通过采访相关专家以及对天时、地利、人和的主场优势分析，得出"2008 年北京奥运会，中国代表团的金牌总数有可能超过 35 枚，达到 40 枚"的预测结果。

4．体育效应，本土文化，提升受众的凝聚力

体育的文化意义远比它对娱乐业和传媒业的重要性更加广泛。世界正在变得越来越小，人们具有更高程度的社会和地理流动性，体育帮助人们保持着一种地方和国家的身份意识。他们通过地方和国家运动队来维系着他们的根，体育新闻记者帮助创建和保持这种文化意义。①

大型体育赛事是举办国家或城市形象展示的窗口，通过媒体新闻报道，借助大型赛事，人们看到举办地多姿多彩的文化风情，这就是体育效应或体育营销，可以带来强烈的认同感和归属感，从而提升受众的凝聚力。

二、赛事回顾的报道法则与写作素养

（一）赛事回顾的报道法则

英国伦敦大学教授戴维·莫利指出："对大众传播过程的全面分析似乎至少要包括三个要素：第一，对媒介产品生产过程的研究；第二，对产品的研究——研究新闻作品，把其当成是一套承载讯息的符号单位；第三，对那些符号进行解码或诠释的过程。其中，受众主动参与了这一过程。"② 戴维·莫利的观点道出了新闻报道"过程传播"以及受众"互相传播"的重要性。

由于体育新闻本身具有竞技、刺激、悬念、动感等传播特点，受众对与比赛同步的比赛过程的了解欲更强，因此，作为赛事结束后的报道，应采取连续报道、综合报道的形式，力求多层次、多侧面、多角度，系统全面地再现赛事，使受众从报道中看到历史与现实、横向与纵向、人物与事件、赛场内与赛场外。

---

① ［英］菲尔·安德鲁斯，体育新闻：从入门到精通. 周黎明译. 北京：中国人民大学出版社，2010. 21.

② ［英］戴维·莫利. 电视、受众与文化研究. 史安斌译. 北京：新华出版社，2005. 88.

（二）赛事回顾的写作素养

1. 赛事高潮，点面结合，重温赛场风云

大型体育赛事主要是指竞技体育比赛，而竞技体育是"以体育竞赛为主要特征，以创造优异运动成绩、夺取比赛优胜为主要目标的社会体育活动"[①]。公正、公平、公开地决出胜负，是大型体育赛事的核心价值，为了一争胜负，比赛双方全身心投入，你争我夺，赛场上风云变幻，悬念迭起，掀起一个个高潮，扣人心弦，让人欲罢不能，这正是大型体育赛事吸引成千上万人心驰神往的魔力所在。因此，赛事回顾报道要再现精彩赛事、惊险赛场，让受众身临其境般的感受赛事魅力。

当然，赛事回顾不能顾此失彼，不可以过分侧重于比赛的某一方面而忽略了整场比赛，将各方面的内容比例得当地结合起来，做到点面结合、重点突出、详略得当，这才是赛事回顾的最佳模式。"记者在报道体育比赛的时候应该把这场比赛放到一个大的背景当中来看待。这场比赛或运动会的重要性何在？比赛的胜负结果对相关球队会有什么影响？如何把它跟最近的其他比赛相比较？球员个人表现能否与其他场次相提并论？如果记者只是孤立地报道一场比赛，读者就无法了解许多重要和有趣的背景材料。"[②] 例如，《羊城晚报》2012 年 9 月 10 日关于美网女单决赛的赛后报道，将小威惊险制胜的赛况运用跌宕起伏的方法描述出来，并附上小威的赛季表现，使报道有始有终、全面完整。

美网女单决赛今晨结束，小威击败阿扎伦卡
4 号种子四度封后

北京时间今天凌晨，美国网球公开赛女单决赛在头号种子阿扎伦卡与夺标头号热门小威之间进行。小威通过三盘大战，最终以 6：2、2：6、7：5 艰难战胜阿扎伦卡，第四度在美网封后。

小威在本届美网上保持着绝佳的状态，进入决赛前一盘未失，平均每轮仅丢 3 局。去年小威进军决赛的过程同样顺利，最后却在昔日的手下败将斯托瑟面前完全失去了女皇的风采，仅屈居亚军。今年面对风头正劲的阿扎伦卡，小威险些重蹈覆辙。不过这位久经沙场的老将最终完成了自我救赎，以第四座美网奖杯，为自己两周后的 31 岁生日献礼。

[①] 体育学院通用教材编写组. 运动训练学. 北京：人民体育出版社，2000. 1.
[②] ［美］布鲁斯·加里森，马克·塞伯加克. 体育新闻报道. 郝勤等译. 北京：华夏出版社，2002. 99.

　　小威今晨进入状态很快，很快就以6∶2收下首盘胜利。第二盘开始后，小威的状态有些下降，阿扎伦卡抓住机会发起反击。在一发成功率大跌、主动失误率却直线飙升之下，小威很快就落后到1∶5，在场上也显得有些无精打采，球场里只有阿扎伦卡的吼叫声在回荡。直到第7局，"塞琳娜女皇"才重现风采，直落4分止住连败之势，其中还包括两个ACE球。在两次接发球失误后，小威以2∶6输掉这一局，这还是她在本届美网女单中丢掉的第一盘。

　　在决胜盘首个发球局就先丢两分的不利局面下，小威的发球突然来了状态，连续4分都是靠发球直接搞定。而阿扎伦卡接下来顶住两个破发点，没有让对手的气势进一步回升。小威虽然在其后的发球局中发出了时速达201公里的ACE球，刷新了本届美网女子发球最快纪录，无奈连续反拍失误还是让她无法避免被破发的厄运。直到在第四局中破发还以颜色，小威才终于握拳吼了出来。只是好状态未能保持下去，随着发球局再度失守和错过回破的良机，小威陷入3∶5落后的绝境中。

　　若阿扎伦卡能继续破发，就能成为今年首位"双满贯"女将，但这局比赛没有让"尖叫女王"登基，却见证了"塞琳娜女皇"的复活。小威顶住压力保住发球局，并乘势将阿扎伦卡的发球胜赛局拿下，让双方回到5∶5的均势上。随着小威再度强势保发，进攻的火力和准点都调校到最好，她终于在连得4局后以7∶5反败为胜。

　　……

（《羊城晚报》，2012年9月10日，祁冬）

　　2. 明星风采，引言数据，凸显真实活力

　　大型赛事是一场华美的体育盛宴，体育明星就是盛宴中的佳肴，观众观看赛事，首先从喜欢赛事中的明星开始。一般认为，明星具有敏锐的观察力、卓越的理解力和良好的心理品质，常常能够在极其困难的条件下完成高难度的技术动作和战术配合，起到左右比赛胜负的作用，他们常用自己高超的球技创造奇迹。[①]世界杯为什么好看？因为那里明星荟萃，绚丽夺目，明星们以他们充满个性的表演，诠释了足球迷人的内涵，在给全世界球迷留下无数个动人故事的同时，也演绎着球队悲欢离合的不同命运。

　　同样地，体育明星当之无愧地成为大型赛事回顾报道的主角，赛事过程、赛

---

① 李晓东等. 大球运动. 长沙：湖南科学技术出版社，2005. 218.

事经典、赛事引语、赛事数据都围绕着体育明星，以体育明星为主线的赛事扩散报道，总是能吸引受众的眼球和关注，这就是明星效应。

大型赛事组委会都设有新闻记者能够工作的新闻办公室或媒体中心，许多体育场还提供设施齐全的对教练和运动员进行赛后采访的采访室、球场通道等。赛后采访使新闻记者有机会就重要事件向相关人物提出问题，报道他们对比赛结果、球员表现的看法。记者应将赛后引语和赛场重要瞬间组合起来，形成更加有条理、更加完善的报道，使报道对读者产生更深刻的影响，使读者更有兴趣阅读。

赛前充满期待，赛后分析评价，大型赛事回顾报道必须在赛后最短的时间内，把比赛的技术统计数据整理出来，引导受众进行分析比较，进而培养理性球迷。

3. 细节刻画，花絮拾遗，彰显人文情怀

英国翻译理论家莫娜·贝克指出："叙事就是我们讲述自己或是他人的故事，它植根于我们所生活的世界，我们所相信的这些叙事对我们在这个世界上的行动起着引导作用。"新闻叙事通过叙事内容和叙事方式来影响读者的感知。将新闻叙事应用于现实，可以使新闻报道有影响力、有深度且注重细节，能将读者带进报道中来，影响读者对客观事件本身的看法和态度。而细节可以使报道增色，体育记者可以利用自己在赛场上观察到的细节来增加报道的趣味性。这些细节包括被采访的教练或球员的衣着、态度、语言、行为等。令人印象最为深刻的赛后报道通常是戏剧性的场面、轶闻趣事以及幕后幽默片段。例如，《羊城晚报》2012 年 9 月 10 日在美网女单决赛的赛后报道中，对小威夺冠后喜形于色的描述：

> ……夺得职业生涯第 15 个大满贯女单冠军后，小威又像小女孩一样在场上活蹦乱跳。她笑称："在比赛最后时刻，我甚至连亚军致辞都想好了。"而赛后忍不住当场落泪的阿扎伦卡也认为自己输得不冤："这样的表现理应让塞琳娜笑到最后，她是个非常伟大的冠军。"

体育新闻报道不仅具有竞技性、欣赏性、参与性，更承载着人文性。大型体育赛事的新闻报道所蕴含的人文主义情怀，表现为对体育事件主体的关心和尊重，着眼于人性、精神、情感、道德上的关怀，把人的生存、人的作为、人的发展作为重要的价值取向，这已成为现代体育新闻传播的一个必不可少的理念和目标。如大型体育赛事回顾报道中的人物侧记，往往展示一系列人性的感受：恐惧、愉悦、兴奋、失望、同情、愤怒等，使读者产生共鸣。其报道构成包括以下几个方面：一是讲述一段不同寻常的经历；二是展示如何应对人类共有的一些问题；三是人们广泛关注的现实问题。

4. 叙议结合，归纳深化，提炼体育精神

体育的魅力来自它所体现的那种"超越自我，挑战极限"的精神气概，来自它所提供的人类进行自我发现和自我超越的机会，这种高情感的体验使受众在瞬间的豁达与极乐中不断升华，产生庄严崇高之美。那么，在大型赛事回顾报道中，就要深化报道，夹叙夹议，把体育精神提炼出来，通过赛事传播，发挥新闻的鼓舞作用。如《羊城晚报》2012 年 9 月 10 日在报道美网女单决赛，4 号种子四度封后之后，记者祁冬以"'塞琳娜女皇'这样登基"的深化报道，来分析评价小威的成绩：

"塞琳娜女皇"第四度登上了美网女单冠军宝座，继续成为当今女子网坛大满贯女单夺冠次数最多的王者，即便没有世界第一的排名，也没人会质疑她的实力。9 月 23 日，小威将迎来 31 岁生日，是什么让这位老将还能在大满贯的赛场上保持这么高的竞争力呢？

一是法网首轮出局成动力，二是控制比赛情绪是关键，三是技术全面发球是法宝。

在当今女子网坛，小威的发球仍是独步天下，今晨她不仅送出 13 个 ACE 球，还发出了一记时速达 201 公里的重炮，刷新了本届美网女子发球纪录。强势的发球能让小威以最小的代价赢得分数，对于一位 30 岁的老将来说，没有比这更经济的招数，即便在两个小时后的决胜盘末段，小威仍有余力发起最后的反击。

粗壮的身材容易给外界造成"靠力量赢球"的错觉，实际上小威的小球处理和打调整球的水平都相当不错，线路分配的意识和手感也极佳。有时面对阿扎伦卡的追击，她能以出色的过渡球来为自己赢得喘息的时间，甚至制造出反击的机会。这一点，很值得只会一味猛攻的后辈学习。

结合中国国情，我们可以把大我功利精神称为中华体育精神。"中华体育精神就是以为国争光为根本目标和主要动力，以不畏强手、不屈不挠、顽强拼搏、公平竞争为主要表现形式，以团结协作、无私奉献、遵纪守法为思想道德核心，以科学求实、刻苦训练为主要手段的爱国主义、集体主义和革命英雄主义精神。它是中华民族精神的重要组成部分，在中华民族伟大复兴的历史进程中，激励和鼓舞着中国人民不断地克服前进中的困难，屹立于世界民族之林。"[①]

---

① 梁晓龙. 当代中国体育若干基本理论问题. 北京：人民体育出版社，2003. 15.

需要指出的是，体育新闻的鼓舞作用不仅仅局限于报道成功。报道失败，抓住症结，找出教训，同样能给人以有益的启迪，激发人们不怕挫折、勇往直前的精神，提高战胜困难的勇气。

5.　平衡兼顾，本土视角，体现公平报道

新闻报道必须以平衡的意识、中立的视角体现新闻的真实性、客观性，大型体育赛事回顾报道同样要求用事实说话，尽量避免空泛议论，要将自己的观点巧妙地隐藏在"新闻事实"的后面，即"第三者"视角。"正如中央电视台《新闻调查》制片人张洁所言：深度报道记者需具备'质疑的精神、平衡的意识、平等的视角、平静的心态'。"[①]

但在某种情况下，人们会允许记者稍稍偏离绝对的中立立场。一般来说，当地报纸的读者在很大程度上支持当地的球队或运动员，有时这种情绪会非常强烈，而且他们希望偏袒能反映在当地媒体上。如果一支来自报纸发行地区的球队与另一支来自其他地区的球队进行比赛，那么赛事通常就会从这支当地球队的视角进行报道。类似地，全国性报纸会从一个国家的视角报道与本国运动队或运动员有关的比赛。

三、赛事前瞻与赛事回顾报道的异同

（一）赛事前瞻与赛事回顾的相同点

第一，报道的对象相同。赛事前瞻与赛事回顾都以同一体育赛事为报道的对象。同一赛事的发生、发展、高潮、结束的过程贯穿前瞻与回顾报道，给受众提供全程化脉络。"所谓全程化，有两个层面的含义：从微观层面上讲，全程化表现为对新闻事件的全过程的报道，即深度报道的历时化；从宏观层面上讲，全程化表现为对新闻事件由历史向未来发展走向的报道。即深度报道的连续化。"[②]受众通过前瞻和回顾报道，能对赛事有一个整体、全面的了解，既获得了满足，又增长了知识。

第二，服务的对象相同。赛事前瞻与赛事回顾都以体育受众为共同的服务对象，为广大的受众提供全面翔实的赛事资讯。当今社会，体育特别是高水平竞技体育永远都是观众的体育，如果没有观众的欣赏与参与，高水平竞技体育就失去存在的根基。大型体育比赛被称为"百看不厌的戏剧"，而能亲临赛场观看比赛的只有极少数人，大多数人只能通过新闻报道了解赛事。因此，赛事前瞻和回顾

---

①　张志安. 报道如何深入：关于深度报道的精英访谈及经典案例. 广州：南方日报出版社，2006. 19.

②　杜骏飞，胡翼青. 深度报道原理. 北京：新华出版社，2001. 56.

报道是把赛场内外形形色色的新闻传播到世界各地，满足不同受众的需求，为庞大的受众群服务。

第三，都要运用数据记录。赛事前瞻与赛事回顾都以真实的数据记录作客观科学的分析评价。数据记录，真实鲜明，对比明晰，一目了然，大型赛事前瞻的预测分析与赛事回顾的评价分析都以事实数据说话，可信度高，也可以引导受众做理性球迷。

（二）赛事前瞻与赛事回顾的差异

第一，报道的时机不同。赛事前瞻报道发生在赛事开始之前，一般性赛事的前瞻报道往往在赛前一天或一个星期，如中超赛事；大型赛事前瞻报道则在赛前一个月开始，如世界杯；大型综合性赛事前瞻报道则在赛前三个月或半年内就拉开了序幕，如奥运会等。赛事回顾报道发生在赛事结束之后，一般来说，为了体现新闻的时效性，赛事结束后，赛事回顾也随之形成。新媒体在赛后几乎即时推出赛事回顾，报刊、电视等传统媒体则在赛后 24 小时内推出，而大型赛事的赛事回顾往往可以在赛后延续报道一周或一个月。

第二，报道的目的不同。赛事前瞻报道的目的是为大型赛事预热，提供运动员和运动队资料、过往的比赛成绩、学者专家的权威分析等，发挥新闻报道的功能，吸引体育受众的关注。而赛事回顾报道旨在重温赛场风云、再现赛事精彩、总结赛后评价等，为受众奉上体育大餐，让受众感受大型体育赛事的魅力，从而获得精神的满足。

第三，报道的内容不同。大赛前瞻报道以赛前信息、过往战绩等背景资料为报道的重点；而赛事回顾报道则以赛事过程、赛场花絮、赛后采访为报道重点，还可以挖掘赛事深度报道，如人物侧记、专访与评论等。

四、总结

大型体育赛事前瞻与回顾报道既有联系，又有区别，二者是全程式体育赛事的不同时段展示，依据赛事的发生、发展、结束而铺开报道。赛事前瞻报道要以以往的赛事回顾报道为基础，挖掘现成资讯；赛事回顾报道则是赛事前瞻报道的发展、印证与创造，两者一前一后，围绕体育赛事这条线索，携手完成大型赛事的全程式报道。

以下是有关赛事前瞻与回顾报道的相关典型报道范例：

阿联回归人气旺，麦蒂PK马布里更瞩目

第1轮：粤疆大战阿联首秀

时间：11月25日19：35

对阵：广东VS新疆（主）

看点：两个联赛里的老冤家首轮就狭路相逢，这场比赛也是阿联回归广东后的首秀，同时还是新疆队新帅崔万军执教的第一场CBA常规赛。易建联+泰伦斯与辛格尔顿+韦弗这两组搭档之间的PK将有可能直接决定比赛胜负，而最终结果也很可能被视为两队新赛季走势的写照。

第二回合：2013年1月4日

第4轮：姚麦相见往日重现

时间：12月2日16：00

对阵：上海VS青岛（客）

看点：麦蒂抵华至今，姚明都没有与老友相见，而青岛队做客上海，姚老板会以怎样的姿态招呼这位昔日搭档将备受外界关注，两人过去的心结是否已经解开到时便可见分晓。

第二回合：2013年1月11日

第7轮：马布里检验麦蒂成色

时间：12月9日19：35

对阵：北京VS青岛（客）

看点：马布里是CBA近年来最成功的外援，而麦蒂则被誉为CBA有史以来最大牌的外援，两人都曾是NBA全明星级别后卫。麦蒂经过前几轮磨合，届时对联赛和青岛队都应该有一定适应，他到底能不能在CBA取得成功，马布里这关会是最好的试金石。

第二回合：2013年1月18日

第14轮：京粤战广东期待复仇

时间：12月25日19：35

对阵：广东VS北京（客）

看点：上赛季总决赛败给北京队后，广东队的霸主地位受到动摇，因此一直期待复仇机会，而北京队新赛季又把卫冕视为目标，所以双方常规赛交手不太可能会故意隐瞒实力。

第二回合：2013年2月3日

第 17 轮：阿联麦蒂联手贺新年

时间：2013 年 1 月 1 日 19：35

对阵：广东 VS 青岛（主）

看点：从目前两队实力对比来看，青岛队虽然有麦蒂当家，但也不太可能对广东构成很大威胁，两队较量更多看的是明星秀和人气比拼。值得一提的是，双方第二回合交手时间是常规赛最后一轮，如果青岛不能打进季后赛，届时广东主场将是麦蒂首个 CBA 赛季的最后一仗。

第二回合：2013 年 2 月 17 日

（《南方都市报》，2012 年 11 月 17 日，汪雅云）

纳达尔决胜盘 9：7 险胜　阻小德全满贯梦 8 进法网决赛

北京时间 6 月 7 日（当地时间 7 日）消息，2013 年第二项大满贯赛事、法国网球公开赛进入了第十三个比赛日。在率先结束的一场男单半决赛中，赛会七冠王纳达尔与当今世界第一德约科维奇上演了巅峰对话。拉法在第四盘浪费发球胜赛局后一度在决胜盘 2：4 落后，但他最终还是以 6：4、3：6、6：1、6：7（3）、9：7 击败诺瓦克，再次粉碎了塞族球王的全满贯美梦，也拿下两人第 35 次对话的胜利。第八次闯入法网决赛的纳达尔将遭遇费雷尔。

德约科维奇和纳达尔过去有过 34 次交锋，西班牙人以 19 胜 15 负稍处上风。两人上一次交手是在有着法网风向标之称的蒙特卡洛大师赛，当时德约科维奇直落两盘取胜，粉碎了纳达尔九连冠的美梦。不过在红土交锋记录上，当今世界第一只在两人的 15 次交手中拿下 3 场胜利而已。这是去年决赛的翻版，对于一心渴望完成全满贯伟业的小德而言，纳达尔也是他最大的考验。但梦想八夺火枪手杯的拉法也同样志在必得。临场发挥水平的高低将决定最终胜负的归属。

比赛伊始，迅速进入状态的德约科维奇就以 Love Game 率先保发。不过慢热的纳达尔虽然一度在发球局被逼入平分，但关键分上的漂亮穿越球还是帮助他扳平比分。两人随后各自保发，纳达尔在第五局发力并多次将世界第一的发球局逼入平分，但危急关头小德还是顶住压力，在一次发球直接得分后以 3：2 占得先机。盘中阶段红土之王也积极调整状态，漂亮地连赢四球后再次扳平比分。两人在第七局展开拉锯战，德约科维奇虽然漂亮地连救两个破发点，但在第三次危机面前的正手失误还是导致他交出发球局。在一次网前截击得分后，纳达尔就把比分拉开至 5：3。稳住心态后德约科维奇追回一局，但纳达尔还是依靠强劲的一发守住发球胜盘局，以 6：4 先拔头筹。

经过盘间休息后，德约科维奇表现回稳，在一次发球直接得分后保住了发球局。不过纳达尔仍然是专注力十足，高质量的底线进攻帮助他扳平比分。两人随后各自保发，德约科维奇在第五局30：0领先的情况下连续出现正手失误，西班牙人抓住机会打出穿越球后率先取得了破发，以3：2领先。逆境之下塞族球王开始提升反击的力度，浪费了两个破发点后他还是如愿取得回破。轰出一记内角ACE球后就以4：3反超比分。士气受挫的纳达尔丢掉局点后因双误送出破发点，德约科维奇关键时刻轰出正手制胜球再次取得破发。抵挡住纳达尔的反扑后，世界一哥最终以6：3扳回一盘。

在第三盘被逼入平分的情况下连赢两局惊险保发，纳达尔终于稳住了局面。随后展开反击的西班牙人凭借积极的网前压迫逼出破发点，关键时刻德约科维奇遭遇误判惨遭破发。心态受到影响的头号种子随后连续出现接发球失误，纳达尔很快就确立了3：0的领先优势。经过局间休息后，德约科维奇表现仍然未见起色，纳达尔继续依靠高质量的底线击球压迫小德并再次取得了破发。强势地以Love Game保发后，红土之王手中的优势已经来到5：0。盘末表现回稳的德约科维奇挽救两个破发点后守住保留颜面的一局，最终纳达尔以6：1取得大胜，盘数上已经以二比一领先了。

两人在第四盘开局都处于自我调整的阶段，接发球局均连丢四分，比分也形成1：1平。随后比赛陷入了胶着状态，两人均把专注力集中到发球局的保发上，比分就呈交错上升之势来到3：3平。在关键的第七局中，德约科维奇失误增多，纳达尔顺势逼出两个破发点。尽管小德依靠制胜球追回一分，但一次正手击球失误还是导致他丢掉发球局。绝境之下反击的小德完成回破，并在保发后以5：4反超比分。但纳达尔同样顶住压力保发扳平比分后，在第十一局完成破发。不过拥有大心脏的德约科维奇最终化解发球胜赛局，在抢七以7：3扳回一盘。

乘胜追击的德约科维奇在决胜盘开局就以4：0拿到破发机会，纳达尔随后虽然连追两球，但头号种子还是依靠积极的网前压迫取得破发。挽救了一个破发点后，当今球王就确立了2：0的领先优势。提升发球质量的纳达尔追回一局，不过德约科维奇也在一次一发直接得分后继续以3：1领先。两人随后各自保发，展开猛烈搏杀的纳达尔在第八局将对手发球局拖入拉锯战。小德一次触网违例成为转折点，最终纳达尔完成回破。在一次发球得分后，他就以5：4反超比分。随后比赛陷入了胶着状态，在达成6：6平后比赛也进入了长盘大战。一直处于后发球的德约科维奇在第十六局中未能顶住压力，最终在一次正手失误后以7：9落败，纳达尔第八次闯入决赛。

（新浪体育，2013年6月7日，Alex）

第三节　大型赛事新闻发布会摘要

新闻发布会摘要是大型体育赛事新闻报道的常见体例，属于媒体运行与新闻服务的范畴。大型赛事新闻发布会摘要的采写对于传播精彩赛事、引导大众舆情、协调公共关系、完成媒体运行工作有着不可或缺的作用。大型赛事的新闻发布会摘要的写作与一般新闻写作一样，应当坚持客观、公正、准确、及时的基本原则，同时还必须符合国际规范，以便于赛时官方通讯社的终审和签发。

一、大型赛事新闻发布会及其分类

新闻发布会又称记者招待会，是一个社会组织直接面向新闻界发布有关组织信息、解释组织重大事件而举办的活动。它是一种两级传播，先将消息告知记者，再通过记者所属的大众媒介告知公众。新闻发布会对于树立或维护组织形象、协调公共关系、引导舆论倾向等方面具有非常积极的作用。

大型赛事新闻发布会是赛事组委会或组委会安排的教练、运动员等通过记者及其所属的媒介，告知公众赛事背景、赛制赛程、信息资料、队员状况、阵型安排、技术战术等。围绕大型赛事的开始、进行、结束，大型赛事新闻发布会是一座便捷的沟通桥梁，既引导受众关注赛事信息，又协调公共关系，树立良好形象。

大型赛事新闻发布会可按照不同方法进行划分，具体为：

（1）按举办者划分，奥运会组委会、亚奥理事会、亚运会组委会、世界单项体育联合会、下一届奥运会或亚运会组委会等均可能举办新闻发布会。

（2）按时间划分，大型赛事新闻发布会可分为赛前新闻发布会和赛后新闻发布会。

（3）按事件划分，大型赛事新闻发布会包括：

①赛后新闻发布会，由获得前三名的运动员或运动队出席。

②每天（阶段）比赛新闻发布会。

③重要赛况新闻发布会，如老将落败、"黑马"涌现。

④对阵运动员（队）新闻发布会。

⑤突发事件新闻发布会，如兴奋剂丑闻、自然或人为灾害、交通事故、恐怖袭击、食物中毒等。

二、大型赛事新闻发布会摘要及其作用

新闻发布会摘要是新闻发布会的主要内容（问答）概述。大型赛事新闻发布会摘要是被采访者在竞赛场馆或主新闻中心、组委会总部酒店等非竞赛场馆举行的新闻发布会上问答的主要内容。

新闻发布会摘要为未能到场的注册媒体提供有关发布会内容的第一手信息，是记者编写稿件时值得参考和采用的可靠、有用的信息，有助于拓宽记者的思路，增加稿件的新闻内涵、层次和深度。①

1. 资源平台共享，服务媒体记者

大型赛事具有极高的关注度，会吸引来自世界各地的媒体记者，而资源是有限的，为保障赛事的秩序，赛事组织者必须限制采访对象，即限额授权。同时对于记者个人来说，其能力和精力也是有限的，不可能凭一己之力获取全面的信息。所以媒体运行和新闻服务应运而生，新闻服务团队为采访赛事的记者提供充足的新闻素材和背景资料，从赛前的运动员、运动队和历届赛事的背景资料，到赛时的即时引语、新闻发布会摘要、成绩公报等，一应俱全。注册媒体记者通过INFO 系统，可以查阅赛事信息，共享赛事资讯。而大赛新闻发布会摘要也是重要的新闻服务体例之一，既拓宽了记者的思路，又节省了时间，利用了资源，为赛事媒体记者提供了更全面、优质的服务。

2. 信息可靠有用，确保客观真实

准确与真实堪称同义词，它们是新闻的生命。而确保新闻报道准确的方法有很多，最有效的途径是消息来源可靠，记者本身就在现场，在场感比现场感更重要，它更能强化新闻的真实性。它要求记者有采访权限，在采访现场，眼见为实，耳听为真，实话实录。大型赛事的新闻发布会有很多，注册记者不可能面面俱到，所以，新闻服务团队派出专业人员"代替"记者参加新闻发布会，聆听新闻发布会的内容，领会发布会的主旨，记录发布会的问答，形成赛事新闻发布会摘要，供不能亲临现场的媒体记者加工采用。

3. 直接引语问答，发挥释疑功能

新闻发布会摘要应该反映新闻发布会的进程和主要对话内容，以直接引语为主，采用一问一答的形式，让采访者有较大空间去挖掘赛事新闻的深度和广度。媒体记者在采写赛事新闻发布会摘要时应具有新闻敏感性，而新闻敏感性是与

---

① 第 16 届亚洲运动会组织委员会. 亚运会媒体运行：广州亚运会媒体运行志愿者专业培训教材. 广州：暨南大学出版社, 2009. 90~91.

"读者需要"分不开的，一般来说，凡是读者感兴趣的、想知道的，就应尽量去挖掘。媒体记者可以就读者所关切的话题去追问、去探索，从被访者的言谈中去释疑解惑，以满足受众需求。由此，媒体记者就要做一个有心人，时时把自己当作读者，可以说，了解读者的需求是好的新闻报道的开始，新闻发布会摘要与读者需要结合起来，才能体现新闻的价值。

4. 协调公共关系，正确引导舆情

大型赛事新闻发布会摘要的对话内容，有助于被访者通过新闻发布，向受众传达专业的、权威的信息，这样既帮助受众了解赛事资讯，又维护了赛事组织形象。通常情况下，体育报道的目的有三：一是为无法去现场或在电视上观看过赛事的读者提供一种身临其境的体验；二是为已经去现场或在电视上观看过赛事的读者提供一个重温赛事的机会；三是将受众感受与专家看法进行分析比较，正确引导舆情，协调公共关系。① 大型赛事新闻发布会摘要能正式、全面地发挥这种功能，实现赛事新闻报道的目的。

三、大型赛事新闻发布会的采访法则

随着新闻发布制度的不断完善，新闻发布会逐渐成为信息传播的主要渠道，而问答阶段是新闻发布会最吸引人、最具挑战性的环节。为了提高新闻发布会的高效性，记者应注意以下采访法则：

1. 准备充分

记者要想在新闻发布会上有所得，就必须在会前做好充分准备，即"有备而来"。表面上看，记者在新闻发布会上常常可以随心所欲地提问，但实际上这是记者经过丰富的历练形成的。一名优秀的记者不仅要弄清楚新闻报道所需要的各种要素，还要对采访事项有相当的背景知识。美国内华达大学的拉鲁吉尔兰德教授提出了一个关于提问准备的公式：G－O－S－S，即目标（goal）、障碍（obstacle）、解决（solution）、开始（start）。② 具体来说，它包括三个方面：第一，有的放矢，了解背景；第二，研究对象，因人而异；第三，真诚敬业，坚持不懈。

2. 把握技巧

新闻发布会上的提问是记者综合能力的展示，是采访水平的反映。记者要想使新闻发布会上的收获有质量、有效果，就必须通过学习、思考和积累，掌握一

① ［英］菲尔·安德鲁斯. 体育新闻：从入门到精通. 周黎明译. 北京：中国人民大学出版社，2010. 51～52.

② 杜骏飞，胡翼青. 深度报道原理. 北京：新华出版社，2001. 109～112.

定的技巧和方法。具体应做到：第一，开门见山，目标明确；第二，逻辑严密，内容具体；第三，表述简洁，语义明确；第四，自主追踪，情景假设。

3. 注重礼仪

成功的新闻发布会得力于精彩的提问，而精彩的提问能够帮助发言人更加全面地发布信息，帮助记者更加明确地传播信息，帮助公众更加清晰地理解信息。[①] 因此，记者要将职业精神和职业道德结合起来，注重新闻礼仪。具体表现在：第一，真诚友好，避免偏激冲突；第二，文明庄重，避免人身攻击；第三，合理分配，避免敷衍搪塞。在采访当中倾听对方的讲话是收集信息的最佳方式，当记者提出的尖锐问题遇到被访者的反问或是挑衅性的回答时，记者应当保持礼貌和克制，以此来控制局面。

四、大型赛事新闻发布会摘要的采写原则

1. 善于追问，挖掘赛事新闻的价值

由于采访重大赛事的记者人数众多，新闻发布会往往变成了一件司空见惯的事情，记者可能觉得长达 1 个小时的新闻发布会对他的报道没什么帮助，但如果某一句话突然触发了灵感，记者就可以迅速地捕捉到新闻点，从而作出很好的报道来。其实，新闻发布会上是能获得有价值的东西的。许多时候，赛事组织者会邀请双方教练、主力队员来回答记者的提问。

在新闻发布会上，记者可以问一些常规性的问题，比如"球队会采用什么样的防守阵型"、"队员的状态如何"等。通过这些提问，记者可以了解一些比赛的背景信息。如果有机会对教练或队员进行个人采访，记者就可以问一些更具体、更详细的问题。

记者要从被采访对象的谈话中挖掘具有新闻价值的内容。如果有模棱两可的内容，一定要争取当场与被采访对象沟通，或通过其他被采访者予以确认，确保所获得的信息是准确无误的。由于在新闻发布会上记者提问的范围及被访者是否愿意回答都在可控范围之内，所以这种场合在某种程度上有利于被访者，因为他们可以回避一些棘手的问题。

记者在新闻发布会上一定要遵守两条规则：不要胆怯、不要贪心。如果某个记者的提问令人难堪，那他就很有可能没有再次提问的机会了。如果某位记者提问太多的话，那他就有可能引起被采访者和其他记者的反感。

2. 观察细节，增加报道的生动性

参加新闻发布会不仅要用耳朵去倾听，还要用眼睛去观察。被访者的表情、

---

① 张成林. 新闻发布会的提问艺术. 传媒观察，2013（2）：55～57.

动作、手势、衣着、配饰、文身等这些细节，经文字的描述都能使新闻发布会摘要极富人情味，从而增加报道的生动性。比如，新闻发布会是在一间狭小的休息室还是在体育馆旁的一个宽敞的音乐厅里举行？被采访的教练、队员是衣冠楚楚还是穿着随便？被采访者的态度怎么样？他们对记者的态度是否随着发布会的进行而变得带有敌意？如果是的话，原因何在？新闻记者米切尔和布莱尔·钱尼提倡记者采用"全方位的视角"去观察，让报道更生动，"生动的目的是让读者能有身临其境之感，让他们能感觉到记者听到的、看到的、闻到的、触摸到的、品尝到的，甚至呼吸到的东西"①。

3. 释疑解惑，与广电媒介融合互补

报纸新闻与广电新闻的目标不同，广电媒介的采访主要关注的是被访者的个性特征，而报纸媒介记者则更喜欢通过收集背景信息来写作，很好地运用被访者简短、生动的言辞，使新闻发布会摘要更有生气。报纸媒介要想在赛事报道中超越广电媒介，就需要挖掘电视画面里没有强调或没有涉及的内容，就赛场上所发生的重要事情向受众分析解释，最好有运动员、体育专家的分析帮助，从而促进赛事与受众的互动，增强赛事传播效果。所以，赛事新闻发布会摘要是解惑释疑的阵地，既能增加赛事报道的权威性，又能促使报纸与广电媒介融合互补，齐头并进。

4. 快捷准确，注重赛事新闻的时效

大型赛事新闻发布会摘要的内容应紧扣赛事，采用问答形式，以直接引语为主，并做到及时快捷、准确无误。由于新闻发布会摘要是发布会问答的主要内容，因此稿件篇幅比即时引语长，但是记者在采写时要注意时效，篇幅过长会影响稿件的编发速度。

在新闻发布会的会场内，新闻服务记者和注册媒体享有同等的采访权利。新闻服务记者可以聆听、录音和做笔录，在不妨碍注册记者优先提问的前提下也可以进行提问。场馆记者在新闻发布会现场记录完主要内容后，应立即返回场馆的媒体办公室，根据事先拟定的模块编写摘要内容，经场馆媒体经理审阅后尽快发至主新闻中心编辑部，以供进一步编辑和签发。

根据国际惯例，新闻发布会摘要应该在新闻发布会结束后 25~30 分钟内签发并上传至 INFO 信息系统。同时，在大型赛事报道中，新闻服务记者应事先了解参加新闻发布会的运动员、教练或领队使用何种语言，并向新闻发布厅主管提出英文和中文之外的语言服务需求。如果新闻发布会的参加者使用中文，新闻服

---

① ［美］布鲁斯·加里森，马克·塞伯加克. 体育新闻报道. 郝勤等译. 北京：华夏出版社，2002. 84.

务记者除了使用中文以外，还必须用英文编写稿件。①

揭秘大满贯发布会烦琐流程　看球员赛场外的性格侧面

　　李娜在本届法网提前出局之后爆出的"三跪九拜"论，出现在赛后新闻发布会上。从图片与视频中，读者们也许未必想象得到大满贯举行新闻发布会的场景。网球项目高度的职业化，赛后发布会是一个重要的体现环节。无论输赢，球员都必须出席赛后发布会，直到媒体结束提问，他们才能离场。记者在法网现场采访发现，大牌球星们往往展现出与赛场上不尽相同的一面，有的人风趣搞怪，有的人风度翩翩，也有人像李娜一样"难以亲近"……

　　大牌标签

　　李娜：

　　回答问题不耐心，对国内记者也不客气，还闹出了"三跪九拜"事件。

　　费德勒：

　　绅士风度，幽默感欠缺一点，总是无条件地赞美赛事组织和场地的优越，老好人。

　　纳达尔：

　　还没长大的孩子，经常自己说着说着就乐了，让记者莫名其妙。有时候会抨击赛事组织不利。

　　莎拉波娃：

　　脾气出名的火爆，尤其不爱被问及感情等隐私问题。可她的新男友就遭了殃……

　　新闻发布厅的秘密

　　法网的新闻发布厅全部设在菲利普·夏蒂埃中心球场内的媒体中心，除了主厅，还有数个小型发布厅。罗兰·加洛斯是目前四大满贯的网球中心当中面积最小的，新闻发布厅也不例外。

　　在媒体中心的二层，左边是媒体工作间，来自全球的通讯社以及平面媒体均在内忙碌着。"×的赛后发布会将×时×分在×号发布厅进行。"每天的比赛一开始，媒体工作间内就不时响起以上法语和英语的重复广播。有时候，运动员因故推迟到达，广播就会再次响起，通知媒体更改之后的发布会时间。

　　广播信息从每天开赛的上午 11 时到比赛结束都高速运转。只要有媒体预约

　　①　第 16 届亚洲运动会组织委员会. 亚运会媒体运行：广州亚运会媒体运行志愿者专业培训教材. 广州：暨南大学出版社，2009.90～91.

的参赛的球员在赛后都会被硬性要求举行新闻发布会。坐镇服务台的是两位女工作人员，她们的任务就是通过广播通知每个发布会的时间和地点，记者们也会到服务台咨询采访事宜。ATP派出一名官员常驻服务台，除了掌握大局之外，他的任务还包括处理各大媒体的单对单采访申请。

单对单，即指如果记者足够大牌，是可以提出单独采访费德勒、纳达尔又或者莎拉波娃的。除了全球头几号的通讯社、电视台以及媒体外，ATP的高层可能直接跟你说：对不起，您的申请恐怕难以获批。如果媒体提出"单对单"申请的是针对本国的球员，又或者球员的名气较小，这位高层首先要求记者填写一份采访申请，之后，他通过电话与球员直接沟通。是否愿意接受采访，还是要看球员本身。如果成功的话，工作人员会请媒体回到工作间耐心等待广播通知。"×杂志的××，请您马上前往媒体工作台，请您马上前往。"工作间里偶尔会听到急促的广播，这时候球员已经来到了，预约的记者却因为忙着其他采访而不知所终。

主发布厅只准"大牌"用

新闻发布厅大小不一，而不少比赛的结束时间相近，组委会是按照什么原则分配赛后新闻发布会的举行地点呢？答案只有一个：名气。男单、女单的大腕们，他（她）们的发布会永远在主发布厅举行，虽然面积仅在100平方米左右，但是最多时可以挤进上百名记者。主发布厅里有一个暗房，里面坐着同声传译员以及速记员。以纳达尔的发布会为例，记者们在听到广播通知后，至少需要提前5到10分钟到达发布厅内占座，文字记者坐在前排，而摄影与摄像记者必须站在发布厅的最后方。运动员进场之后，首先是英文提问环节，谁都有权提问。当采访进入母语环节，纳达尔将全程以西班牙语回答。在发布会结束之后，相熟的记者能凑上前去寒暄几句，但是要单独进行长时间的单对单采访是不被允许的。

对于低一级别的球员，媒体工作台的工作人员会根据参加发布会的媒体人数安排其他发布厅。这些发布厅的面积从50平方米到仅有10平方米不等，最小的甚至没有窗户。除了李娜，其余中国金花的赛后发布会都在小厅举行。郑洁曾经在面积不到10平方米的3号发布厅接受采访，主持人干脆也不进来了，她把记者们带到指定地点后便留守在发布厅之外。

莎娃火爆脾气不输李娜

夏蒂埃中心球场可谓法网的心脏地带，大腕们在红土上的一举一动都逃不过镜头的捕捉。出席发布会的时候，他们相对放松，经常流露出个性的一面。

李娜就不用说了，直性子的她因为一句"三跪九拜"而卷入了舆论的漩涡。纳达尔是法网中最受关注的男单选手，他在发布会上表情变化多端，偶尔还会扮鬼脸。他的笑点有些低，有时候自己说着说着就乐了，搞得在场的媒体一脸茫然。在涉险晋级次轮之后，有一位上了年纪的外国记者问道："第 2 盘实现逆转的抢七最后一个发球，当时你在想什么呢？会想到万一丢了分，就会以 0：2 落后吗？"纳达尔有些哭笑不得，他带着无奈的语气回应："在发最后一球的时候，给我的时间不是 20 分钟，我怎么有时间去想赛果呢？在那短短几秒里，我什么都没想啊，只希望把那一球打好。"纳达尔有时就像一个被宠坏的孩子，他曾经在发布会上炮轰法网的赛场安排不够人性化以及有欠公允，而费德勒则为组委会说尽好话。

莎拉波娃的发布会总是人满为患，最近她的新恋情浮出水面，在焦点之战还没有到来之前，外界对她的关注焦点还是集中在感情方面。但是，直到挺进女单 16 强，莎娃开过的发布会也有 4 趟了，却没有任何一名记者在发布会上向她提出关于感情的问题。原来，这是因为莎娃脾气的火爆程度不输李娜，她尤其反感回答这方面的隐私问题，西方男记者也不好得罪这位网坛美女。但这并不代表媒体会放过同样参加法网的莎娃新男友迪米特洛夫。由于莎娃的比赛同时进行，迪米特洛夫在发布会一结束，就赶到场内为女友加油。

费德勒的风度与温文尔雅从球场一直延续到发布会上，他总是耐心地听完每一个提问，略经思考才开始回答。他的答案并不是大腕中最幽默的，却能在平实的语言中体现出他的真诚。不过，当说到两个女儿的时候，费德勒的脸上马上浮现出慈父的微笑："她们目前还不是很理解，只知道我一直在打网球，不断地比赛和训练。她们肯定觉得我是一个疯狂的网球老爸，疑惑我去做什么了。"另外，德约科维奇风趣地说自己通晓多国语言、小威温婉地透露学习绘画的细节，这些都是在发布会上爆的料。

（大洋网—广州日报，2013 年 6 月 3 日，杨敏）

【赛事筹备】周晓云——组委会新闻宣传部副部长，徐济成——媒体运行总指挥

9 月 8 日，第九届全国少数民族传统体育运动会组委会在贵州饭店国际会议中心的主媒体中心举行新闻发布会，中共贵州省委宣传部副部长、组委会新闻宣传部副部长周晓云宣布，运动会主媒体中心正式启用；新华社高级记者、本届民族运动会媒体运行总指挥徐济成介绍了 INFO 系统的作用、好处和使用情况。

周晓云——中共贵州省委宣传部副部长、组委会新闻宣传部副部长

关于媒体中心的筹建：

"本届运动会的主媒体中心和场馆媒体中心的规划按照方便记者工作、生活的国际惯例进行设计。主媒体中心设在贵州饭店国际会议中心一层，划分有主服务台、媒体工作间、新闻发布厅、主街、商业服务区等区域。其中，作为一个展示少数民族文化的窗口，主街设立了贵州民族特色商品和民族运动会纪念品专卖柜台。"

关于本届民族运动会媒体服务与往届的不同：

"本届民族运动会坚持做好为媒体服务，首次聘请了曾在奥运会、亚运会等大型赛事中承担过媒体服务的专家，组建了本届运动会媒体服务团队。INFO 系统也会为记者提供优质、全面的信息服务。"

关于中央电视台对运动会的支持：

"中央电视台对火炬传递点火仪式进行了采访报道，分别在央视《新闻联播》、体育频道和新闻频道播出新闻。央视体育频道记者到贵州采制详细介绍各类民族体育和运动会竞赛项目的系列专题片。本届运动会开幕式由中央电视台体育频道、中文国际频道、军事农业频道和贵州电视台直播。中央电视台还将在运动会期间，连续 7 天每天为运动会提供时长为 1 小时左右的赛事播出平台。对于民族大联欢活动，央视将进行新闻连线采访和录制精彩节目集锦。央视综合频道《中华民族》栏目还将在运动会期间播出《多彩贵州·神奇之旅》系列节目，专题介绍本届运动会和贵州民族文化、民族风情。"

关于前期宣传报道：

"目前，已经有近30 家中央新闻媒体和贵州省内媒体对本届运动会进行了集中采访报道。我部还与新华网、腾讯网合作，发挥网络互动交流功能。"

徐济成——新华社高级记者、本届民族运动会媒体运行总指挥

关于 INFO 系统的作用、好处和使用情况：

"INFO 系统是在 1996 年亚特兰大奥运会开始使用的，是记者到达主新闻中心后的第一需要。它是英文 Information 的简称，是一个包含赛事信息、赛事背景和赛事运行信息的信息系统。它能够帮助记者高效、简洁地获取信息，帮助记者在短时间内了解到所有赛事的状况，给记者的采访留下全画面，它是'记者的信息素材超市'。"

（新闻服务，2011 年 9 月 8 日，彭希义、彭娜娜、薛寿元）

思考与练习题：

1. 什么是即时引语？如何获得和运用即时引语？
2. 比较大型体育赛事前瞻与赛事回顾报道的差异。
3. 赛事前瞻的报道法则是什么？如何培养赛事前瞻的写作素养？
4. 赛事回顾的报道法则是什么？如何培养赛事回顾的写作素养？
5. 新闻发布会和新闻发布会摘要各指什么？
6. 谈谈大型赛事新闻发布会摘要的作用。
7. 以某一大型赛事为例，写一份赛事前瞻。
8. 以某一大型赛事为例，写一份赛事回顾。

第七章　大型赛事新闻服务体例（二）

【内容提要】本章共分三节。本章承接第六章继续介绍大型体育赛事新闻服务体例，包括媒体通告、扩展型出场名单和颁奖嘉宾名单、官方新闻和赞助商新闻等，着重分析界定各自的概念、体例特点及写作格式，指导赛事新闻写作。

第一节　媒体通告

一、通告的含义

通告是行政公文的主要文种之一。《国家行政机关公文处理办法》把通告的功能定义为：适用于公布社会各有关方面应当遵守或者周知的事项。它是国家机关、社会团体、企事业单位使用较为广泛的告知性公文。[①]

通告用于宣布一般性事项，有别于公告宣布重大事项。

通告只在国内一定范围内公布，有别于公告向国内外公布。

通告可以由各级机关、人民团体、企事业单位发布，有别于公告只由级别较高的机关单位发布。

一般来说，通告可分为周知类通告、办理类通告和制约类通告。

二、大型赛事媒体通告

媒体通告是与媒体报道工作有关的重要信息，如新闻发布会日程、班车时刻表、VMCs 开放和关闭时间的变更，以及其他重要通知等。媒体通告服务的对象是各注册媒体工作人员。[②]

大型赛事媒体通告是指在大型赛事期间，赛事组委会告知各注册媒体记者有

---

① 朱悦雄，罗烈杰，杨桐. 公文写作教程. 广州：广东高等教育出版社，2004. 121.

② 第 16 届亚洲运动会组织委员会. 亚运会媒体运行：广州亚运会媒体运行志愿者专业培训教材. 广州：暨南大学出版社，2009. 82.

关赛事信息，赛事安排，时间变更，场馆媒体工作间的设置，新闻发布会的日程，记者的注册、住宿、交通、饮食等事项。媒体记者可以通过媒体通告、新闻发布会、媒体包等渠道迅速了解信息，合理安排工作和休息，很好地完成赛事报道任务。大型赛事媒体通告的服务对象是大赛报道的注册记者。

三、大型赛事媒体通告的特点

1．约束性

媒体通告常用来颁布赛事条例和各种事务安排，媒体工作人员应该遵守、执行。

2．周知性

媒体通告要求各媒体注册人员普遍知晓，以便他们了解赛事相关事项安排，共同维护赛事秩序，及时完成报道任务，构建和谐氛围。

3．务实性

大型赛事媒体通告内容直接，指向明确、清楚，务实性比较突出。

4．服务性

大型赛事媒体通告及时、快捷地告知媒体记者相关的赛事信息、新闻发布会安排、交通住宿资讯等，服务性非常突出。

四、大型赛事媒体通告的写作格式

标题＋电头＋导语＋正文（事项）＋落款（署名、署时）

五、大型赛事媒体通告写作的注意事项

1．通告目的交代清楚

媒体通告的目的往往是发布通告的原因和根据。

2．通告事项明确具体

媒体通告的事项是指大型赛事中各媒体记者须知和应当遵守的内容。

3．通告语言准确简明，分条列项表述

媒体通告是面对大众的，应简洁明了，叙述清楚，通俗易懂，便于掌握。

4．在职权范围内

大型赛事管理部门多，发布媒体通告一定要在权限内，切忌越级越权。

CBA 2011—2012 赛季开幕式暨揭幕战媒体通告

一、开幕式时间和地点

时间：2011 年 11 月 19 日 19：00

地点：佛山市岭南明珠体育馆

二、揭幕战时间和地点

时间：2011 年 11 月 19 日 19：30

地点：佛山市岭南明珠体育馆

对阵双方：佛山友诚金融队 VS 山东黄金队

三、媒体住宿

1. 采访开幕式暨揭幕战的记者，可自行入住位于佛山市金腾明珠大酒店或佛山市银濠假日酒店。

2. 金腾明珠大酒店距岭南明珠体育馆约 50 米，住宿价格在每晚 130～200 元之间，酒店设有有线上网端口。联系电话：0757 – 82363535

3. 银濠假日酒店是四星级酒店，位于佛山市南海大道中，距岭南明珠体育馆约 2.3 公里，打车约 10 分钟。联系电话：4007 – 7777 – 777

四、媒体自驾车线路

1. 2011 年 11 月 19 日当天，自驾前往岭南明珠体育馆的记者，请提前与佛山龙狮篮球俱乐部联系，领取媒体专用车证，可将车辆停放在媒体专用车位。

2. 因媒体专用车位数量有限，故采用"先到先得"的原则发放媒体专用车证。

3. 11 月 19 日当天，岭南明珠体育馆将只开放东门和西门作为车辆入口。其中，东门距离媒体入口最近，建议自驾车记者由东门进入，按照指示牌指引到达媒体停车位。

4. 11 月 19 日当天，预计岭南明珠体育馆周边交通压力较大，且当天佛山地区有可能会下大到暴雨，为避免交通拥堵，建议至少在开幕式前两小时抵达岭南明珠体育馆。

联系人：卢×（电话号码）

五、记者入场

开幕式暨揭幕战记者报名工作已经截止。

从 2011 年 11 月 19 日 17 点开始，佛山龙狮篮球俱乐部将在佛山市岭南明珠体育馆 1 号门和 2 号门之间的媒体入口恭迎各位记者光临。届时，请您出示您的证件（本人的全国证或主场证），领取开幕式专用标签贴纸，然后将标签贴纸粘贴在您的证件上，方可入场。

六、混合区采访

经中国篮协批准，佛山龙狮篮球俱乐部将在所有 16 场主场比赛上设置混合采访区。混合区位于带桌记者看台下方。

七、媒体运行

1. 参照中国篮协的最新规定，结合大型体育赛事的国际标准，岭南明珠体育馆设有媒体自驾车停车场、媒体服务台、媒体工作间、记者看台席、混合采访区、新闻发布厅、媒体休息区等设施。

2. 媒体工作间设有有线和无线网络。无线网络接入的用户名和密码，请咨询媒体工作间的工作人员和志愿者。

3. 媒体工作间外设有媒体休息区，供应简易食品、茶点和咖啡。

4. 记者看台席分带桌席和无桌席两种，带桌席提供电源接口以及有线和无线网络；无桌席有无线网络覆盖。届时座椅上将贴有媒体单位标签，请按照所示标签入座。

八、媒体运行工作联系人

1. 媒体关系与新闻采访联络：方×（电话号码）

2. 主场证件和开幕式专用标签贴纸发放：卢×（电话号码）

3. 媒体住宿、餐饮：卢×（电话号码）

4. 媒体运行设施与服务协调：张×（电话号码）

（中国篮球协会官方网站，2011 年 11 月 17 日）

第九届民族运动会开创性、高规格的新闻服务

采访第九届全国少数民族传统体育运动会的媒体会发现，本届运动会的组委会向媒体提供了民族运动会历史上前所未有的高规格的新闻服务。

组委会除了向注册媒体提供注册、餐饮、住宿、交通和医疗服务外，还在民族运动会历史上第一次按照奥运会模式，向注册媒体提供高规格、高标准的新闻服务。

按照奥运会模式筹备和实施的第九届民族运动会新闻服务，就是运动会组委会的"官方通讯社"，为注册媒体提供运动会背景信息、赛时新闻等多种类型的信息，协助媒体完成对运动会全面、深入的报道。

曾经采访过北京奥运会、广州亚运会和深圳大运会的媒体，会在本届民族运动会上发现很多熟悉的东西，比如：

INFO 系统

INFO 信息系统是第九届民族运动会官方信息的网络发布平台，它提供关于运动会的综合信息，内容包括运动会概况、赛程、赛果、运动员简历、赛时新闻、日程等。INFO 系统提供的信息内容丰富、实用、可靠，具有权威性。

INFO 系统定于 2011 年 9 月 7 日启用，并正式向注册媒体开放。

注册媒体可在位于主媒体中心或分场馆媒体中心的媒体工作间获取 INFO 系统网址，使用自己的笔记本电脑或媒体工作间配备的公用台式电脑，通过无线网络或有线端口访问 INFO 信息系统，查询和获取所需资料。

INFO 是一个半公开的网络系统，使用范围仅限于主媒体中心和分场馆媒体中心。

新闻服务

新闻服务的稿件用清晰、简练的中文撰写，内容客观、中立，不受外界影响。稿件种类包括：

1. 赛前信息

在运动会筹备期间，新闻服务团队搜集整理了丰富、翔实的运动会背景信息，内容包括运动会概况、各民族介绍、历届民族运动会简介、参赛运动员和马匹的简历、历史成绩、运动会项目设置、比赛和表演场馆介绍、竞赛和表演项目的赛制与规则等。注册媒体可在 INFO 系统的"背景信息"和"参赛选手"栏目中发现这些信息。

2. 赛时新闻

赛时，新闻服务将参考通讯社的模式及服务标准，第一时间为 INFO 用户提供多种类型的新闻稿件，包括即时引语、新闻发布会摘要、赛事前瞻、事实与数据、媒体通告、每日精彩引语、新闻发布会日程、颁奖嘉宾名单、综合新闻、民族体育之花、组委会新闻等，这些新闻稿件被分门别类地发布到 INFO 系统上。

赛事新闻以及时更新的方式发布，旨在帮助注册媒体随时掌握运动会的最新进展，不断丰富其文字和摄影报道。

3. 新闻服务团队

参考通讯社的运行模式，新闻服务团队由位于主媒体中心的总部团队（管理和编辑团队）及分布在竞赛和表演场馆的报道团队组成。

新闻服务团队的成员包括经验丰富的媒体从业人员，曾参与北京奥运会、广州亚运会和深圳大运会媒体运行和新闻服务筹备与实施，具备专业知识、技能和经验的专家，以及专业志愿者。团队力求提供一流、实用、可靠的服务。

（第九届全国少数民族传统体育运动会官方网站，2011 年 9 月 5 日，周欣、袁慧）

大运村开村仪式采访通知

大运村将于 8 月 6 日下午 5：30 举行开村暨中国代表团欢迎仪式。该仪式系此次大运会的重要活动之一，欢迎广大媒体朋友前往采访。相关事项通知如下：

一、请于 8 月 5 日下午 5：30 前填好"大运村采访申请表"并传真至 89648731 或发送邮件至 mediadesk@126.com。

二、由于仪式现场空间有限，报名额度限制在 100 人，采取先到先得的原则。

三、我们在确认您申请成功的同时，将提供乘车提示。

四、大运村内外均未设社会车辆停车场，请勿自驾前往。

五、记者在现场媒体区内采访拍摄期间，请服从工作人员指引，勿随意走动。

六、近台拍摄位置优先保证负责提供公共信号的官方通讯社、官方摄影队及持权转播商保留。

附件：大运村采访申请表

大运村新闻媒体部
2011 年 8 月 4 日

第二节　扩展型出场名单和颁奖嘉宾名单

扩展型出场名单和颁奖嘉宾名单都是为大型赛事赛场上的解说员、主持人提供的。当然，作为赛事新闻服务的团队成员，也必须了解这些信息，并用体例形式把这些信息列出来，供注册记者使用。

一、扩展型出场名单

1. 含义

重要赛事（如决赛）的参赛选手含简历信息在内的基本信息，主要供持权转播商作现场解说时使用。

扩展型出场名单是在大型赛事的决赛阶段提供的，内容主要是决赛选手的详细信息，包括简历、成绩、数据等，服务对象是持权转播商现场解说员。

2．写作格式

标题＋电头＋导语＋正文＋落款

3．写作注意事项

（1）对象只涉运动队及运动员。

（2）格式完备。

（3）信息内容真实、详细、明确（姓名＋成绩＋数据）。

2012—2013 CBA 中国职业篮球赛广东宏远队参赛队员名单

号 码	姓 名	位 置	身 高	体 重	生 日
5	李原宇	中 锋	206cm/6 尺 9 寸	115kg/253 磅	1991 年 6 月 14 日
10	刘晓宇	组织后卫	190cm/6 尺 3 寸	70kg／154 磅	1989 年 3 月 14 日
20	任骏飞	大前锋	203cm/6 尺 8 寸	95kg／209 磅	1990 年 2 月 14 日
12	苏 伟	中 锋	212cm/6 尺 11 寸	120kg／264 磅	1989 年 7 月 28 日
30	史鸿飞	组织后卫	180cm/5 尺 11 寸	65kg／143 磅	1993 年 1 月 1 日
7	王仕鹏	得分后卫	196cm/6 尺 5 寸	85kg／187 磅	1983 年 4 月 6 日
22	王 征	中 锋	216cm/7 尺 1 寸	115kg／253 磅	1990 年 2 月 8 日
3	詹姆斯·辛格尔顿	大前锋	205cm/6 尺 9 寸	103kg／227 磅	1981 年 7 月 20 日
8	朱芳雨	小前锋	201cm/6 尺 7 寸	100kg／220 磅	1983 年 1 月 5 日
11	周 鹏	小前锋	206cm/6 尺 9 寸	80kg／176 磅	1989 年 10 月 11 日
0	阿隆·布鲁克斯	组织后卫	183cm/6 尺	73kg／161 磅	1985 年 1 月 14 日
6	陈江华	组织后卫	188cm/6 尺 2 寸	70kg／154 磅	1989 年 3 月 12 日
32	董瀚麟	大前锋	207cm/6 尺 9 寸	95kg／209 磅	1991 年 2 月 15 日

二、颁奖嘉宾名单

1．含义

由外联部提供，决赛开始前半小时录入，包括颁发奖牌的嘉宾名单、职务等背景信息。

颁奖嘉宾名单是在大型赛事的决赛阶段提供的，内容是颁发奖牌的嘉宾信息，包括姓名、职务等，确保准确无误、真实清楚。服务对象是赛后颁奖活动的主持人。

2．写作格式

标题＋电头＋导语＋正文＋落款

3．写作注意事项

（1）尽管颁奖嘉宾的内容简短，但格式必须齐全。

（2）颁奖嘉宾信息必须真实明确（姓名＋职位/成绩）。

百年澳网颁奖嘉宾确定　老冠军为新科状元加冕

据澳大利亚媒体 26 日报道，澳网组委会已经决定由前澳网冠军肯·罗斯沃尔和玛格丽特·考特担任本届男女单打冠军的颁奖嘉宾。

组委会此前曾考虑让罗德·拉沃尔为男单冠军颁奖，但这位曾两次包揽四大满贯冠军的传奇巨星因为妻子生病，需要留在家里照顾妻子，组委会最终安排 4 届澳网男单冠军罗斯沃尔作为男单冠军的颁奖嘉宾。

作为澳网历史上最年轻和最年长的男单冠军，罗斯沃尔在 18 岁零 2 个月时（1953 年）首次夺得澳网男单冠军，而最后一次是在他 37 岁时（1972 年）。已经 70 岁的罗斯沃尔在获悉这一消息后很激动，但年事已高的他不无担忧地表示，他担心自己在本月 30 日颁奖时会把奖杯给摔坏。

考特曾 11 次夺得澳网女单冠军，其中曾在 1960 年至 1966 年 7 次蝉联，如果再加上女双和混双冠军，她共夺得 23 个澳网冠军，这个纪录看来永远不可能被打破。她将在本月 29 日把冠军奖杯颁给新一届女单冠军。

（《中国体育报》，2005 年 1 月 27 日，王世让）

澳网男单颁奖嘉宾确定　罗德·拉沃尔督战纳德决

北京时间 1 月 29 日消息，2012 赛季澳大利亚网球公开赛今日将进行压轴大战男单决赛的争夺，组委会提前确定了本场决赛的颁奖嘉宾——11 届大满贯冠军得主、澳洲传奇球星罗德·拉沃尔将在本场比赛之后将冠军奖杯交给今年的冠军得主。

在昨天的女单决赛中，组委会邀请到了瑞士公主辛吉斯来作为颁奖嘉宾，她的出现在球迷中也引起了不小的轰动，而今日男单决赛的颁奖嘉宾同样是一位重量级的人物，那就是澳洲传奇球星罗德·拉沃尔。

罗德·拉沃尔是澳洲历史上最出色的网球选手,他曾连续七年占据世界第一的宝座,是网球历史上唯一一个在一年中两次拿到全满贯的选手,也是公开赛时代以来唯一一位在一年中包揽全部四大满贯的选手,在他的职业生涯中一共有11个大满贯冠军入账,与比约博格并列历史第四位。如今澳网的中心球场正是以他的名字命名的。

如果纳达尔今日夺冠的话,他的大满贯冠军数量将追平罗德·拉沃尔,今日组委会邀请这位传奇球星作为颁奖嘉宾,相信对于两位选手来说都是一种不小的激励。

(腾讯体育,2012 年 1 月 29 日,禁区灵狐)

第三节 官方新闻和赞助商新闻

我们知道,大型体育赛事是一个环环相扣的链条,先后依次由赛事资源、媒体资源、广告与赞助资源、受众资源四个环节构成。所以,与大型赛事相关的官方新闻以及赞助商新闻报道,是赛事成功运营、赛事效益最大化的重要保证。

一、官方新闻

大型赛事的官方新闻主要包括赛事体育官员新闻和组委会新闻。与一般的新闻报道一样,大型赛事的官方新闻报道必须及时、具体、明确,以便于受众了解政策、规划、赛制、赛程、进度等。

奥运会的官方新闻主要是指组委会、IOC、NOCs、IFs 等主要部门的新闻和信息。

写作格式:标题 + 电头 + 导语 + 正文 + 结束语 + 署名。

广州亚运珠江畔启航 国际奥委会主席罗格出席

第 16 届亚洲运动会 12 日晚在流光溢彩的珠江海心沙岛畔扬帆启航,45 艘巡游彩船载着阿富汗、巴林等 45 个国家和地区的代表团依次亮相。在"海上丝绸之路"的起点广州,亚洲体育大家庭以绵延千年的航行方式再度实现大团圆。中国国务院总理温家宝出席开幕式并宣布亚运会开幕。专程前来参加开幕式的国际奥委会主席罗格与亚奥理事会主席艾哈迈德亲王以及泰国总理阿披实、巴基斯坦总统扎尔达里等出现在主席台上。

本届亚运会共设 42 个竞赛项目，包括 28 个奥运项目和 14 个非奥运项目，体育舞蹈、龙舟、轮滑、围棋、象棋、板球等 6 个项目首度现身亚运赛场。在未来的 15 天时间里，9 704 名运动员将向 476 枚金牌发起冲击，规模创亚运历史的新纪录。

20 年后再度成为亚运东道主的中国派出了历史上规模最大的亚运体育代表团，977 名运动员中不乏刘翔、林丹等世界顶尖高手，他们将在 41 个大项、447 个小项上捍卫自身荣誉。自 1982 年新德里亚运会以来，中国军团已连续七届高居金牌榜首席，并于 1990 年在北京亚运会上创下独揽 183 枚金牌的骄人纪录。

香港派出由 395 人组成的庞大亚运代表团，将参与 34 个大项、43 个小项的角逐，自行车选手黄金宝、张敬伟及“乒乓孖宝”李静和高礼泽等名将是港人再创佳绩的重要保障。在 4 年前的多哈亚运会上，香港以 6 金 12 银 10 铜的成绩列奖牌榜第 15 位。

澳门此次派出由 245 人组成的亚运代表团，将参加田径、羽毛球、保龄球、龙舟和武术等 19 个大项的比赛。其中，武术和龙舟是澳门传统运动项目，有夺牌实力。在多哈亚运会上，澳门的战绩为 1 银 6 铜。

中华台北体育代表团由 560 人组成，其中 397 名运动员将参加 32 个项目的比赛。他们在棒球、跆拳道、软式网球、女子网球、射箭等项目上实力不俗，有争夺奖牌甚至金牌的机会。在多哈亚运会上，中华台北体育代表团以 9 金 10 银 27 铜的成绩列奖牌榜第 10 位。

当晚的亚运会开幕式以珠江为舞台、以城市为背景，揭开国际大型体育赛事开幕式空间设计的新篇章，中国古人“幕天席地，天人合一”的审美理想在海心沙岛得以充分展现。

组委会提供的资料显示，开幕式文艺表演《启航》以“水”为主题，节目分为序曲、上篇《大地之水》和《海洋之舟》、中篇《白云之帆》、下篇《花城之邀》三个篇章。郎朗、章子怡、容祖儿、陶喆、金贤重等亚洲演艺明星在珠江小岛上先后亮相，奥运“鸟巢”、世博中国馆、“小蛮腰”广州塔等建筑形象穿插其间。整场演出展现出东道主期待通过水与亚洲四方相连、和谐共处的美好愿景。

（中国新闻网，2010 年 11 月 12 日，沈晨）

新华社报道团入住北京奥运会媒体村

作为北京奥运会的东道主通讯社和国家奥林匹克摄影队，新华社报道团注册记者有284人，在全球文字媒体中人数居第三位。

北京奥运会媒体村于25日正式开村，新华社报道团当天上午入住媒体村的绿色家园、汇园公寓和新闻酒店。新华社是第一个入住汇园公寓的媒体，也是绿色家园开村后接待的最大团队。绿色家园媒体村运行团队主任赵津芳向首批入住的新华社等媒体代表赠送了象征着开启"服务之门"、"友谊之门"和"希望之门"的金钥匙。

新华社报道团是新华社历史上规模最大的奥运会报道团，包含文字、摄影、网络、音视频记者和编辑以及技术人员，绝大多数的人员有报道奥运会、亚运会等国内外综合性运动会的经验。他们中有英文、法文、西文、德文、俄文、阿文、日文、韩文和意大利文等多语种记者。

新华社此次将履行国家通讯社和奥运会东道主通讯社的职责，对奥运会进行全方位、多角度的立体式报道，包括国家领导人在奥运会期间参加的重要活动，国际奥委会、国际单项体育组织和北京奥组委的会议、活动和新闻发布会，各参赛代表团的动态新闻，所有302枚金牌的产生过程，开闭幕式、奥运会以及中国队第一块金牌诞生、刘翔决赛等重要节点的重点报道，以及对突发事件进行快讯报道和跟踪报道等。对于大多数金牌产生项目，将运用快讯、简讯、消息、人物、赛后教练和队员评论、特写、评论以及各种场景、各个时段的图片等予以及时、充分报道。文字报道将设立"奥运特稿"、"权威发布"、"全天综合"、"奥运时评"、"奥运观察"等二十多个栏目，图片报道将设立"图文合璧"、"我心中华"、"哈哈镜"、"每日精品"等栏目，音频报道将设立"家乡热线"、"赛事综述"、"奥运进行时"等栏目报道奥运会的盛况。

新华社前方发稿中心位于奥运会主新闻中心二楼，面积有600多平方米。此外，在京内37个奥运场馆设有现场发稿终端。

（北京奥运会东道主通讯社官方网站，2008年7月25日）

二、赞助商新闻

大型体育赛事赞助商新闻是指赛事赞助商关心赛事、支持赛事的新闻，因为赞助商和组委会会签订合同，可适当介绍其品牌、产品、价值、贡献等，鼓励赞助商的参与精神。这是一种双赢的模式，也是大型赛事产业化的渠道，能促进大型赛事的良好发展。

　　写作格式：标题＋导语＋正文＋结束语＋落款。

微软成为北京奥运会赞助商　将提供软件解决方案

　　昨天，微软（中国）有限公司正式成为第 29 届奥运会供应商，同时也是第 58 家奥运会赞助商。微软（中国）将分别为北京奥组委 4 个赛事管理系统（运动会管理系统、信息发布系统、现场记分系统和企业级搜索系统）和 3 个管理信息系统（办公邮件系统、系统监控平台和桌面及补丁管理系统）提供软件解决方案。

　　　　　　　　　　　　　　　　　（《北京商报》，2007 年 6 月 29 日，刘旭）

北京奥运会落幕　赞助商自认投资物有所值

　　北京奥运会的赞助商对这 16 天的盛会进行了数以亿美元计的投资，他们现在认为这些大手笔的投资是物有所值的，因为奥运会帮助他们成功开辟了中国市场。

　　赞助商的投资历来是奥运会收入的重要组成部分，例如在 2001—2004 年间，赞助商的投资约占奥运总收入的三分之一。而在本届奥运会上，赞助商们不光关注奥运会，还对其主办国中国给予了同样的重视。

　　初步调查显示，中国消费者对奥运赞助商的认知程度大大提高，他们更愿意购买那些赞助北京奥运会的公司的产品。

　　"这是一个巨大的成功，尤其是因为没有什么明显的负面消息。"三星电子的体育营销总监权桂贤说。三星电子是奥运会 12 家全球赞助商之一，这 12 家公司平均每家为北京奥运会和都灵冬奥会提供了 7 200 万美元的赞助。

　　"这吸引了全球的注意力，真是太不可思议了，世界各地的收视率达到了创纪录的高峰，运动员也创造了历史。"Visa 公司全球赞助部门负责人林奇说。Visa 公司也是奥运会 12 家全球赞助商之一。

　　随着中国运动员夺下一枚枚奥运金牌，像可口可乐和麦当劳这样的全球赞助商将其奥运营销攻势与中国人的爱国热情相融合，以进一步开拓这个拥有 13 亿人口的庞大市场。

　　赞助商们不仅使尽浑身解数吸引消费者，还借此机会与可列入其全球最重要客户的中国政府和中国国有企业建立良好关系。例如，全球最大的矿业公司必和必拓并不持有消费者品牌，但他们需要与最大的客户——中国建立良好关系。

可口可乐公司的奥运赞助合同将一直延续到2020年。该公司称，每届奥运会都会给其带来短期的销量上升，但公司更看重在中国市场的长远发展。

据央视索福瑞媒介研究公司自2006年以来的调查，可口可乐公司已超越本土公司伊利，成为营销成效最高的奥运赞助商。伊利公司是大约30家中国本土赞助商之一。调查结果显示，70%的中国消费者表示愿意购买奥运赞助商的产品。

尽管把赞助奥运会获得的收益进行量化并不容易，但因国际奥委会和北京奥组委全力打击埋伏式营销行为，所有的赞助商都倍感宽慰。

三星电子表示，公司有一套自己的系统可以测量出奥运会为三星品牌带来的具体收益。权桂贤说："我们对赞助北京奥运会有着非常清晰的目标，我们希望三星在中国的品牌知名度能提高10%。"

同时，也有市场专家认为，赞助商应审慎考虑投资的收益情况，并确保奥运会与其品牌的相关程度。

柯达和联想这两家全球赞助商已经宣布，他们将不会赞助2012年的伦敦奥运会，因为他们想把营销火力集中在其他地方。强生和宏利这两家全球赞助商尚未决定是否继续赞助奥运会。

Premier Management Group公司的体育经纪人摩根史腾称，尽管赞助商很难衡量奥运带来的收益，但如果品牌与奥运会相符，奥运会的吸引力仍是不可阻挡的。

"伦敦？谁不想去伦敦？总有人想和漂亮的单身女孩约会，奥运会就是那个漂亮的单身女孩。"

（《工人日报》，2008年8月27日）

广州亚运会诚邀赞助商

亚组委今年下半年公布首批赞助企业和吉祥物

广州诚邀海内外企业参与2010年广州亚运会市场开发！昨日，广州亚组委召开新闻发布会，宣布正式启动2010年广州亚运会市场开发计划，包括赞助计划、特许经营、票务和社会捐赠等多种形式，将由曾代理釜山和多哈亚运会的日本电通公司与广州亚组委共同进行。

赞助商分三个层次

"大型体育赛事走市场化道路是目前的趋势。"广州亚组委有关负责人表示,广州亚运会启动市场开发后,除了将扩大亚运会的品牌和影响外,还可以筹集到更多资金;同时,也可以为企业和品牌搭建展示形象的平台。

据透露,赞助商销售分为三个层次:高级合作伙伴、合作伙伴和赞助商(包括供应商、服务商)。亚组委将在今年下半年公布第一批赞助企业,并将在下半年吉祥物公布之际,推出第一批亚运特许产品。

据悉,目前已有十多个行业的30多家企业主动与亚组委接洽赞助事宜,有关企业可登录广州亚组委官方网站或联系亚组委市场开发部了解相关信息。

五种方式回报赞助商

"亚组委将向赞助商提供最优质的服务和回报,并切实保护赞助商权益。"有关负责人表示,关于赞助的价格和回报,亚组委将参照近几届亚运会的标准,并将结合广州的实际。

赞助商的回报目前已确认的有五种:一是可以使用"广州亚运会合作伙伴"、"广州亚运会赞助商"称号;二是可以获得亚运会各种徽志以及亚组委的使用权;三是亚运会电视广告、户外广告的特许经营权;四是火炬传递等文化体育活动的优先选择权;五是可以优先参与和亚运会相关的赞助商论坛和俱乐部活动。

纪念品供应多于上届

据悉,根据亚奥理事会的指定,广州亚运会的代理商是日本电通公司。该公司代表昨日在发布会上透露,目前正在与广州亚组委协商,将在近期确定开发计划。

对于广州亚运会的市场开发程度及纪念品的供应数量,该公司代表称目前尚未有一个确定数,"但可以肯定的是,数量将比多哈亚运会有所增加,增加的数量将在与亚组委协商之后根据广州的具体情况而定"。

据悉,以往的亚运会都是由代理公司全权负责的,但考虑到具体情况,亚奥理事会已批准广州亚组委与电通公司共同负责亚运会的市场开发。

亚运捐赠热线近期公布

亚组委透露,目前已有许多热心的公众和企业询问捐赠事宜,亚组委决定在近期向社会公布捐赠热线。

对于捐赠的数量,有关负责人表示将不设限制,"我们在六运会时曾提倡每位市民为六运会捐出一块钱,这次也一样,希望市民能尽自己的能力为亚运做贡献!"

对于日前有媒体报道的广州将通过发行亚运债券的方式来筹集资金,有关负责人表示暂未考虑用这种方式来筹集资金。

（《羊城晚报》，2007 年 5 月 11 日，周乐瑞、陈家伦）

思考与练习题：

1. 大型赛事的媒体通告是指什么？有什么特点？
2. 如何写作大型体育赛事的媒体通告？
3. 大型赛事的扩展型出场名单是指什么？
4. 如何写作大型赛事的扩展型出场名单？
5. 如何写作大型赛事的颁奖嘉宾名单？
6. 如何写作大型赛事的官方新闻？
7. 如何写作大型赛事的赞助商新闻？

第八章　大型赛事新闻服务体例（三）

【内容提要】 本章共分四节，先介绍大型赛事综合新闻的两种类型，一是体育特写，二是体育评论。随着赛事的展开，综合赛事新闻报道由浅入深，帮助人们认识体育的本质，传播奥林匹克精神。具体的新闻体例有赛场花絮和精彩瞬间、人物侧记和人物专访、体育评论等，有助于赛事新闻写作。

第一节　大型赛事综合新闻概述

根据奥组委《IOC 媒体技术手册》，奥林匹克新闻服务体例除了之前介绍的即时引语、赛事前瞻与赛事回顾、大型赛事新闻发布会摘要、媒体通告、扩展型出场名单和颁奖嘉宾名单、官方新闻和赞助商新闻之外的新闻稿件，统称为综合新闻。综合新闻的内容跟随着比赛赛况而展开，由浅入深，由描述到分析，可以分为两类：一类是体育特写，描述精彩赛事，记叙赛场群英，挖掘赛事、运动员的背后故事，深受读者喜爱，能充分体现报道价值；一类是体育评论，是大型赛事的深度报道，帮助人们认识体育的本质、奥林匹克精神，以达到新闻正义。

一、体育特写的含义

"对于好的特写报道来说，真正用于写报道的时间非常少，记者也许几天甚至几个星期都在到处跑，拼命搜集细节、引言和事实。"[1]

体育特写是容量较大的一种体育报道形式，是体育报道的重要形式之一。它比消息丰富，比评论生动具体，比通讯快速及时，比花絮浓重深刻。如果说消息是体育报道中的快餐，特写可算是营养丰富的大餐。如果说消息擅长于表述事实的话，特写则更易于将事实放大、凝固，把某一个细节突出地展现出来。

尽管有的特写很长，但好的记者不会让读者感到厌倦。"他们使用朴素直接

---

① ［美］史蒂夫·威尔斯坦. 美联社体育新闻报道手册. 郑颖译. 北京：中央编译出版社，2004.117.

的语言刻画出鲜明、真实的形象。使用简单的名词和动词；比喻用得准确，恰到好处，颇有创意。他们的特写报道都是建立在对细节、客观事实、引言、思想、声音、气味、触觉甚至是味觉描写基础上的。"①

路易斯·亚历山大教授的表述稍有不同。他认为，特写还是从报道和写作着手，而最终是要告诉读者作者本人对本场比赛的看法与观点。"特写向读者提供的是某一赛事或某位个人在某方面的特点，而不是仅仅报道是谁或发生了什么事之类的具体事实。特写报道能让读者超越比赛本身而对其本质的东西有更深刻的理解。"

另外还有人认为，一篇好的特写，不管是否跟体育有关，其所侧重的都不应该是人们司空见惯的东西，而应该有独特的内容或视角。因此，在体育特写中，我们经常可以看到一些不同寻常的东西，比如令人捧腹或悲伤的事情。当然，平常的内容也可以成为特写的报道内容，但应该采用新颖有趣的写作方法。

二、体育特写的写作

对于许多体育记者来说，特写报道的写作是件很有乐趣的事情。这种报道之所以有趣，皆因记者有足够的写作空间且报道富有挑战性。体育特写报道在报道主题、报道重点、报道方式以及写作风格上有很大的自由度。

威廉姆·瑞维尔和谢利·斯莫尔金曾指出，特写与日常新闻报道的区别就在于，特写是为了吸引读者的兴趣而不仅仅是提供新闻事实。"为了搜集信息，特写记者会撒下大网，有时会使用在新闻记者看来有些琐碎的内容，特写报道注重于通过写作风格、优雅文字以及幽默感来向读者提供一种阅读体验，而不是以提供重要信息为主要目的。"

体育特写的主题是不寻常和非传统的主题，这使其不但在内容上更感性化，也可以加入作者个性化的东西；报道方式不必拘泥于一些约定俗成的新闻报道规范，这使其有更多的创造发挥空间。一篇好的特写会引起读者的强烈反响，因为这些"严肃或轻松，短暂或永恒，有趣或悲伤，高兴或难过"的报道会让读者产生共鸣，这样的报道也能使读者更多地从人文的角度来感受体育运动。

丹尼尔·威廉姆斯列出了构成好特写的四大要素：

（1）作者在写作风格、素材选择以及内容编排方面应该有创意。

（2）作者的报道应该有个性，也就是作者要有自己的观点并在报道中体现

---

① ［美］史蒂夫·威尔斯坦. 美联社体育新闻报道手册. 郑颖译. 北京：中央编译出版社，2004. 116.

出来。

（3）作者在进行特写报道时不应忽略其新闻性。也就是说，特写报道应该提供新闻信息。

（4）作者在注意以上三点的同时，还必须使文章更具娱情性。

和其他体育报道一样，特写也是长短不一的。好的特写可以只有一两段，也可以占据 10 个或 20 个报栏。有时一篇特写的长度会是常规报道的 2 ~ 3 倍，而刊登在杂志上的特写经常有数千字。

本顿·瑞恩·帕特森教授总结了做好特写报道的三条基本原则：

（1）报道中要有人物形象。

（2）讲述一个故事。

（3）让读者自己去听、去看、去感受。

孙杨 1 500 自战绩：两破世界纪录　世锦赛奥运会夺冠

男子 1 500 米自由泳一直是孙杨的主项，北京奥运会进决赛，罗马世锦赛拿奖牌，广州亚运会战胜朴泰桓，上海世锦赛破纪录夺冠，伦敦奥运会上他的各种突破几乎都是从这个项目开始的。

2008 年：北京奥运会进决赛

2008 年的北京，未满 17 周岁的孙杨第一次参加奥运会，男子 1 500 米无疑是他最有希望实现突破的。预赛，孙杨与突尼斯名将迈卢利同分在第四组，结果初生牛犊不怕虎的孙杨，完全不惧对手的光芒，仅仅落后迈卢利 0.5 秒获得小组第二而闯入决赛，游出的 14 分 48 秒 39 的成绩，也创造了新的亚洲纪录。

但是到了决赛，孙杨大赛经验不足的弱点完全暴露了出来，仅仅游出 15 分 05 秒 12 的成绩，排在 8 名决赛选手中的最后一位。虽然决赛发挥失常，但首次参加奥运会便闯入决赛，孙杨在北京的收获可谓不小。

2009 年：罗马世锦赛摘铜

2009 年的罗马，孙杨首次参加世锦赛男子 1 500 米自由泳的角逐，实力突飞猛进的他，顺利进入了决赛。当时人们都把目光对准了另一名中国选手张琳，因为他刚刚夺得男子 800 米自由泳冠军，势头正旺。但最终真正冲出去的却是孙杨，他以 14 分 46 秒 84 的成绩获得季军，首次拿到世锦赛的奖牌。

同年的全运会，孙杨夺得男子 1 500 米自由泳冠军，成绩为 14 分 54 秒 87，这枚金牌的获得，也证明了他在罗马击败张琳并非偶然。

2010 年：广州亚运会夺冠

2010 年的广州，孙杨称霸了国内之后，开始挑战亚洲王者朴泰桓。200 米、

400 米连续输给朴泰桓后，孙杨憋足了气，在 1 500 米自由泳上报了仇。最终他不负众望，以 14 分 35 秒 43 的成绩破亚洲纪录夺冠，这个成绩也是当年的世界最好成绩。赛后孙杨哭了，这一战标志着他成了世界顶尖好手。

2011 年：上海世锦赛摘金

2011 年的武汉全国冠军赛，孙杨状态爆棚，多项成绩都达到了世界领先水平，上海世锦赛他就是冲着金牌去的。800 米冠军、400 米亚军、接力季军，手握着 3 枚奖牌出战男子 1 500 米自由泳，孙杨完全没了压力，他在男子 1 500 米上根本找不到对手，最终以 14 分 34 秒 14 的成绩夺冠，并打破了世界纪录，成为那届比赛上最闪亮的明星之一。

2012 年：伦敦奥运会夺冠

2012 年孙杨已经成了中国炙手可热的体坛明星，伦敦奥运会上，孙杨连续获得 400 米冠军、200 米亚军、接力季军。和上海世锦赛一样，也是携着 1 金 1 银 1 铜的成绩，出战最后一天的男子 1 500 米自由泳。尽管在出发时出了一点点小故障，但孙杨完全没受此事影响，一直游在世界纪录的前边，最终以 14 分 31 秒 02 的成绩优势夺冠，并且再次打破世界纪录。

（搜狐体育，2012 年 8 月 5 日，大漠飞雨）

1 500 自孙杨破世界纪录夺第 2 金 4 枚奖牌完美收官

北京时间 8 月 5 日凌晨，2012 年伦敦奥运会游泳比赛在伦敦水上运动中心结束了男子 1 500 米自由泳决赛争夺。中国名将孙杨在经历了发令枪故障不慎提前入水的情况下，重新出发后依然表现强劲，最终以 14 分 31 秒 02 的成绩打破了由自己保持的世界纪录毫无悬念地夺得冠军，这也是中国代表团在本届奥运会夺得的第 24 枚金牌。

孙杨从而成为继叶诗文后又一位获得两枚奥运金牌的中国泳将，同时孙杨的夺冠也助中国游泳队在单届奥运会中所获得的金牌数（5 枚）和奖牌数（10 枚）全面超越 1992 年巴塞罗那奥运会（4 枚金牌、9 枚奖牌）时所创造的纪录，孙杨本届奥运会已经收获 2 金 1 银 1 铜共 4 枚奖牌，成为继李宁（1984 年 6 枚奖牌）后中国奥运史上单届夺牌数第二多的选手。加拿大选手科克伦和突尼斯名将迈卢利获得亚军和季军。

这是本届奥运会游泳比赛最后一个男子个人项目的决赛。去年上海世锦赛孙杨以 14 分 34 秒 14 的成绩打破了由澳大利亚游泳名将格兰特·哈克特保持 10 年之久的世界纪录，并且该项目前三好成绩中有两个是由孙杨创造的。预赛中孙杨也是以第一名的身份晋级，因此决赛身处第四泳道。卫冕冠军突尼斯名将迈卢利和上届奥运会季军加拿大选手科克伦分别在孙杨的两侧，韩国名将朴泰桓则位于第七泳道。孙杨的父母和朋友穿着一身红坐在看台上为孙杨助战。孙杨出场时继续戴着大耳机和泳镜，并且握拳振臂尽显霸气。

在裁判员喊了预备之后，发令枪迟迟不发，结果孙杨直接跃入水中。好在只是虚惊一场，孙杨稍作调整后重新站到了出发台。比赛开始后，朴泰桓稍稍领先，并且领先排名第二的孙杨0.38秒率先转身。在完成100米时孙杨便占据了领先位置，朴泰桓则退至第二位。随后孙杨一直游在前面，并且世界纪录的虚拟黄线明显一直被孙杨落在身后。在完成半程750米后，孙杨用时7分16秒15，科克伦和朴泰桓分列二、三位，但已经有了3秒以上的巨大差距。

在1 000米过后，孙杨领先科克伦的优势已经扩大到了4秒以上，领先世界纪录黄色虚拟线则有一个身位，朴泰桓则越游越慢名次不断下滑。最后100米，孙杨明显加速，看台上观众们也热血沸腾。最终，孙杨以14分31秒02的成绩打破了自己在2011年7月31日上海世锦赛中创造的14分34秒14的世界纪录夺得冠军。北京奥运会季军、上海世锦赛亚军加拿大选手科克伦落后孙杨多达8.61秒，以14分39秒63的成绩打破洲际纪录摘得银牌，卫冕冠军突尼斯的迈卢利以14分40秒31的成绩获得季军。韩国名将朴泰桓14分50秒61，落后孙杨19秒59获得第四名。孙杨夺冠后情不自禁地流下了激动的眼泪。

（搜狐体育，2012年8月5日，陶朗加）

体育特写报道的谋篇布局不容马虎。许多特写记者采用消息式的倒金字塔法，把重要信息放在开头。有些记者会按时间顺序来安排材料。也有记者采用悬念式的手法，到文章的最后才告诉读者结果。或许，他们是想给读者一点意外之喜吧。

不管用什么方法，特写报道都必须有创造性。记者可以充分利用语言特色、环境以及人物描写来实现这一目标。怎样才能创作出一篇好的特写？好的特写必须有清晰的主线、个性化的表达方式、相关信息和细节，还要有妙趣横生的语言文字、永恒的或时髦的话题、完整的叙述以及正确的语法和标点。

大型赛事的特写报道包括赛场花絮、精彩瞬间、人物侧记等。

第二节 赛场花絮和精彩瞬间

赛场花絮和精彩瞬间属于体育赛场上的赛事特写，侧重于事件。赛场花絮和精彩瞬间的报道能渲染赛事氛围，吸引广泛受众，传播赛事魅力。

一、赛场花絮

花絮是一种侧重于某一点并加以详细描写的报道形式。赛场花絮则是对赛场上、赛事中的某一关注点的报道，这种报道有助于烘托赛事报道的气氛，所以花絮也常被当作侧记，是短小的特写。

赛场花絮报道的特点是偶然性、真实性、有趣性。

花絮的写作没有固定的格式可言，它可以采用任何一种组织方式与导语类型。一篇优秀的赛场花絮报道是怎样的呢？在巡回赛中，花絮报道可以被用于描述在啦啦队比赛中获胜的啦啦队队长；在锦标赛中，其报道对象有可能是观看比赛的观众；在社区橄榄球赛中，也可能是以赛季中的球迷俱乐部经理为报道对象。①

艺术体操花絮二则

最大的"生日派对"

21 日，北京奥运会艺术体操个人全能资格赛第一天的比赛结束时，赛场上出现了令人意想不到的温馨一幕。扩音器里播音员突然宣布：今天是波兰选手安娜·米特罗什20 岁生日，让我们祝她生日快乐！随即，全场响起《生日快乐》的欢快音乐，赛场上方的液晶大屏幕上出现了鲜花和礼品盒图案。

在观众热烈的掌声中，志愿者向这位生日里拼搏在赛场上的波兰姑娘送上了一束美丽的鲜花。面对如此盛大的"生日派对"，惊喜万分的米特罗什手捧鲜花，挥手向观众频频致意。鲜花虽美，波兰姑娘的笑脸更美。

希腊选手追圈跑

艺术体操个人全能资格赛第二轮比赛中，希腊选手埃莱妮·安德里奥拉正在

---

① ［美］布鲁斯·加里森，马克·塞伯加克. 体育新闻报道. 郝勤等译. 北京：华夏出版社，2002. 139～140.

做圈操表演。高高抛起的圈从空中落下，原本要将圈踢起的她却因发力方向出现偏差，圈竟然一下被踢到了比赛毯子的边界外，一直向前滚个不停。安德里奥拉先是一愣，接着连忙追了出去。结果，她追了四五米才将圈再次拿到手中。由于出现了重大失误，坐在场边等待打分的安德里奥拉伤心地落下了眼泪，而全场观众则热情地为这位希腊姑娘鼓掌，给她鼓励。毕竟后面还有两轮比赛，发挥出水平就是自己最完美的表现。

（新华网，2008 年 8 月 22 日，陈宇、李鹏翔）

郎平现身亚运赛场　携小学生零距离看比赛

昔日排坛名宿、有着"铁榔头"称号的郎平于 11 月 16 日现身亚运会赛场。此次郎平不是以一名教练的身份出现在赛场，而是作为特邀嘉宾，带领来自全国 11 个省市的希望小学的优秀教师和学员们观看比赛。

郎平在坐台席上非常认真地观看比赛，偶尔会为小朋友讲解排球的打法和运动员的精神，当大力扣球和顽强拦网交替出现时，"铁榔头"按捺不住激动的心情，高声为运动员喝彩，小朋友也不像刚来时那么拘谨，和眼前这位和蔼的郎平阿姨快乐地交流起来，眼前这位高大的阿姨显然已经和孩子们打成一片了。她分享自己对于快乐运动的理解，并将快乐运动的理念传递给每一位参与此次活动的小朋友。参与到"乔丹亚运行"活动的小朋友对于能接触到郎平阿姨也是非常兴奋的，纷纷表示郎平阿姨对于体育的感受改变了自己对于体育的看法，这种快乐运动的精神也会让自己在今后的学习中取得更大的进步。

据悉，"乔丹亚运行"在 11 月 18 日将邀请郎平参与到另一个活动"乔丹运动营"中，"运动营"是由郎平作为教练在广州奥力体育馆对此行的孩子们进行排球指导，相信这些孩子们通过和排球的第一次亲密接触，会对快乐运动有更加深切的感受。

（中国新闻网，2010 年 11 月 17 日，沈晨）

罗兰·加洛斯，一场嘉年华
——"小鬼来当家"

烈日、暴雨、阴霾，什么样的天气都阻碍不了法国人观看比赛的热情。孩子们手捧签名网球在人群中欢笑穿梭，大人们则手持啤酒杯，边看大屏幕比赛边享受美食。间或，还能看到几个穿着考究的帅哥美女，手持香槟，矜持走过。那模样，让人恍惚以为自己置身在一场晚宴的现场。

曾周游四大满贯，采访各种国际比赛的同行对我的大惊小怪很不以为然。"这就算狂欢？那是因为你没去采访过足球！"据说，上周六欧冠决战之夜，5万多德国球迷涌入伦敦。有英国媒体戏称，德国人把伦敦市中心的酒吧"喝干"了。戏言之外，透露的都是轻松和快乐。同一天，法网公开赛组织者举行儿童日，近两万小球迷免费走进罗兰·加洛斯，他们走上红土场地，甚至和球星对打几拍，世界闻名的大满贯赛场，到处洋溢着欢乐。六一儿童节，提前到来。

孩童，是罗兰·加洛斯的观赛主力军。赛事组委会不仅针对携家带口人士推出家庭套票，还向学校赠送外场球票，组织学生统一观赛。一个个金发碧眼的洋娃娃在人群中捧着大号网球嬉笑打闹，成为红土大满贯的一道独特的风景。

在法国人眼中，孩子们从小浸淫在网球文化中，也是法兰西的气质养成之一。而陪孩子们打网球，则是父爱或母爱的表现方式。看门道，留给大人们去斟酌。凑热闹，小鬼们尤添人气。

（《新民晚报》，2013年5月30日，厉苈苈）

暴力！猛男火爆9砸球拍泄愤　亦曾自残致头破血流

北京时间6月4日消息，在昨晚进行的一场法网男单第四轮比赛中，35岁的老将哈斯以3：0淘汰尤兹尼。郁闷输球的俄罗斯人却在赛后意外走红——赛场上连砸九下球拍的表现令人震惊，成为网络热播视频，尤兹尼真算是男子网坛的性情中人了。

在22分钟输掉了首盘之后，29号种子在第二盘开始又是以0：3的大比分落后。两位球员径直走向休息区，当电视画面转到哈斯身上时，却传来了几声巨响。镜头一转来到尤兹尼这厢，俄罗斯人狠狠地把球拍砸向座椅，每一下都爆出巨大的响声，现场球迷也跟着起哄。看台上的尤兹尼教练团也是面露愁容，而此时的尤兹尼则是用毛巾包住自己的脑袋，低下头对自己怒吼了几声。回放镜头中，俄罗斯人一共狂砸九次，球拍也毫无意外地烂成一团。

赛后发布会自然也逃不过这个话题。"你之前有这样狠地砸过球拍吗？""有过，有几次。""你有把拍头砸掉过吗？""你知道，在这种情况下，你会用一切办法让你找回状态。我尝试了这个方法（砸球拍），但是并没有帮到我。""你觉得你的球拍制造商会让你继续使用球拍吗？""会啊，我已经用Head 20年了，这是很好的球拍，不是球拍的问题……只能说这支球拍运气不好而已。"全场比赛尤兹尼只保住了三个发球局，发球得分率还不到四成。

他的对手哈斯则是在 35 岁高龄闯入法网八强，前一轮比赛他曾经创下纪录，在四个半小时击败伊斯内尔的比赛中，他经过 13 个赛点才拿下了比赛。不过本场比赛德国老将轻松过关，三盘比赛一共只用了 84 分钟而已。

其实这已经不是尤兹尼第一次在场下出风头了，也就是在去年的法网，他仅仅拿下四局就脆败于费雷尔拍下，他在红土场上写下了"sorry"为自己的糟糕表现致歉。而在 2008 年，他曾经用球拍击打自己的脑袋，导致头部流血。虽然这样的真性情为他赢得了不少球迷，但是如他赛后所说，摔拍并未帮助他走出困境。看来这位莫斯科大学的哲学博士，还需要多磨炼如何掌控自己的情绪才好。

（新浪体育，2013 年 6 月 4 日）

二、精彩瞬间

大型赛事的精彩瞬间报道是一种侧重于赛事赛况描述的报道形式，重现赛事进程，突出赛况焦点，展示赛场精彩，散发体育魅力。

大型赛事精彩瞬间报道的特点是现场感、曲折性、故事性。

大型赛事精彩瞬间的写作法则：

（1）点面结合，突出重点。

（2）波澜壮阔，跌宕起伏。

（3）述评结合，深化主题。

（4）文采生动，引人入胜。

小德遭误判 + 高压好球触网被罚分　纳达尔秀胯下神技

北京时间 6 月 7 日消息，备受关注的法网男单半决赛——卫冕冠军纳达尔和世界第一德约科维奇之间的较量可谓白热化。最终经历五盘大战，纳达尔笑到最后。而这场超过 4 个半小时的鏖战中，争议判罚、两位选手均被罚分也令比赛戏剧性十足。

前两盘战成 1∶1，第三盘开始后，纳达尔率先保发。德约科维奇在随后自己的发球局以 30∶40 送出破发点，关键时刻，世界第一的回球压线。裁判入场查看之后，判定德约科维奇此球出界。但是电视镜头回放显示，球的边缘恰好压在线上，应该算是好球。受到误判影响，德约科维奇的心态出现明显的波动，此后连续丢分。在接下来的 13 分里，塞尔维亚人只拿到 1 分，纳达尔迅速将优势扩大到 5：0。

而在纳达尔的发球胜盘局，同样出现戏剧性的一幕，在以 40：0 拿到三个盘点后，西班牙人由于发球速度过慢，被裁判罚掉一分。现场的法国球迷也是嘘声一片。不过纳达尔还是以 6：1 赢得第三盘，总比分 2：1 占据主动。

第四盘，纳达尔发球胜赛局遭破发，德约科维奇后来居上抢七胜出，将比赛拖入决胜盘。体力开始不支的西班牙人在场面上显得很是被动，先遭遇破发。第 8 局 40 平时，场上又出现意外一幕。德约科维奇死死压制纳达尔反拍，西班牙人已经完全失位，塞尔维亚人上到网前，高压截击制胜，然而在击球之后，他的重心没有收稳，身体触到了网袋，有一个明显的前倾动作，被裁判判罚丢分（关于网球比赛中出现的触网，规定是除非这一分已经结束，否则身体的任何一部分触到网，就会被判失分）。纳达尔也是在第一时间指出对手的失误。现场球迷一度哗然。尽管德约科维奇挽救了这个破发点，可还是没拿下发球局。

精彩刺激的比赛让现场观战的球迷再次掀起了人浪。第 14 局德约科维奇以 40：15 领先，随后一个回合的较量引发球迷惊叹，世界第一放小球，纳达尔顽强防守，在对手击出过顶球后，西班牙人奔至底线附近，胯下挑高球，而镇守网前的德约科维奇准备不及，回球下网。

最终，随着德约科维奇在必保的这一局连丢四分，纳达尔得以赢得这场苦斗，晋级决赛。

（新浪体育，2013 年 6 月 8 日，Chen）

一箭定乾坤
——女子射箭决赛

冷冷的雨珠滴落在举起的弓箭上，弓似满月，箭如虹，雨水顺着长箭流下。此刻，手挽这把长弓的中国姑娘却站在风雨之中纹丝不动，她锐利的目光直视远处，仿佛已和手中的弓箭化成了一座希腊神话中射手座守护神的雕像……

8 月 14 日下午，北京奥运会射箭决赛场上空细雨绵绵，赛场内一片寂静，每一个人都静静地注视着比赛场地中心的这个红色身影——中国射箭队选手张娟娟。

10 环，这是几分钟前，韩国选手朴成贤最后一箭的成绩。

这位韩国女队的领军人物，在与张娟娟的比赛中表现得沉稳老练，决赛第一组比赛 3 个回合之后，就领先张娟娟 3 环。然而到第三组，张娟娟射出两个 10

环，她镇定自若的气势和出色的发挥给对手以无形的压力，朴成贤状态不稳，将优势拱手让出。

1 环，两人以这微小的差距进入最后的第四组比赛，第一箭，10 环对 10 环！第二箭，朴成贤 8 环，张娟娟 9 环；最后一箭，落后两环的朴成贤奋力一搏，全力发挥，10 环！赛场上的空气凝结了，射出 8 环就平分，而 9 环以上即可取胜，这一刻，所有人的目光都投向了缓步走上前的中国女射手张娟娟。

腕轻扣，弓震颤，箭疾飞。

9 环！随着记分牌上显示出成绩，110 比 109，张娟娟赢了！整个射击场沸腾了！

这最后一箭，张娟娟斩获了金牌，也打破了韩国选手在这个项目上对金牌长达 24 年之久的垄断。

（《解放军报》，2008 年 8 月 25 日，宋轩）

拳打一片天
——男子拳击 48 公斤级决赛

2 分 19 秒！闪电之战！邹市明再次改写了中国拳坛的历史。这是中国拳击在奥运会上获得的第一枚金牌。8 月 24 日下午 13：30，北京工人体育馆，2008 年北京奥运会男子拳击 48 公斤级决赛拉开战幕。中国选手邹市明迎战蒙古选手塞尔丹巴。

第一回合，双方在开局后都没有盲目出手，而是通过迅捷地移动步伐，进行短暂的相互试探。随后，邹市明在初步了解对手的进攻习惯后，率先打破僵局，利用直拳发起频频重击。在最后 10 秒时，邹市明凭借一记上勾拳得分。经过激烈的争夺，邹市明率先以 1：0 领先结束首轮回合的争夺。

第二回合，经过激烈的对抗后，邹市明利用重拳频频冲击对手。看着自己的选手由于伤病出现体力不支，塞尔丹巴的教练只得"抛毛巾认负"，让弟子走下擂台。就这样，不到两个回合，中国选手邹市明就闪电般结束了战斗，以 1：0 战胜对手夺冠。这场"闪电之战"标志着中国选手第一次登上了奥运会拳击项目的巅峰。邹市明也成为名副其实的世界拳坛 48 公斤级的王者。

邹市明是一个防守反击型的选手，他在比赛中善于抓住对手的漏洞，给对手以致命一击。但赛后邹市明在接受媒体采访时表示，这次夺冠给人感觉打得很轻松。"我没有想到。开始我认为这会是一场恶战，做了最坏的打算和最艰苦的准备，但是这个胜利来得太突然了。"邹市明高兴地说，"以前，不少人认为拳击是一项'西洋运动',能在这个欧美选手唱主角的项目上获得金牌,我感到无比自豪。"

(《解放军报》,2008 年 8 月 25 日,邢邦明)

第三节 人物侧记和人物专访

　　人物侧记和人物专访属于体育赛场上的人物特写。人物侧记和人物专访报道有助于受众更深入地了解运动员的拼搏、坚持、思想和情感,富有人情味,能拉近体育明星与受众的距离,使受众感受到体育明星的人格魅力。

一、人物侧记

　　侧记相当于花絮报道,它能让读者了解到比赛之外的一些有趣的事情。体育新闻版和其他版面一样,需在版面的不同位置配上侧记。

　　侧记常常被用来提供一些赛事报道中很难涵盖的信息,以此来扩大报道的范围。比如在冠军决赛中,常规的赛事报道是把比赛事实告诉给读者,而侧记则可以介绍胜队、负队、主队、一场意外的胜利、教练反应、球迷反应等内容。由于涉及范围很广,许多侧记都采用特定的报道方法来进行写作。

　　在很多情况下,人物侧记是一种人物素描型的报道方式。这类报道侧重于勾画个人,这些人由于在新闻事件中有某种突出表现或是别的什么原因引起了人们的关注。人物侧记被用来解释这些人有何特殊之处,并通过各种事例来展示他们的成功或失败、快乐或悲伤。人物侧记常常包括其他人对报道主角的看法,还有主人公的一些逸闻趣事。人物侧记通常由一些与当前新闻事件有关的新闻由头引出,如最近的一项活动或经历、某教练在执教生涯中首次获得冠军、某球员在联赛中比分遥遥领先、一位执法多年的裁判即将退休、一位明星球员受伤等。这些都可以成为很好的人物侧记题材。①

---

① [美]布鲁斯·加里森,马克·塞伯加克. 体育新闻报道. 郝勤等译. 北京:华夏出版社,2002. 141～145.

杨威誓夺个人全能冠军　奥运后才会考虑结婚

美国专业媒体《体育广播网》日前对奥运会体操进行的前瞻分析指出，杨威作为自 1926 年以来体操世锦赛上第一个男子全能卫冕冠军获得者，是北京奥运会该项目金牌最有实力的竞争者。而雅典奥运会后最终咬牙坚持下来的杨威也相信，北京是自己夺取奥运个人全能冠军的地方，而遗憾只会留给别人。

作为一名 28 岁"高龄"的体操老将，北京将是杨威第三次征战奥运会的疆场，也很可能是他竞技生涯最后的赛场。以往两届奥运会，杨威有着太多遗憾的记忆。尽管 2000 年悉尼奥运会，他随队首次夺得男团桂冠，但在个人全能比赛中，却不敌涅莫夫获得亚军。随后，无数次与金牌擦肩而过的他始终拿不到自己梦寐以求的个人全能世界冠军，落了个"千年老二"的称号。

2004 年雅典奥运会，大家都认为杨威到了收获的季节，但他却在单杠项目上出现了失误，最终只得到全能第 7 名。此后，伤病和年龄的问题让杨威一度萌生退意，但他最终还是咬牙坚持了下来。愈挫愈勇的杨威，一直刻苦训练。他也坦言自己"活得很累，精神非常压抑"，但也认为这是自己必须经历的阵痛。

随后，艰苦的坚持终于迎来了灿烂的辉煌。2006 年、2007 年两届体操世锦赛，杨威均以明显优势力挫群雄，夺得个人全能金牌，成为 81 年来首个卫冕男子全能冠军的选手。这已经是他获得的第 8 个世界冠军（包括奥运冠军），其中包括 5 个团体冠军和 3 个个人冠军。

杨威的特点是经验丰富，在吊环、跳马、双杠和鞍马等项目上都具备了世界顶尖的难度动作。在 2007 年的斯图加特世锦赛上，杨威前 5 项积分领先对手 3 分以上，使他在随后的单杠比赛中出现掉杠的失误下，仍然以明显的优势夺得了个人全能冠军。

但是，单杠是杨威的最弱项。他现在的单杠难度和稳定性均相对其他几项较弱。2004 年雅典奥运会，杨威在做"并腿反掏扣扭 360 度"时出现失误掉杠。2007 年世锦赛，他在单杠上做"正掏转体 360 度"时再次掉杠。因此，杨威要想在奥运会上实现个人全能冠军梦想，就必须克服单杠这个"短板"。

杨威在北京奥运会上的最大对手是美国队的雅典奥运会冠军哈姆。哈姆在两年半前因伤宣布退役，今年初又宣布复出，并在已参加的三次比赛中全部获胜，显示出良好的竞技状态。没有参加国内选拔赛就直接获得奥运参赛资格的哈姆也认为，杨威将是他在北京奥运会卫冕征途上最强劲的对手。

除了个人项目，作为主力队员，杨威也担负着男团比赛的重任。北京奥运会对于中国体操男团来说，就是要把在雅典奥运会上失去的那份荣誉重新夺回来。8 年后，中国队要重回男子体操的世界之巅。

对于大家关注的个人问题，杨威之前曾多次笑答，现在要全力备战，北京奥运会后再考虑。其女友杨云日前就表示，我们的最大梦想，就是奥运会夺得冠军后结婚。

（新华网，2008 年 7 月 25 日，李鹏翔）

有人情味的特写报道也可以是人物侧记。根据瑞维尔与斯莫尔金的观点，这类特写"应该能激发起读者的情感，让他们感受愤怒或快乐，唤醒他们内心的同情或厌恶"。这类报道不同于常规的特写，因为它们需要营造特别的氛围，需要多种元素来调动读者的情绪。读者对报道的主题必须有所了解。而报道的写作必须简单，无须复杂的谋篇布局。比如可以描写一位瘫痪球员与病痛的抗争，或是失去一位队友对其他球员的影响，或是球队为了获胜而进行的艰苦训练，或是某个社区组织为送一名有潜力的球员参赛而作出的共同努力等。如果能写出人情味来，这类报道将会成为体育版中人们最喜欢阅读的内容。

这类报道成功的关键是要有人文元素。它可以展示一系列人性的感受，如恐惧、愉悦、兴奋、失望、同情、悲伤、愤怒等，使读者产生共鸣。一篇成功的报道应包括以下几个方面：其一，讲述一段不同寻常的经历；其二，展示人们是如何应对一些人类所共有的问题的；其三，将报道重点放在人们广泛关注的现实问题上。①

多愁善感的莎拉波娃

27 日是莎拉波娃今年法网第一个比赛日，作为卫冕冠军，她迎战的对手是来自中华台北的谢淑薇。她的比赛是中央球场的第四场比赛，最早也会在下午 5 点才能开始，但她起了个大早，一个人到公园里放松心情。

"我知道这是漫长的一天，我一个人坐在公园里。想起去年这个时候，我坐在同一个地方，想起去年经历的很多事情，想到去年到过的很多地方。"在轻松击败对手后，她给记者谈到一些细腻的心事。

她想起职业生涯里的种种沉浮，以及人生中经历的人和事情。她说，想到最后，自己笑了。

"因为我突然想到，经历了这么多之后，我仍然在做同一件事情，仍然热爱

① ［美］布鲁斯·加里森、马克·塞伯加克. 体育新闻报道. 郝勤等译. 北京：华夏出版社，2002. 141～145.

网球。"她说。

"看起来确实有点不可思议，比赛日还会想这些。毕竟几个小时后，我就要踏上中心球场，面对数千观众比赛。但我还是看着公园里的游乐场，想到所有的这一切。这仍然让我感到很激动，尽管一年过去了，很多东西都发生了变化。"

自从 14 岁进入职业圈，莎拉波娃已经征战网坛 12 年。她 7 岁告别母亲，随父去美国打球，尝尽了人世间很多的困难，父亲为了供她打球，在美国同时打多份工。多年过去，她终于功成名就，去年法网夺冠后，她实现了在 4 个大满贯赛都夺冠的梦想。

为了准备法网和温网，她将连续在欧洲征战两个月，她说自己并不是那么想家，想家的时候，会通过手机用 SKYPE 与父亲语音或者视频。不过她想的往往不是父亲，而是宠物狗。

"我和它视频时，一叫它的名字，它的耳朵就会有反应，"莎拉波娃一边说，一边调皮地演示，"不过我只有在想小狗时，才会与父亲通话。父亲希望与我手机视频，因为那样比打电话便宜。"

莎拉波娃说，今年到巴黎，她参加了一些商业活动，也经历了很多新鲜的事情，但相比旅游观光，她更喜欢待在房间里睡觉。

"我不太想出去玩，我更惦记床和枕头。"

（新华网，2013 年 5 月 28 日，王子江、尚栩）

俄记者赞莎娃举止得体为体坛典范　对父母离婚无怨言

卫冕冠军莎拉波娃 6 日在这里击败三号种子阿扎伦卡进入法网决赛。在现场直播的电视镜头上签上了"谢谢你们"的英文。她说那是为了感谢所有的球迷。

有记者在赛后发布会上问："你在电视镜头上签上的'Thank you'中的'you（你们）'指的是谁？"莎娃回答说："哦，是球迷。今天球迷给了我巨大的支持。我写在镜头上，就是为了让所有球迷都能看到它。"

莎娃赛后的发布会吸引了数十名来自世界各地的记者。莎拉波娃先用英语详细回答了 20 多个记者的提问，之后十余个俄罗斯记者留下单独用俄语采访。面对同胞，她不时开怀大笑。

俄罗斯官方报纸《俄罗斯报》记者亚历山大·埃拉斯托夫发布会之后告诉新华社记者，莎拉波娃之所以笑，是因为有记者与她开玩笑说："如果你今天输了，我们就没有必要继续待在巴黎了，感谢你让我们留了下来。"莎娃笑着回答说："我很高兴帮了你们一个大忙。"

俄罗斯《体育快报》记者弗拉达斯·拉斯特斯卡斯则说："有些问题很'疯狂'。"但他没有透露疯狂问题的具体内容。

埃拉斯托夫有 20 多年采访网球的经验，他说，莎拉波娃面对俄罗斯记者和英语媒体的记者时，态度没有任何区别。她 7 岁就到了美国。刚出道时，俄语讲得并不好，但后来她意识到了这个问题，就多读一些俄语的书，听俄罗斯音乐，也特意交了说俄语的朋友。现在她俄语说得非常好。"因此她也非常高兴和俄罗斯记者对话，也总是表达作为一个俄罗斯人的自豪。"

埃拉斯托夫还说，莎拉波娃有着非常强的个性，这可能跟她更多跟着她父亲生活有关。但她同时也是一个"非常有礼貌，非常淑女，也非常有教养"的运动员。他说："她回答你问题的时候，总是看着你的眼睛。她从来不大声说话，堪称运动员的典范。"

他还说，莎娃的父母其实早就离婚，但她对父母都特别好，对任何一方都没有怨言。尽管住在美国，但她经常回俄罗斯看望祖辈。

法网组委会提供的材料显示，莎拉波娃在脸谱网站的粉丝达 880 万，是全世界脸谱网站上粉丝最多的女运动员。她现在还担任联合国发展署的友好形象大使。

（新华网，2013 年 6 月 7 日，王子江、尚栩）

二、人物专访

人物专访是消息的一种拓展与延伸，对新闻人物进行的专访报道，是赛事新闻的一种细化和深入。这种报道形式以作者与被采访人物的谈话为主，有机地穿插必要的背景材料和现场场景，以达到表现和深化主题的目的。

人物专访的传播效果，首先取决于所选人物的新闻价值。好的人物专访往往能使新闻艺术化，增强新闻的感染力，增加受众对事件或人物的认知度。

人物专访与消息的写作一样，也必须具备五大要素，但更侧重于"怎么样"和"为什么"。如果说写消息靠的是敏锐和快捷，那么人物专访则需要对新闻资源有更深厚的积累与沉淀。人物专访常常不是"访"出来的，而是一种有意或无意积累产生的能量效应。

大型赛事的新闻报道都离不开采访，采访是新闻报道中历史最为悠久的一种技巧，19 世纪初期的美国新闻界就采用了这种方式。尽管采访是一种老方法，但其具体的采访技巧却在不断地得到改进和提高。体育新闻记者主要通过采访来了解大部分赛事赛况：如赛后对教练和运动员的采访，为做特别报道而采访客队人员，采访有关负责人以了解他们对一些有争议的事件的看法，采访一些人并收集资料为下一步采访打基础等。采访可以通过面谈、打电话、发邮件等方式来进行。

人物专访是大型赛事的一种深化报道，它可以充实赛事新闻报道，释疑解惑，提高赛事的关注度。

如何做好人物专访？

第一，认真用心，深入到采访对象的心里，产生亲近感和信任感。

第二，搜集素材，积少成多，锲而不舍。

第三，诚信无价，尊重被采访者的意愿。

第四，真情换真知，产生震撼力。

这是一个好的开始——专访郎平

郎平正式执教不到一周即迎来首仗，结果中国女排以 3 场全胜、仅失 1 局的成绩夺得北仑国际女排精英赛冠军。19 日晚，全部比赛结束后，郎平接受了新华社记者的专访。她说，这是一个好的开始，但女排复兴之路漫漫。以下为专访实录。

记者：您如何评价这个冠军的意义？

郎平：这是一个好的起点。大家都清楚，拿了这个冠军不意味着什么，因为来的队伍要么不在最佳状态，要么不是最强阵容。当然，我们自己也不是最好的状态。队员们都能认认真真地按照教练组的意图去努力，这就是一个好的开始。大家都知道路还很长，还得严格要求，一步步来。

记者：赛前您说，不论比赛结果如何，只要正常发挥出水平，您就满意。三场比赛打下来，您还满意吗？

郎平：就中国女排现有水平来讲，还比较满意，毕竟大家在一起训练的时间很短。我希望队员的整体水平能通过比赛不断提高，就像今天我们的快攻比前两天就多了一些。我们从比赛中也看到许多问题，需要以后在训练中不断解决。几个年轻队员，像乔婷、沈静思，以前基本没打过国际比赛，但表现还不错。李静和刘晓彤天赋不错，也给了她们上场机会，但技术还不成熟，还需要提高。

记者：您带队训练已有一周多了，工作强度和节奏还适应吗？

郎平：感觉挺累的。不光说得多，好多事还得亲力亲为，因为希望把正确的球场意识、动作示范给她们，让她们慢慢去体会。我们不可能一上来就要求太高，因为她们达不到。不过，虽然能力不够，但队员们都在很认真地朝着那个方向努力。比如，她们的整场串联意识比之前就有进步。我刚接手时，她们一点这方面的意识都没有。

记者：您之前接受采访时曾表示，新女排队员的个人能力和想象中有一定差距。您能具体谈谈差距主要在哪些方面吗？

郎平：很多方面。每个人位置不同，所以欠缺的也不同，都需要今后在训练中不断强化。

记者：整体薄弱的环节在哪？

郎平：战术配合，比如不同情况下的反击该如何打，这还差得远着呐。

记者：队员们反映您在训练中抓得特别细。抓得细，是因为队员基本功方面差得太多，还是因为这是您一贯的执教风格？

郎平：必须这样。看到不对的地方，就想去纠正，这是当教练的责任。

记者：第一期中国女排的集训名单出现了好几位新人，尤其是二传位置上三名年轻球员入选，让不少人感到有些意外。您能介绍一下您的选才思路吗？

郎平：我看不到还有什么可挑的人了。有人说，天津队其实有两个二传不错。确实，她们手上（技术）和经验都不错，但她们的伤很重，练不了。要是能练，我一定会要她们。只要能练，就一定能提高。没有教练会傻到放着好队员不挑的。现在我们队里也有球员有伤病，我让她们一边练、一边治，一定要把伤治好。只要打球愿望比较强烈，且伤能恢复的话，我还是希望给她们机会。

记者：那下一步的计划？

郎平：根据不同的位置慢慢调整吧，全运会时还要再观察。

记者：什么时候能相对固定一套首发阵容？

郎平：这个没有时间表。很难说哪六个人就一直能打到三年后。这期间，变化可能会很大。从我之前带美国队的经验来看，在这几年里，随时可能有新人涌现。谁更适合这个位置，就选择谁。2008 年我带美国队时，6 月份才集中，而 5 月份名单还在变。当然，中国队与美国队的情况还有所不同。

记者：快速多变一直是中国女排的特长，但最近几年这一特点不突出了。您对这支中国女排的战术体系有什么构想？

郎平：快速多变需要有特别好的控球能力。一传不到位，快不起来；一传到位，二传不快，也快不起来；攻守转换不快，同样快不起来。快速多变，不是说说就能做到的，今后我们肯定会朝这个方向努力。

（新华网，2013 年 5 月 20 日，高鹏、方列）

莎娃：未来十年当妈妈很重要　没有朋友是网球运动员

　　近日，德国一家网站刊登了对本届法网女单卫冕冠军莎拉波娃的专访。在这一专访中，26 岁的俄罗斯人谈论了职业生涯的高光时刻以及此番征战法网的雄心大志，并且透露了如何看待家庭，直言成为母亲将是未来最重要的一件事情。

　　记者：去年你法网夺冠之后，实现了全满贯，历史上只有 10 名女球员达到这一目标，这对你来说有什么意义？

　　莎拉波娃：这是相当美妙的个人成就。尽管之前我的职业生涯中有很多成功的地方，却从来没有夺得过法网冠军，真的成功之后，那是一个有特别意义的时刻。

　　记者：2004 年你首次在温网夺冠时才 17 岁，在 25 岁夺得法网冠军时，之间曾有过一段很艰难的时刻，哪个大满贯你最满意呢？

　　莎拉波娃：我经常问自己"哪项大满贯赛事是最喜欢的"，怎么回答呢？赢得一次大满贯都很困难，如果你真的斩获冠军，就会渴望得到更多。法网冠军是个很伟大的冠军，因为我为此付出了艰苦的努力，而且当时根本都没人看好我。温网的特别之处在另一面，因为很多 17 岁的人都不可能经历这样的胜利。

　　记者：是什么让你继续训练并争取更多的胜利呢？

　　莎拉波娃：当你深知自己在某个擅长的地方做某些事情，而且你也经常让自己取得进步的话，那就会给你很强大的感觉。我登场比赛前都知道我是这项运动中最好的运动员之一，我也希望进一步提升自己。因为整个巡回赛是一场艰难的战斗，每个女孩都希望比别人更好，这鞭策着我，我也喜欢参加比赛时的感觉。

　　记者：未来十年你会做些什么呢？

　　莎拉波娃：我希望到时已结束网球生涯，成为一个母亲对我来说是相当重要的，我是一个真正忠于家庭的人。未来十年，成为母亲并拥有自己的家庭，我一定会为此感到高兴的。

　　记者：你的职业生涯总奖金已经到了 25 689 034 美元，你的金钱观是什么样的呢？

　　莎拉波娃：我的家庭从来没有见过这么多钱，所以我对每一元钱都很珍惜。即便现在立即退出网坛，我的余生也会有足够的钱花，但事实上，我仍然尊重赢得的每一分钱。

　　记者：你在巡回赛中有自己的朋友吗？

　　莎拉波娃：诚实地说，我并没有朋友是网球运动员，在球场上很难有朋友。我怎么能想象和一个第二天必须在场上击败的人共进晚餐呢？每一个球员对于我来说，首先她们就是必须打败的敌人。

　　　　　　　　　　　　　　　　　　（《成都商报》，2013 年 5 月 28 日，童绸）

第四节　体育评论

　　"对一个专栏作家来说，最重要的是要有一个有力量的观点做开头。专栏文章同新闻和特写不同，它需要表现一种强烈的热情或愤怒，它需要传递一种情感。专栏作家必须在各个领域保持领先——体育、新闻、电视、电影。他们看小说和非虚构类书籍。他们知道周围正在发生的事情并且对此加以评论。那么写一篇体育专栏文章需要多久？一生。"①

一、体育评论的含义

　　作为体育新闻的一个分支，体育评论的作用愈显重要。从国内各大媒体一段时间以来的报道可以看出，在体育评论的涉及面不断拓宽的同时，评论的深度和力度也较以往有了质的飞跃。

　　评论亦即议论文，包括论点、论据、论证。体育评论也一样，是对体育赛事热点话题的一种专注、辩证和深化。评论需要一个可以作为根据的由头。由头经常是一篇最近的包含着争议性话题的报道———一次失败的药检、一位教练发火了、某个体育项目的规则变化等，这些均可以为作者提供探讨问题的落脚点。体育评论是体育版的"政论"，也是体育解释性报道的延续。在臧否事物、激浊扬清的同时，也为读者释疑解惑。

　　体育评论具有针对性、时效性、倾向性、个性化等特点。

　　优秀的评论栏将体育专家的洞察力与专业撰稿人的写作风格结合起来。最优秀的体育新闻记者则能够以时尚、睿智、富有娱乐性和争议性的内容使文章生动起来。

　　人们阅读专栏的主要目的并不是获取信息，虽然优秀专栏可以为读者提供他们需要了解的全部信息以及在专栏中提出的争论。人们是为了获取专栏表达的观点以及专栏文章的品质和娱乐性价值。像其他任何特稿一样，一个有效的专栏需要自始至终地吸引并保持读者的注意力。最完美的专栏文章还要留给读者一种满足感。

　　体育评论具备的要素：

---

　　① ［美］史蒂夫·威尔斯坦. 美联社体育新闻报道手册. 郑颖译. 北京：中央编译出版社，2004. 58.

（1）找出一个由头；

（2）撰写一个引人关注的导语；

（3）一个对报道的扼要重述；

（4）给出必要的背景细节；

（5）必要的话进行比较；

（6）给出双方的论点；

（7）得出结论；

（8）验证结论；

（9）以睿智、幽默和时尚的写作风格进行撰写；

（10）要具有争议性；

（11）以一种令人满意的方式结尾。①

二、体育评论的分类

目前国内大众媒介上的各类体育评论可谓百花齐放，可以归纳为以下几种：

1. 赛事专栏评论

侧重于解释性报道，结合赛事中某个集中现象，告诉读者"是什么"、"怎么回事"、"会怎么样"。

2. 时段热点评析

相当于体育随笔，用漫画式的述评臧否某一热点人或事。

3. 体育新闻快评

快速反应，短小精悍，能在第一时间把评论者个人或编辑部的观点和看法传递给读者。

4. 众言堂式的体育评论专版

相当于一个辩论俱乐部，各抒己见，帮助球迷消化赛事新闻。

三、体育评论的写作

体育评论的写作涉及选题、立意、论证三个方面，具体可以分为以下几步：

1. 挖掘信息源——收集筛选素材

丁法章先生在他的《新闻评论学》中说："触及现实，是新闻评论的生命力所在。"言下之意，新闻评论就是要在最热的热点话题中寻找题材。

---

① ［英］菲尔·安德鲁斯. 体育新闻：从入门到精通. 周黎明译. 北京：中国人民大学出版社，2010. 101.

2. 发掘好的创意——新颖的、与众不同的观点

一篇好的评论，首先是一篇论点鲜明、导向正确的评论。去粗取精，去伪存真，由此及彼，由表及里，平凡中见伟大，化腐朽为神奇。

3. 正确的态度——权威性和可靠性

扎实的专业知识、娴熟的写作能力、严密的逻辑思维，以理服人。

4. 创造性的方法——不同的写作风格

经常变换写作方法、写作语言、写作风格等，让读者领略到多样性，避免模式化、程式化。

5. 保持贴近性——主体性和大众性

一位优秀的体育评论者应该时刻关注周围的热点话题，留心球迷的所思所爱所恨，越是读者关注的事件，越能引起共鸣。

6. 考虑影响力——责任感

体育评论时常会成为人们的谈资，产生令人惊奇的影响力，因此评论作家责任重大。有位记者说过："新闻作品不光是要有宣传、解释和鼓动的功能，还要进一步担起社会思辨和社会认识的功能。"体育评论的社会功能高于一般的体育新闻报道，因此，体育评论作家不仅要打好新闻基础、文学基础，还要具有哲学功底，才能高瞻远瞩，高屋建瓴，把握正确的舆论导向。

体育时评：郎平回归众望所归

离开中国女排帅位 15 年之久的郎平在 52 岁"高龄"参与新一届中国女排主教练竞聘，这是亿万球迷期盼的回归。经过伦敦奥运周期的动荡和飘摇，承载过光辉和荣耀的中国女排再次走到十字路口，作为老女排精神传承者之一的明星教头郎平的再度出山乃是众望所归。

曾经对中国女排帅位婉言相拒的郎平回心转意，这是一个出人意料而又在情理之中的决定。目睹中国女排在过去 4 年经历的曲折和伦敦奥运会无缘四强的黯然战绩，连球迷都扼腕叹息，像郎平、陈忠和这样曾经多年与中国女排同呼吸、共命运的圈中人心底怎会不起涟漪？执掌排管中心 16 年之久的徐利终于离任，带有很强的"一言堂"色彩的排管中心走马换将，也让中国排球在微妙中迎来契机。排管中心新任掌门潘志琛在这个恰当的时机抛出的橄榄枝拨动了郎导的心弦，这无疑是一步好棋。天命之年的郎平不缺名利，对中国女排难以割舍的挚爱是她复出的最大动力。与此同时，对于征服过一座座高山的郎平而言，作为主教练两次率队在奥运会上屈居亚军的经历或许仍在心头留有一丝遗憾。潜意识里对冠军的渴望，也许从未停歇。不仅如此，经过多年磨砺和在欧美的成功经历，郎

平的执教能力日臻成熟，恒大女排这个小小的舞台又岂能让她尽情展现？

此时此刻，郎平也是接任中国女排帅印的最佳人选。作为运动员和教练员的双重成功让她深孚众望，无论在圈内还是媒体、球迷中，她都有极强的号召力。经历了过去4年三度易帅的动荡，中国女排主教练的位置需要一位压得住阵脚、让各方有充分信心的重量级人物，放眼全国除了郎平只有陈忠和有这样的分量。与率领"黄金一代"夺得两连冠的功勋教头陈忠和相比，郎平的特别之处在于她丰富的经历和开阔的国际视野，而且最近几年她始终在一线执教。在陈忠和未参加竞聘的情况下，郎平的胜出几无悬念。

郎平回归中国女排这个中国排球中心舞台的意义，远不止提升国家队的战绩和率领球队走出低谷，更重要的在于凝聚人心。中国排球近年来的低迷，不仅在于国家队，也表现在市场、普及、受关注程度的滑坡和交流、学习氛围的缺失。郎平这样一位旗帜性人物的回归，是促进中国排球整体向好发展的重要"催化剂"。如果排管中心能够对郎平回归带来的人气善加利用，用中国女排带动中国男排、群众普及、后备人才、排球联赛等全方位的发展，中国排球有望"止跌回升"，重新迎来新的黄金发展期。

郎平的回归是媒体、球迷乃至国家体育总局层面乐见其成的好事，对于中国排球而言无疑是重大利好。然而，对于郎平本人而言，这个决定意味着不小的风险。与国内其他教练相比，郎平在过去多年的成功经历和积累让她拥有别人难以企及的"信用额度"，但这并不是一张可以无限透支的信用卡，带领中国女排重攀高峰也绝非易事。不仅如此，与排管中心的合作、跟恒大的合同以及她本人的身体状况和承受能力都存在一定的变数。因此，也就不难想象她在作出最后决定之前的犹豫和纠结。

能够有机会再次和那些年我们一起追过的郎平见证中国女排的奋斗，已经是一件最幸福的事情。无论她这次能走多远，相信绝大多数人都会送上真诚的敬意和祝福。

（新华网，2013年4月15日，王镜宇、徐征）

李娜再惹争议彰显个性还是职业素养低？

一句"只是输了一场比赛而已，难道还要让我对球迷三叩九拜跟他们道歉"让李娜再度成为争议的焦点。

对此，有人认为，这是李娜缺乏职业素养的表现，也有人认为，这是李娜率真个性的真实流露。

"李娜与传统中国运动员截然不同。"在美国《世界网球》资深记者约翰·马丁（John Martin）看来，与大多数中国球员的"程式化"不同，李娜的职业生涯无疑具有浓郁的个性色彩，特别是其"娜氏幽默"，每每语出惊人，令人印象深刻。

不过，或许是个性太过鲜明，李娜似乎与媒体的关系总是"针锋相对"。无论是输球，还是赢球，被李娜"呛"到似乎已经成为每位网球记者都需准备的"必要功课"。熟悉她的记者说，这是性格使然，大可一笑置之，但多数人还是会为此抱怨她的"大牌作风"。

"职业选手拥有自己的个性其实再正常不过。"约翰说，从当初的"坏小子"麦肯罗，到如今经常炮轰国际网联的西班牙天王纳达尔，甚至就连一向优雅的费德勒都会不时与记者开些玩笑，但这些无伤大雅的举动无碍球迷对他们的喜爱，因为球员也是人，正常的情绪表达无可厚非。

众所周知，网球项目具有极高的职业化程度，因而对于每位球员来说，不光要打好比赛，遵守职业化准则也是他们必须履行的义务之一，这其中就包括处理好与媒体、球迷的关系，保持健康良好的形象。

然而，令人遗憾的是，作为中国网球领军人物的李娜在这一环节上无疑有些"劣迹斑斑"。从2008年奥运会要求球迷"闭嘴"，到2011年中网对媒体的冷言冷语，再到2013年此番语出惊人，李娜似乎总在以她的"个性"挑战着公众的价值底线。

对于日前的表述，即便是已经拥有30余年报道经历的约翰也有些始料未及。说到这里，他不由得皱了皱眉："显然，这种说法无论对媒体，还是球迷都是一种伤害，而与个性无关。应该说，控制好自己的言行是每位球员必须具备的职业素养，而李娜的做法显然背道而驰。"

而长期关注李娜动态的日本《扣球》杂志记者赤松惠美子也说："对于她的心情我能理解，但是在当时的场合下说出这样的话肯定是不合适的。"

对于一个职业球员来说，个性不代表口无遮拦，也不代表能够忽视球迷的感受，更不代表可以缺乏对媒体的尊重。显然，李娜的做法与真正职业化还有很长一段距离。

对此，有球迷赛后一针见血地指出："职业化不是单纯拥有自己的团队，打出好的成绩就行，而应是从内到外、全方位的素质提升。"

不可否认，两年前登顶法网的经历让李娜从此背负了太多希望，以及过重的压力。就像教练卡洛斯在分析这场失利时所说："澳网进入决赛，一度看到进入世界前四的希望后，李娜便给了自己太多的无形压力。"

但是，作为一名职业球员，李娜却不应以此作为肆意"放炮"的理由，更不能将其与"个性"混为一谈。

（中新社，2013 年 6 月 1 日，王曦）

"异端"与宽容

一场法网的赛后新闻发布会，最终竟演变为大规模的舆论口水战，还是让人有点始料不及。

但主角是李娜，故事也就不会太显离奇。

经过精心准备，却在自己的福地莫名其妙地输了，而且连第二轮都未能通过，如果不是国际网联有选手必须参加赛后新闻发布会的规定，李娜或许连一个字儿都不会留给现场记者。

面对如同吃了"枪药"般对记者反唇相讥的李娜，很多人拿费德勒和莎拉波娃与之类比。费天王总是彬彬有礼，连竞技时都表现出绅士般的优雅，场上场下，他自然如同楷模一般受人尊敬。莎拉波娃漂亮大方，其公开场合端庄得体的举止，令其无愧为赞助商的宠儿和球迷眼中的女神。

不过，网球场从来都不会只有一类人受宠，也不会有什么主流与非主流之分。坏脾气的麦肯罗、我行我素的阿加西、爱搞怪的小德、总是花枝招展的大小威……他们同样把网坛装扮得五颜六色。当然，还有个性鲜明的中国金花李娜。

李娜发飙其实不算新闻，不管你选择理解还是不解、宽容抑或怒骂，她就是这样一个活生生的李娜。她可能永远也学不会费天王的儒雅风度，日后还会因言犯忌，但她就是那个你所知道的李娜——喜怒形于色，嘴巴无遮拦。

就像突如其来的失利过后，渴望挖出个中原因的现场记者一样，他们恐怕很难在第一时间像《杨澜访谈》或《鲁豫有约》那样，问出既能撩动心弦又让被采访者如沐春风的问题。这跟新闻道德没关系，跟阴谋或阳谋更沾不上边儿。

罗素说，须知参差多态乃是幸福本源。这个世界之所以有趣，就是因为不同的人在用不同的方式做事。

更何况即便优秀、机智、幽默如姚明，不照样还是有"姚蜜"与"姚黑"共同存在着。也正是因为有这样截然相反的存在，才使得姚明的存在愈发有趣。

而热议极具争议性的李娜，本就是件鲜活生动的事情。不管是渴望为其贴上毫无瑕疵的中国体坛楷模标签的人，还是希望她活得自我自在的人，都必须承认，因为李娜的出现，更多的中国人开始关注网球比赛，而世界网坛也开始对中国网球刮目相看。

这其实不是道德或者价值观的问题，不过是一个话不投机的特殊时刻——一群想挖到新闻素材的新闻工作者，恰好碰上了一个心情坏到极致又不善掩饰的输球者。如同电影里的某个桥段，戏剧冲突异常激烈，却又仅此而已。

输球的原因，还是留给李娜身后的职业团队去分析吧。至于李娜是否会出现在下届法网赛场上，答案明年此时自然会揭晓。而球迷或者媒体记者，当然也没必要像姜山那样对其爆脾气"忍气吞声"，想必李娜也没指望过这一点。

是用更开放的心态去包容一个异端，还是夹枪带棒、声色俱厉地呵斥其按照自己期望的方式存在，在每个个体作出自己选择的同时，别忘了李娜作为一个个体同样有选择的权利。

而有一点是可以肯定的，因为这场发布会的存在，今年法网还有了比赛之外的趣味。

（《中国青年报》，2013年6月2日，曹竞）

思考与练习题：

1. 什么是体育特写？什么是体育评论？二者有什么不同？
2. 理解赛事花絮的特点和写作方法。
3. 如何突出大型赛事的精彩瞬间？
4. 如何写作大型赛事的人物侧记？
5. 如何写好体育评论？请以某一体育赛事为例，写一篇体育评论。

第九章　大型赛事开闭幕式的媒体运行

开幕式和闭幕式是大型体育赛事最隆重的节典，聚焦了全世界的目光，是大型赛事跨界传播最重要的舞台。特别是奥运会的开幕式和闭幕式，全球的媒体纷至沓来，热闹非凡，争相报道，因此做好大型赛事开幕式和闭幕式的媒体运行尤为重要。

一、大型体育赛事的跨文化传播

改革开放以来，持续高增长的经济总量使中国的社会面貌发生了翻天覆地的变化。特别是 21 世纪以来，体育为广州这座城市"插上了腾飞的翅膀"之后，中国各级政府认识到，承办高水平的大型体育赛事，其意义远远超越了体育本身，对政治、经济、社会、文化的发展起着越来越显著的作用。于是，各大城市如北京、上海、广州、深圳、南京等纷纷以史无前例的热情和投入，接纳和筹划大型国际体育赛事，把体育作为城市的"名片"，通过国际体育赛事来提升城市的品位和形象。

北京奥运会、广州亚运会、深圳世界大学生运动会等大型国际体育赛事的成功举办，不仅诠释了奥林匹克运动的精神，更让世界看到了一个现代的、全面的、发展的中国，从而实现了大型体育赛事的跨文化传播。奥林匹克文化传播有利于文化整合，促进人类社会和谐发展，有利于促进奥林匹克文化的传承和东西方文化的交流；有利于公民教育，促进公民意识的养成；有利于以文化特色展示国家形象。[①]

二、北京奥运会开闭幕式的意义和作用

众所周知，现代奥林匹克运动会经过百年的发展，已经成为人类社会生活的重要组成部分。其中，浓缩奥林匹克文化的奥运会开闭幕式，以特有的文化理念、文化价值和文化遗产，成为奥林匹克运动的宝贵财富。北京奥运会向全世界展现了一届"有特色、高水平"和"无与伦比"的奥运会，实现了"两个奥运，

---

① 肖焕禹. 体育传播学. 北京：人民体育出版社，2011. 359 ~ 362.

同样精彩"的目标。其独特、震撼、令人耳目一新的开幕式，为本届奥运会的成功奠定了基调。下面以北京奥运会开幕式为例，来谈谈奥运会开闭幕式的意义和作用。

1. 开幕式是奥运会最重要的仪式，是受众面最为广泛、传播最为有效的环节

奥运会开闭幕式标志着一届奥运会的开始和结束。如北京奥运会的开幕式由两家国际转播商全球转播，一个是北京奥组委（BOCOG）和国际奥委会（IOC）共同成立的北京奥林匹克转播公司（BOB），向全球提供公共信号，估计全球几十亿人收看了北京奥运会开幕式；另一个是北京奥运会主转播商——美国国家广播公司（NBC），主要向其本土和美洲大陆进行转播。美国NBC在介绍北京奥运会开幕式之前专门制作并播放了一个片头，介绍中国的历史文化和风土人情。NBC的统计显示，约有7 000万美国人通过电视观看了北京奥运会开幕式。此次的转播力度、影响程度，远远超过以往的奥运会。国际主流媒体透过一系列镜头，通过奥运会来认识北京、了解中国。可见，奥运会开幕式对宣传展示主办国历史文化，对一个国家和民族所引起世界的关注和了解，以及对世界的影响起到了巨大作用。①

著名媒体普遍高度评价：开幕式让世界停转

经过了整整7年的等待，北京奥运会终于在2008年8月8日晚8点8分正式拉开了帷幕，气势恢宏的开幕仪式带领人们徜徉了上下五千年的华夏文明，同时也引来了国外媒体的好评如潮。

福克斯体育台的评价称：北京奥运会开幕式让整个世界都为之停转，所有人都在关注鸟巢体育场召开的盛大开幕仪式，数以千计的舞者、表演者和杂技演员身穿各色传统服装，尽情地表现出中华博大精深的文化内涵。长城和丝绸之旅的故事和中国武术交相辉映。

路透社则以"中国向世界敞开大门"为题报道了奥运会开幕盛典，评论中称烟火引爆了这场壮观的仪式，而在大型的卷宗上，由现代光影魔术和中国悠久历史一起幻化出美妙的内容，总共14 000名表演者诠释了本届奥运会"同一个世界，同一个梦想"的口号。

美联社和法新社对开幕式同样评价甚高，美联社记者大卫·克拉里发表的文

① 王宁. 北京奥运会开幕式的回顾与启示. 首都体育学院学报，2009（1）：1~5.

章认为"中国正大步走入奥林匹克的殿堂"。虽然是首次承办奥运会，但光是开幕式的华丽就足以让人为之倾倒。91 000 名现场观众观看了 30 000 支礼花绽放的烟火表演，而 2008 年 8 月 8 日下午 8 点 8 分这个由中国传统的幸运数字组成的时刻，也将永久留在回忆当中。

英国媒体评论北京奥运会开幕式：场面盛大壮观。

法新社的评论特别提及今天来到现场参加开幕式的堪称是高朋满座，除了 91 000 名现场观众之外，还包括美国总统布什、俄罗斯总理普京、法国总统萨科奇这样的大国首脑，而英国首相布朗将出席北京奥运会的闭幕仪式。

（腾讯体育，2008 年 8 月 8 日，GOO）

2. 开闭幕式是体现奥林匹克的理念、弘扬奥林匹克精神、推动奥林匹克运动的平台

奥林匹克运动倡导的理念有"更快、更高、更强"和"重在参与"等。根据国际奥委会"仪式手册"的要求，在开幕式上不管如何创新，一些重要元素必须不折不扣地完整体现，不能有任何更改。其中包括："五环"会徽的完整展示和体现，不能有任何修饰和变形；"五环"旗帜的展示，一定要有持旗入场的环节；要有体现"奥林匹克大家庭"概念的环节。在北京奥运会开幕式上，参加入场式的 13 000 多名运动员共同走过一段特制的画布，以不同颜色的脚印制作出一幅巨画，以体现奥林匹克大家庭的概念，使其成为世界上唯一不可复制的最大的行为艺术。曾经有人提倡简化开幕式，但是简化的结果势必弱化"重在参与"的精神。所以，通过完整的开闭幕式，我们可以真正了解奥林匹克的理念和精神，同时，完整的开闭幕式也保证了奥林匹克精神和传统可以一届一届地传承下去。

北京奥运会的三大理念：绿色奥运、科技奥运、人文奥运

绿色奥运——把环境保护作为奥运设施规划和建设的首要条件，制定严格的生态环境标准和系统的保障制度；广泛采用环保技术和手段，大规模多方位地推进环境治理、城乡绿化美化和环保产业发展；增强全社会的环保意识，鼓励公众自觉选择绿色消费，积极参与各项改善生态环境的活动，大幅度提高首都环境质量，建设宜居城市。

科技奥运——紧密结合国内外科技最新进展，集成全国科技创新成果，举办一届高科技含量的体育盛会；提高北京科技创新能力，推进高新技术成果的产业

化和在人民生活中的广泛应用，使北京奥运会成为展示新技术成果和创新实力的窗口。

人文奥运——传播现代奥林匹克思想，展示中华民族的灿烂文化，展现北京历史文化名城风貌和市民的良好精神风貌，推动中外文化的交流，加深各国人民之间的了解与友谊；促进人与自然、个人与社会、人的精神与体魄之间的和谐发展；突出"以人为本"的思想，以运动员为中心，提供优质服务，努力建设使奥运会参与者满意的自然和人文环境。

（第29届奥林匹克运动会官方网站，2008年7月10日）

3．开闭幕式是体现人类向往"和平"理念的重要场合

纵观现代奥运会的历史，无不体现出世界人民对"和平"和"平等"的渴望。前几届奥运会提出了"休战"的概念。北京奥运会开幕前，北京奥组委主席刘淇代表中国政府在联合国宣读了停战宣言。开幕式上和平鸽的展示就是"和平"理念的主要象征场景。由于在汉城奥运会开幕式上点燃火炬时出现了意外，汉城奥运会结束后，动物保护组织提出，为了保护动物，不能使用放飞和平鸽的方式。自此以后，各届奥运会组织者想尽办法在和平鸽的展示方式上进行创新。北京奥运会开幕式有两处展示了和平鸽：一是在文艺表演的下半场，由"星星人"组成的和平鸽图案；另一个是运动员入场后全场观众和运动员用自己的双手模拟和平鸽飞翔。这种表演和全场参与的方式得到了国际奥委会的高度肯定。"和平"的理念也能从运动员入场式上得到展现。

目前，世界上还没有一项活动能够像奥运会一样，可以在同一个场合，不分国家、种族、宗教，把大家聚集在一起，充满着和谐发展、和平共处的氛围。

北京奥运会的口号：同一个世界，同一个梦想

"同一个世界，同一个梦想"（One World One Dream），集中体现了奥林匹克精神的实质和普遍价值观——团结、友谊、进步、和谐、参与和梦想，表达了全世界在奥林匹克精神的感召下，追求人类美好未来的共同愿望。尽管人类肤色不同、语言不同、种族不同，但我们共同分享奥林匹克的魅力与欢乐，共同追求着人类和平的理想，我们同属一个世界，我们拥有同样的希望和梦想。

"同一个世界，同一个梦想"（One World One Dream），深刻反映了北京奥运会的核心理念，体现了作为"绿色奥运、科技奥运、人文奥运"三大理念的核心和灵魂的人文奥运所蕴含的和谐的价值观。建设和谐社会、实现和谐发展是我

们的梦想和追求。"天人合一"、"和为贵"是中国人民自古以来对人与自然、人与人和谐关系的理想与追求。我们相信，和平进步、和谐发展、和睦相处、合作共赢、和美生活是全世界的共同理想。

"同一个世界，同一个梦想"（One World One Dream），文简意深，既是中国的，也是世界的。口号表达了北京人民和中国人民与世界各国人民共有美好家园、同享文明成果、携手共创未来的崇高理想；表达了一个拥有五千年文明，正在大步走向现代化的伟大民族致力于和平发展、社会和谐、人民幸福的坚定信念；表达了 13 亿中国人民为建立一个和平而更美好的世界作出贡献的心声。

英文口号"One World One Dream"的句法结构具有鲜明特色。两个"One"形成优美的排比，"World"和"Dream"前后呼应，整句口号简洁、响亮，寓意深远，既易记上口，又便于传播。

中文口号"同一个世界，同一个梦想"中将"One"用"同一"表达，使"全人类同属一个世界，全人类共同追求美好梦想"的主题更加突出。

（第 29 届奥林匹克运动会官方网站，2008 年 7 月 10 日）

4. 开闭幕式是搭建人类激情和灵感迸发的庆典舞台

这个作用主要突出了奥运会开幕式作为世界上重要的庆典仪式的地位。"从 20 世纪 50 年代之后，奥运会逐渐走向豪华，开幕式也越来越被重视，文艺表演更是成为其中工作量最大、准备时间最长、花费最多的部分，有人甚至冠之为'奥运会之花'。1984 年洛杉矶奥运会整个开幕式持续了好几个小时，当落日收尽余晖，体育场上暮色凝重的天空又升起了五彩缤纷的焰火。身着世界各地民族服装的 2 000 多名洛杉矶市民，伴随着贝多芬的《欢乐颂》放歌狂舞，把开幕式的节日气氛再次推向了高潮；巴塞罗那奥运会的组织者向全世界推出了一台熔西班牙民俗、历史和欧洲文化于一炉的精彩表演；雅典奥运会开幕式大型文艺表演以'希腊海洋'命名，主创者干脆将'爱琴海'搬进了开幕式会场。体育场中央的舞台俨然是一片'人造爱琴海'，奥运会开幕式背景便在'海水'与陆地之间神奇地变换着，加上效果极佳的高科技光影手段和绚烂多彩的烟花交相呼应，奥运会开幕式变成了梦幻之境。古希腊文明的发展与演进、神话传说、建筑文明和雕塑等，都在开幕式上得以神奇'重现'。"①

5. 开幕式为一届奥运会定下基调，标志着奥运会成功的开始

之前，国际奥委会很关注北京奥运会开幕式的节目怎么演，担心中国把意识

---

① 施中杰. 开幕式：奥运会的重头戏. 东北之窗，2008（15）：58～60.

形态强加于奥运会开幕式演出中，多次要求汇报相关情况。实际上，经过几十年的改革开放，中国已经发生了翻天覆地的变化，但西方对中国的认识却仍旧停留在有限的范围内。北京奥运会的组织者很早就定下了开幕式的主题——文明、和谐。文明不仅是中国的文明，还有世界的文明；和谐不仅是中国的和谐，也是世界的和谐。除了"同一个世界，同一个梦想"主题口号外，开幕式的创意始终围绕着"文明、和谐"这一基调展开。北京奥运会开幕式的成功举行，极大地激发了民众对北京奥运会的热情和关注，增强了组织者顺利筹办奥运会的信心，获得了国际奥委会和主流媒体的高度赞扬，为北京奥运会的成功奠定了基础。

北京奥运会的方针：开放办奥运　创新办奥运
节俭办奥运　廉洁办奥运　全民办奥运

　　坚持开放办奥运的方针——学习和借鉴历届奥运会的成功经验和做法，提高中国和北京的开放水平，向世界展示中国经济发展、社会进步的新形象。

　　坚持创新办奥运的方针——在遵守《奥林匹克宪章》和《主办城市合同》的前提下，集中各方智慧，使北京奥运会筹办工作在体制创新、机制创新、管理创新上不断取得新突破。

　　坚持节俭办奥运的方针——在筹办工作中注重勤俭节约，珍惜每一种资源，注重赛后利用，促进城市的可持续发展，力争取得良好的经济效益和社会效益。

　　坚持廉洁办奥运的方针——在筹办工作中始终遵循公开、公平和公正的原则，完善制度、加强监督，举办一届廉洁的奥运会。

　　坚持全民办奥运的方针——是社会各界共享北京奥运会带来的发展机遇，吸引和激励全中国13亿人民和数千万海外华侨华人关心和支持北京奥运会的筹办工作。

高水平的北京奥运会表现在八个方面：

一是要有高水平的体育场馆设施和竞赛组织工作。

二是要有高水平的开幕式及文化活动。

三是要有高水平的媒体服务和良好的舆论评价。

四是要有高水平的安全保卫工作。

五是要有高水平的志愿者队伍和服务。

六是要有高水平的交通组织和生活服务。

七是要有高水平的城市文明形象。

八是各国运动员创造优异成绩。

（第29届奥林匹克运动会官方网站，2008年7月10日）

6. 开幕式是运动员的重要经历

对运动员而言，参加开幕式既是代表国家的重要经历，也是个人重要的人生体验和职业荣誉。奥运会上取得金牌和奖牌的运动员毕竟是少数，只有参加开幕式才能体现每个人的参与。以前，出于组织难度的考虑，主办方往往希望参加入场式的运动员越少越好，以便有效控制开幕式的用时。实际上，如果不是因为第一、二天参加比赛，大多数运动员都非常希望参加奥运会开幕式。组委会最初预计参加北京奥运会开幕式的各国运动员为 10 000 人，后来突破了 12 000 人，最后统计表明，参加北京奥运会入场式的运动员超过 13 000 人，导致运动员入场式用时超出原定时间半个小时。

7. 开闭幕式是展示主办国家和城市历史文化和理念的重要机会

如前所述，奥运会开幕式是世界上受众最多、传播最广、影响最大的庆典仪式。没有一个事件能够如此使世界较为完整、集中地认识中国、了解中国的历史和文化。美国 NBC 认为，没有一个西方主流媒体能在黄金时间，从历史、文化及当今的变迁完整地介绍中国。雅典奥运会开幕式，美国有 1 400 万人观看，而北京奥运会开幕式，美国有 7 000 万人观看。开闭幕式的组织者和艺术家正是认识到这些作用，因而在奥运会开幕式创意之初，就把如何利用并体现这个作用作为一个前提，充分考虑从什么角度、选取哪些符号和元素才能让世界在有限的时间内认识中国。艺术家们选取了"文字"作为一个重要的历史文化符号，这恰恰是中国历史文化的浓缩元素，是最能代表中国历史文化的一个元素，所以，全世界看到了开幕式文艺表演第二场的"活字模"场景，这一场景赢得各种媒体的一片惊叹和赞美，成为北京奥运会开幕式的经典画面。[①]

举办一届有特色、高水平的奥运会

中国风格

要充分展示中华民族 5 000 年的悠久历史和灿烂文化，体现浓郁的中国韵味，让 2008 年奥运会成为世界人民更充分地了解和体验中国的历史、文化、人民和自然风光的最佳窗口。

人文风采

要突出人文奥运的理念，表现奥林匹克的精神，倡导人们陶冶情操，实现人的身心和谐发展，展示精彩纷呈的多元文化，展现中华儿女和谐致美的优良

---

① 门志平，李玉健. 北京奥运会开幕式传承中国优秀历史文化元素的思考. 西安体育学院学报，2007（4）：38～40.

传统。

时代风貌

要表达当代中国人民自强不息、奋发有为的精神风貌，中华儿女积极进取、昂扬向上的朝气和活力，与世界人民共同追求和平、友谊、进步的强烈愿望。

大众参与

要展现占世界人口五分之一的 13 亿中国人民和广大港澳台同胞和海外侨胞积极参与奥林匹克运动的风采。北京奥运会既是在世界人口最多的国家举办的一届奥运会，也会成为人民群众参与程度最广泛的一届奥运会。

（第 29 届奥林匹克运动会官方网站，2008 年 7 月 10 日）

三、大型体育赛事开闭幕式媒体运行特点

（一）场地单一，人员汇集，统筹安排，各就各位

大型体育赛事的开幕式和闭幕式，场地都安排在主会场。这个主会场在开闭幕式当天是全球的焦点，吸引着世界各地观众的眼球，各国贵宾、各级组委会官员、各国代表团、注册媒体、演职人员、观众聚集一堂，共同参与、见证世纪盛会。而媒体更是不可或缺的群体，来自世界各地的广播电视、文字、摄影和新媒体记者担负着把盛会传播到四面八方的重任，所以，做好媒体运行，首先要统筹规划，合理安排，让记者各就各位，各司其职。下面以北京奥运会为例。

2008 年第 29 届北京奥运会的主会场是"鸟巢"，其含义及形状如下：

"鸟巢"能容纳观众 9 万余人，2008 年北京奥运会开闭幕式都将在此举行，同时还将承担奥运会田径和足球项目的比赛。"鸟巢"于 2003 年 12 月开工建设。因酷似中国瓷器裂纹和"鸟巢"形状，而得名"鸟巢"。

设置媒体看台席位，包括带桌席位和无桌席位。

看台媒体区使用物理软隔断与相邻区域进行分割，并安排专门人员进行看台媒体区的管理和引导。

奥林匹克中心主体育场看台的接待能力能够满足全部媒体（预测数量）到场的极端情况。如有必要对到达开闭幕式现场的媒体数量进行限制，可采用注册证件加辅助通行物（不干胶标志）联合使用的办法，对到场报道的媒体数量进行控制。

优先满足转播商、中央级媒体、省级媒体、官方网站和地方重要媒体的需要。

1. 文字记者

文字记者安排在媒体看台（带桌席和无桌席），不能进入其他区域活动。

为特邀到会报道的中央级媒体、省级媒体、地方重要媒体、官方网站分配若干个带桌席位，其余可根据重要性进行分配。

为新闻服务人员在媒体看台的带桌席保留位置。

2. 摄影记者

摄影记者除可进入媒体看台拍摄外，还有很多特殊的位置可以进行拍摄。特殊位置需要提前确定，同时进入特殊位置的摄影记者也需要提前确定。可采用注册证件加辅助通行物（背心）联合使用的办法，对进入特殊位置的摄影记者数量进行控制。

（1）媒体看台。

摄影记者可在媒体看台自由寻找摄影位置。为避免人群在某处聚集，可在媒体看台设置数个专门的摄影区域，使用软隔断隔离，并安排相应人员管理和引导。

（2）演职人员出口。

演职人员出口两边均预留摄影位置，其中包括转播商机位、通讯社、地方重要媒体以及机动名额等。

（3）内场。

在不影响转播的前提下，内场允许几个摄影记者进入，进行流动拍摄，这些摄影记者应来自中央媒体、通讯社和地方重要媒体。

如内场拍摄需求大，可考虑在内场专门开辟一个或几个摄影区域，摄影记者需提前进入这个区域，并只被允许在此区域内活动。内场摄影区域的位置在不影响转播的前提下，尽量安排好的位置。内场摄影区域应使用物理隔断进行控制。

如有必要，可考虑搭设拍摄架，原则同内场摄影区域。

（4）主席台及其他特殊位置。

主席台及其他特殊位置应优先安排中央媒体、省级媒体和地方重要媒体。

分别在主席台下方、主席台对面座位（第一、二、三层）、主席台两侧、火炬下、屏幕下方预留摄影机位。

在不靠近火炬及主席台的前提下，在观众席顶部流动区域留有几个游击位，可流动拍照。

（5）马道。

两侧的马道，每侧预留摄影位置。

3. 转播记者

转播记者的工作位置由转播商确定。

由于转播商摄像机位可能与摄影记者摄影位置产生冲突，转播商在确定机位时应与摄影位置进行协调，但转播商的摄像机位应优先于摄影位置安排。

（二）设施齐备，技术先进，媒体运行，畅通高效

媒体记者看台席位、摄影记者机位、转播商的位置、媒体工作间、媒体休息室等，在主会场的建设中，已经规划安排。在开幕式盛会前，应当配置先进的、齐全的设施，如桌椅、电视、电脑、网络端口等，确保电力、通信、技术畅通无阻，只有保证媒体记者的工作得心应手，一气呵成，才能获得高效的媒体运行服务。

一般来说，奥林匹克中心主体育场内场可无网络支持，工作间确保有线网络支持，推荐无线网络配合有线网络共同使用。

（三）服务团队，细心周到，应急处理，及时快捷

媒体运行服务团队和志愿者提前熟悉主会场区域安排，每个区域、路口、通道、拐弯处张贴显著标识，并派人员进行引导疏导，避免拥堵和迷路。服务人员应细心周到、热情服务，遇到突发情况，应及时上报，快捷处理。如媒体记者的注册身份卡因丢失或失窃等原因，导致其无法进行正常的采访报道工作。服务人员应迅速向场馆媒体经理或摄影经理汇报，安排记者持护照等有效证件进行补办，在 MPC 的注册中心进行证件补办、注册等手续。如果 INFO 系统出现故障，导致 ONS 人员无法完成稿件的编写、传送及发布，应尽快通知技术经理，迅速排除故障。如果摄影记者的器材在安检时受损，导致相机或镜头等器材无法使用，应及时上报场馆摄影经理，将器材送往主新闻中心内的照相器材维修站修理，并出具器材损毁情况说明等。

作为服务媒体的志愿者，应该尽可能成为"百事通"，对于记者的疑问有问必答，对于记者的合理要求有求必应。在媒体记者有需要的时候充当交通信息员、旅游向导、美食向导、生活向导等；对于不同国家、不同民族、不同宗教的媒体记者的各种个性化要求，应能提供差异性服务。

北大鸟巢奥运会开幕式志愿者赢得广泛好评

8 月 8 日晚，举世瞩目的北京奥运会开幕式在国家体育场举行。来自北大的约 1 100 名奥运志愿者在国家体育场观众服务、媒体运行等 12 个业务口为开幕式提供了服务。

在服务过程中，北大的志愿者们牢记胡锦涛总书记"要把爱国热情转化为立足岗位、刻苦学习、发奋工作、支持奥运的实际行动"的嘱托，贯彻温家宝总理"用热情真诚良好的服务，为国家赢得尊严和友谊"的指示精神，大力继承和发扬北大的优良传统，严于律己、乐于助人、无私奉献，以灿烂的笑容、辛勤的付出和优质的服务，为开幕式的成功举办作出了应有的贡献，赢得了客户群、赛事组委会与场馆团队的赞扬，并得到了海内外媒体的广泛好评。

中国青年报刊登了新华社稿件《离鸟巢最近又最远》，赞扬我校国家体育场媒体运行专业志愿者在开幕式服务工作中恪尽职守、热情奉献的精神。由北京奥运会志愿者工作协调小组办公室、共青团北京市委员会、奥组委志愿者部、北京志愿者协会主办的《志愿者》报纸，在 8 月 8 日刊发了《今夜，他们身在鸟巢错过盛典》的报道。8 月 8 日发行的韩国《朝鲜日报》以"奥运之后中国有望由'鸟巢一代'领军"为题，称赞包括北大志愿者在内的奥运志愿者们，使奥运氛围更加火热。此外，搜狐、新浪等网络媒体也转载报道了我校鸟巢奥运会志愿者的服务情况。

（北大团委，2008 年 8 月 14 日）

迎接上千家媒体

8 日晚上，上千家媒体聚焦开幕式现场。国家体育场 114 名新闻运行志愿者、64 名摄影服务志愿者上岗服务。他们中的绝大多数来自北京大学。

8 日上午，媒体开始进驻鸟巢。文字记者工作间和摄影记者工作间的志愿者布置好工作间，为记者准备相关设备，递送饮用水、文件等。8 日晚上的记者看台区成为全场最忙碌的区域之一。志愿者引导记者在相应位置就座，并为记者采集信息。而当文字记者成稿或摄影记者完成照片后，志愿者又要带着稿件或图片迅速奔跑到工作间，送给编辑发出。

开幕式的庆典上，一批摄影记者有幸下到场地，将最前线的盛况用影像的方式传播到全球各地。而与这些摄影记者一样下到灰色的表演场地的，是负责摄影服务的三名志愿者。其中之一是来自北京大学的王子奇。

"这是不少人羡慕的一个位置，但对我们而言，最前线就意味着最不能有闪失、表现要最好。"王子奇说，摄影记者是处于工作状态中的，他们总是希望能够寻找到最好的角度去报道，志愿者的职责就是引导他们在许可的范围内，以被许可的方式进行拍摄，不影响任何演员的表演、运动员和工作人员的入场和全球观众的欣赏。正因为如此，他们可能很少有机会去欣赏就在身边的盛况，越是激动人心的时刻，他们越要尽责，时刻注意去引导摄影记者。

另外，摄影服务志愿者也面临着很大的压力：不仅不能让自己的服务影响到记者们的拍摄，需要找一个不遮挡视线的地方站好，另外，记者们的镜头很可能收入他们服务的身影，因而他们的一举一动都在所有人的视线之中，他们的形象将影响所有志愿者在外界观众眼中的形象。王子奇负责正西方向的记者群，面对挑战，他的心态很平和。"没有什么太大的感觉啊。"他说。在一段时间的了解和磨合中，他们的团队已经建立起良好的默契，身处无数聚光灯下的他们，也能淡定、自如。

（《北大青年》，2008 年 8 月 11 日，宋婉如）

（四）新闻服务，全面报道，渲染氛围，传播理念

新闻服务始终是媒体运行的重中之重，大型赛事开闭幕式的新闻服务具有如下特点：

（1）有条不紊（组织筹备）。

（2）突出理念（报道主题）。

（3）设置悬念（报道方法）。

（4）全面报道（传播内容）。

应包括主会场、会旗会徽、出席人员、国家、总导演、节目设置、演员阵容、官员致辞、运动员/裁判员致辞、点火仪式、节目解说等。

（5）渲染煽情（词语和句子）

大型体育赛事开闭幕式的新闻服务体例有：

（1）开闭幕式人物专访。

（2）新闻发布会摘要。

（3）媒体通告。

（4）即时引语。

（5）官方新闻。

（6）盛会报道（由点到面、面面俱到地深入报道）。

以下几例报道，可以反映北京奥运会从预热—预祝—揭幕—揭晓—延伸的层层递进式的深入报道模式。

1．预热报道

奥运梦想照亮世界

"北京，我们来了！"

8 月 5 日零时，北京首都国际机场 3 号航站楼。奥运代表团专用通道的自动门缓缓开启，伊拉克奥运代表团一行 11 人依次走出。看到欢迎人群的脸上绽放

着灿烂真诚的笑容，伊拉克奥委会秘书长阿米德喊出了代表团所有成员的共同心声。

饱受战火之苦的伊拉克能否参加北京奥运会，国际社会极为关注。从取消参加资格到再次进行协商，伊拉克的奥运之路曲折坎坷。在无数人的祈祷中，伊拉克绝地逢生，顺利登上飞往北京的航班。

举办一届有特色、高水平的奥运会，离不开国际奥委会和奥林匹克大家庭的支持。奥林匹克大家庭的 205 个成员将全部出现在北京奥运赛场上，既让人感慨，又耐人寻味。

无论是战乱，还是贫穷，都不能阻挡人们追寻奥运梦想的步伐。哥斯达黎加代表团的竞走运动员阿伦·塞古拉每天凌晨 3 点就要起床训练，早上 7 点开始到当地一家医院当木匠谋生，下午 4 点以后接着训练……日复一日的坚持，使他最终实现了到北京参加奥运会的梦想。这些"草根运动员"永不放弃梦想的执着，无疑让奥林匹克重在参与的精神体现得更加完美、更加动人。

"鸟巢"、"水立方"，一个个名字充满着诗意。在一座座北京奥运会标志性建筑背后，是一位位世界建筑大师的精彩创意。正是他们与中国建筑大师的联袂合作，才创造了奥林匹克史上的一个个经典之作。"水立方"的外方主设计师、澳大利亚 PTW 建筑公司执行董事约翰·比尔农说："中外设计师组成的联合团队，保证了这个让人兴奋的方案的诞生。建成后，效果之佳超出想象。这样的经历，对参与'水立方'工作的中外人士而言，都是一笔巨大的财富。"

歌声是人类最深情的表达。以《手拉手》和《意大利之夏》而闻名世界的意大利音乐家乔吉奥·莫罗德尔，与中国音乐家孔祥东、德国词作家昆茨共同创作了奥运歌曲《永远的朋友》，旋律优美，备受好评；由中国内地作曲家小柯和中国香港词作家林夕创作、中外多名歌手联合演唱的《北京欢迎你》，因浓郁的北京风味，受到许多人的喜爱。此外，无论是奥运会徽的征集，还是奥运吉祥物的设计，都有众多中外艺术家的积极参与。可以说，北京奥运会凝聚着世界艺术家们的共同心血。

北京奥运始终处在国际舆论的焦点。中肯的建议、善意的批评，甚至是"苛刻"的挑剔，都被北京奥运筹办者视为"正面"因素。即使是在一度颇受争议的空气质量方面，北京的努力也得到了越来越积极的回应。美联社 4 日发出的一篇报道中说："虽然天气炎热潮湿，但几天来，明显变得干净的空气取代了常常笼罩首都的烟雾，提升了北京的精神面貌。"《新西兰先驱报》也在报道中说："比预想的要好得多，虽然空气中有一点点雾，但完全不像一直以来所报道的那样。"

奥运会是全世界的盛大聚会、全人类的共同节日，离不开每个人的热情参与。众多国际志愿者满怀热情与梦想来到北京，倾情为奥运服务。"在北京，我能实现自己的梦想。"来自加拿大的国际志愿者乔治·塞邦尼迪斯说，"自从在雅典奥运会成为志愿者后，我就渴望成为北京奥运会的志愿者。"这位加拿大统计局的博士官员，自己还创作了一首优美动听的志愿者歌曲。

实际上，北京奥运会前共有2万多名外籍人士申请成为志愿者，其中的600多人经过层层筛选，最终入选。这些国际"幸远儿"将和100多万中国志愿者一起，在赛会期间进行媒体、观众、翻译等服务。他们的奉献精神，将为北京奥运会留下一笔无比珍贵的遗产。

与此同时，北京奥运会的主人也在争分夺秒，抓紧进行各项筹办工作：负责制作颁奖用花的花艺师在奥运花卉配送中心反复练习插花，力争制作的花束完美无缺；奥运气象服务中心的工作人员不断跟踪天气变化，滚动报送各种气象信息；从北京各大医院选拔的3 000多人组成的30多个医疗团队，随时准备为生病的运动员和其他工作人员提供精湛的医疗服务；奥运会开幕式交通组织方案出台了，16万观看开幕式和参加服务工作的人们入场和分流有了保障。所有准备工作不忽视任何一个问题，不放过任何一个细节。一切，都是为了那激动人心的时刻。

现在，奥运火炬已经离开四川，向着最后的目的地——北京"飞"来。从明天早上开始，841名火炬手将把奥运圣火传递到故宫、长城、周口店等北京标志性地点，最终抵达"鸟巢"。经过4个多月、2万多名中外火炬手的传递后，圣火将点燃"鸟巢"里的主火炬台，宣告北京奥运会正式开始。

"同一个世界，同一个梦想"，这个遍布大街小巷的口号，也引发了外国朋友的共鸣。摩尔多瓦游泳运动员古塔给自己起了个中文名字：谷奥同。他说："这是取意于'同一个奥运，同一个梦想'。"

一个追寻光荣和梦想的舞台，正向全世界展开。

（新华社，2008 年 8 月 5 日）

2. 预祝报道

【新华网特稿】2008 北京奥运会

什么是奥林匹克精神？国际奥委会在其《奥林匹克宪章》"奥林匹克主义的原则"条款中有这样一段话："每一个人都应享有从事体育运动的可能性，而不受任何形式的歧视，并体现相互理解、友谊、团结和公平竞争的奥林匹克精神。"显然,《奥林匹克宪章》赋予奥林匹克精神的内容是"相互理解、友谊、团结和公平竞争"。

百年梦想

中国人迈向奥运会的倒计时,早在 100 多年前就已经开始了。

中国什么时候能够派运动员参加奥运会? 中国的运动员什么时候能够得到一枚金牌? 中国什么时候能够举办奥运会? ——1908 年,有识之士在《天津青年》杂志发表文章,一连 3 声长叹,一连 3 个期待。

1932 年,23 岁的中国短跑名将刘长春出现在美国洛杉矶的跑道上。这个身高 169 厘米的小个子,代表了拥有 4 亿人口的东方国度。他扛着一面国旗,"向世界宣告了中国奥林匹克运动的存在"。

就是在 1984 年的洛杉矶奥运会上,中国神枪手许海峰,以总成绩 566 环获得本届奥运会的首枚金牌。在此之前,现代奥运史上 2 500 多枚金牌无一属于中国。

2001 年 7 月 13 日 22 时 11 分,国际奥委会主席萨马兰奇宣布,决定 2008 年第二十九届夏季奥运会在北京举行。

和平和谐

当代中国"和谐世界,友好相处,共同发展,求同存异"的发展理念,与奥林匹克"使体育为人的和谐发展服务,以促进维护个人尊严的和平社会的发展"的精神实质深度契合。

北京奥运会前夕,上百名中国老将军、老军人聚集在北京长城脚下的千年古刹和平寺,发表了"2008 中国老兵和平宣言",呼吁"奥运期间,全球休战,止戈为武,铸犁熔剑"。

在马斯喀特,奥运圣火映亮了阿曼湾上空的茫茫夜色,一群华侨华人、阿拉伯人和在当地定居的印度人沿街共同拉起一条长长的横幅,上面写着北京奥运会的宣传口号:同一个世界,同一个梦想。这些可爱的人们的举动本身就是对奥林匹克运动和谐、和平等基本价值理念的最好诠释。

重在参与

参与,作为奥林匹克精神的首要原则,是奥林匹克的一切理想、原则和宗旨的基础。

"北京,我们来了!" 8 月 5 日零时,北京首都国际机场 3 号航站楼。奥运代表团专用通道的自动门缓缓开启,伊拉克奥运代表团一行 11 人依次走出。看到欢迎人群的脸上绽放着灿烂真诚的笑容,伊拉克奥委会秘书长阿米德喊出了代表团所有成员的共同心声。

无论是战乱,还是贫穷,都不能阻挡人们追寻奥运梦想的步伐。哥斯达黎加代表团的竞走运动员阿伦·塞古拉每天凌晨 3 点就要起床训练，早上 7 点开始到当地一家医院当木匠谋生，下午 4 点以后接着训练……日复一日的坚持，使他最终实现了到北京参加奥运会的梦想。这些"草根运动员"永不放弃梦想的执着，无疑让奥林匹克重在参与的精神体现得更加完美、更加动人。

曾有外国记者问北京奥组委的一位高级官员：北京奥运会能给奥林匹克作出哪些贡献。这位官员回答说："我们的最大贡献将是在 13 亿中国民众中传播奥林匹克精神。"

今年 4 月，在法国华人支持北京奥运集会现场作了精彩演讲的中国留法学生李洹说，希望将中国的包容、真诚、友善，中国民众希望融入国际社会的愿望，用西方能够接受的方式和机会传播出去。

公平公正

在奥运赛场上，人们期望建立一个没有任何歧视和压迫的平等世界，强调在平等条件下所有人公平竞争，并企求通过奥林匹克运动规则，培育起公平竞争、和谐共处的世界秩序。

20 年的奋斗让中国的反兴奋剂工作得到了世界的认可。前世界反兴奋剂机构主席庞德在多种场合说："中国反兴奋剂工作是世界的榜样。"新任世界反兴奋剂机构主席法耶也对我国反兴奋剂工作给予充分肯定。

谈及北京奥运，屋仑雷尼社区学院音乐系教授赵彤仪则兴奋地表示，中国能主办奥运，真是了不起；中国曾经长期不被国际社会接纳，美国华人因此深受种族歧视，但随着中国的强大，这些都已经成为历史，连她作为一个音乐人都感受到这种强烈的反差。

团结协作

国际奥委会主席罗格所说的"更团结"，是人类对奥林匹克和平理想的深切呼唤，是希望在新世纪以更加空前的团结去推动人类社会的和平与发展。

"水立方"外方主设计师、澳大利亚皇家建筑师协会特别终身会员约翰·贝尔蒙坦陈，中外设计师关于场馆设计的审美取向，存在含蓄、平静与张扬、奔放两种不同的思路，"要说服对方并不容易。这是一次次思想的交锋，但更是团结协作、优势互补的过程"。

珠峰海拔高达 8 844.43 米，成功登顶尚且不易，携带奥运圣火登上珠峰，难度更是可想而知。然而，中国登山队员最终成功地让奥运圣火在珠峰放出耀眼光芒。他们用顽强拼搏的精神、坚韧不拔的毅力，团结协作，奋勇向前，让更快、更高、更强的理念在珠峰之巅闪光。

文明交融

此番被认为是纯粹西方文明产物的奥运会首次交由拥有世界五分之一人口的

中国举办，一个重要意义就是促使奥林匹克精神、理念和价值观获得最大范围的普及推广，更加具有普世性。

中国国家主席胡锦涛8月1日接受外国媒体联合采访时表示，北京奥运会的精神遗产更为持久、更为宝贵。他把"促进世界各国文化的相互交流、相互借鉴"列为北京奥运会三大精神遗产之一。

希腊驻华大使米哈伊勒·坎巴尼斯说，由北京来主办2008年奥运会对希腊人有着尤为重要的意义，因为这象征着奥林匹克的接力棒从辉煌灿烂的西方文明传递到了璀璨夺目的东方文明手中，这个展览把雅典和北京奥运会紧密联系在一起，也为东西方文明的交流和碰撞提供了珍贵的舞台。

北京和六个协办城市正在高密度地进行着多达3 000场次、来自世界不同文明板块国家和地区的文化交流活动，其中就包括首都博物馆在奥运会倒计时10天推出的这组奥运专题展，以及连续三场展示欧洲、亚洲、非洲、拉美等地区文化的大型文艺演出。霎时，起源于古希腊的"对话"——"dialogos"一词也被打上新的时代烙印。

人文关怀

顾拜旦在《体育颂》中写道："体育，天神的欢娱，生命的动力。你猝然降临在灰蒙蒙的林间空地，受难者激动不已。"关爱生命，给受难者送去关怀和激励，这是现代奥林匹克运动的创始人对奥林匹克精神的一段解读。

新疆石河子残疾人火炬手艾山·乌守尔在传递圣火时，突然扔掉了手中的拐杖，用自己仅剩的左腿一步步有力地向前跳行了几十米，完成了自己的火炬接力。他的这一非凡的举动令周围观众无不动容，很多人为之潸然泪下。

中国人民大学人文奥运中心主任金元浦教授介绍说，据统计，北京的"加塞"现象由2006年的6%下降到2007年的1.5%，而在2005年，这个数据是9%；非机动车闯红灯现象发生率由2006年的11%下降到2007年的3%，而在2005年这个数据是22%；市民彼此谅解、宽容，相互友好帮助的现象明显增多，遇到陌生人问路时，95%的人能够热情主动地给予帮助。

人性光辉

奥林匹克是人类最华丽的舞台，舞台上，只绽放永不落幕的人性之美。

火炬接力团队总指挥张明认为，是一种精神的力量，是一种神圣的使命感，在支撑着大家忘我地工作。她说："我们是一支可爱的、铁打的团队。激励我们克服困难一直向前的是五种'奥运精神'：为国争光的爱国精神、艰苦奋斗的奉献精神、精益求精的敬业精神、勇攀高峰的创新精神和团结协作的团队精神。我们是代表中华民族在向全世界传播人类最崇高的奥林匹克精神，我们从事的是一个神圣的使命。"

从 7 月 1 日至 10 月 8 日，有 10 万赛会志愿者直接为赛会提供服务，40 万城市志愿者在北京 550 个城市服务站点提供信息咨询、语言翻译和应急救助等服务，100 万社会志愿者在北京社区乡镇开展志愿服务。他们当中既有演艺明星、企业家、医生护士，也有青年学生、退伍军人和普通百姓。他们不计名利，不取报酬，心甘情愿地服务奥运，"奉献、友爱、互助和进步"的崇高精神在他们身上得到了最好的诠释。

(新华网，张立红)

3. 揭幕报道

近 8.5 亿中国观众收看奥运开幕式转播　创收视新高

权威调查机构的调查报告显示，全国共有 8.42 亿电视观众实时收看了北京奥运会开幕式直播，创下国内新的收视率纪录。

CSM 媒介研究 9 日发布的收视数据显示，北京奥运会开幕式收视观众规模占到全国电视总人口的 68.8%，收看时间超过两小时的观众比例则高达 43.6%。

CSM 媒介研究负责人王兰柱告诉记者："本届奥运会开幕式创下了自国内有收视率调查以来的收视新纪录。上一次收视高峰发生在 2003 年 1 月 31 日中国除夕之夜的春节联欢晚会。北京奥运会开幕式当晚的收视最高峰为圣火点燃的那一幕，在李宁环绕鸟巢飞奔点燃奥运主火炬的这一刻，奥运会开幕式直播收视份额攀上 90%，成为当晚开幕式进程中的收视份额最高点。"

王兰柱预测本届奥运会收视将极可能突破以往几届奥运会全球电视收视的纪录，"因为中国拥有全球最大规模的电视人口，而这届奥运会恰好在中国举办；占全球人口 1/3 的亚洲国家也将基本不受时差影响而形成对奥运会的集中收视"。

调查数据显示，70.7% 的城市观众和 68.0% 的农村观众，69.7% 的男性观众和 67.9% 的女性观众，61.0% 的 25 岁以下年轻人、72.8% 的 25～55 岁中青年观众以及 71.1% 的 55 岁以上老年观众，都不同程度收看了北京奥运会开幕式直播，充分显示了全民奥运的巨大魅力。

雅典奥运会开幕式中国观众收看总人数近 4 000 万，而悉尼奥运会开幕式由于时差相近的原因，中国收视观众为 2 亿。

CSM 媒介研究的收视分析研究是基于全国范围内的测量仪收视监测而作出的，代表全国近 13 亿电视观众的收视行为。昨晚除中央电视台一套、二套、三套、奥运频道、七套、新闻频道和数字高清综合频道外，三十多家省级卫视也同步转播奥运会开幕式盛况，使奥运会开幕式实况电视信号覆盖在全国范围内近乎达到极限。

（新华网，2008 年 8 月 9 日，阎涛、陈威华）

4．揭晓报道

北京奥运会开幕式总导演张艺谋专访

在北京奥运会开幕式前夕，总导演张艺谋接受了新华社记者的专访，就北京奥运会开幕式创作进行了解读。

问：成为北京奥运会开幕式总导演，经常表示要以一颗平常心开展工作，是否做到了这点？

张艺谋：为北京奥运会开幕式付出了两年多的努力，虽然一直说是要以平常心看待，但真正做起来时谁也做不到平常心，因为肩上的担子和责任太重，由此带来的压力是巨大的。奥运会开幕式的创意，很像我拍电影时寻找好的剧本一样。电影的好与坏，往往取决于剧本是否精彩。花了一两年时间用在寻找好的创意，即使是到了彩排的时刻，我们也仍然没有放弃好的创意。只有真正等到了开幕式办完后，回过头来才能发现，其实真正好的创意，它真的是好。我们最初的有些精彩创意，经过了一次次考验，一直坚持到了最后。

问：开幕式上有哪些是亮点？

张艺谋：开幕式上还是有不少亮点的。一台节目、一部电影，要想处处都是亮点，太难了，也不可能，那是违反艺术规律的。因为有些好的创意，实现起来，挺不容易的。而一些付诸实施的创意，也会在实施的过程中打很多折扣，最终的效果会与最初的构想有较大的反差。

问：从最近几届奥运会开幕式上借鉴了些什么？

张艺谋：我们对最近这十几届奥运会开幕式进行了研究。我个人十分喜欢雅典奥运会开幕式。雅典奥运会开幕式的构思很巧妙的一点，是寻找到一个舞台，一个行进的车队。在这两个载体中进行充分的展示。他们将传统的舞台艺术发挥到了极致，在空间中采用了巨大的吊装。要想超越，太难了。因此，我们的开幕式的突破点选择在多媒体数字技术上，结合传统的舞台、团体操等，进行立体的展示。从空间上寻找突破，对这一点寻找了很长时间。刚开始时，有"老虎吃天"的心态，走入了"闻所未闻、见所未见"的误区。经过一年左右的摸索，逐渐回到了务实。

问：北京奥运会开幕式在数字技术上取得突破有何价值？

张艺谋：对北京奥运会开幕式的好坏各人有各人的评判，但作为一个实践者，我可以自信地说，我们这次的开幕式，是一个前卫的探索，是一次数字时代的开幕式，是一次全面运用多媒体数字技术的开幕式。领衔二十一世纪大型广场活动的方向。这是必然的趋势。

我们这届开幕式，总的品质让人感觉到很现代、很时尚。即使传递的是古代的信息，我们也采用了现代的手法，通过完美的视听语言来展示。如开局晶莹剔透的画轴，给人梦幻般的感觉。从多媒体短片切进中国古代的文房四宝，开头的这一组镜头奠定了整台节目的风格。

古为今用，洋为中用。我们将自己最值得骄傲的灿烂文化，用最现代的视听手段包装。这两年来一直处于"煎熬"之中。两个月前还是如此。现在则很平静了。因为成败已定。

问：北京奥运会开幕式倒计时用"击缶而歌"的方式来表现，为何有这样的创意？

张艺谋：作为奥运会的开篇，倒计时这一段落十分重要。我们研究了历届奥运会的开幕式最后时刻的倒计时，以及世界上各种具有重大影响的大型活动的倒计时的表现形式，发现大同小异，表达方式十分雷同，几乎都是短片加欢呼的方式。因此我们对自己的这届开幕式前最后的倒计时进行了精心的构思，把原来安排在节目后面的"击缶而歌"调到了最前面。

"鸟巢"东北侧上的一束火光，迅速盘旋了一个大圆，化为一片耀眼的白光，激活了"鸟巢"顶上的日晷。日晷将这一束强光反射到场地内，点燃了"缶阵"。缶阵以光波的律动，在滚雷的节奏声中，由发光的缶面连续闪出60、50、40、30、20、10字样。最后10秒，缶阵的击打节奏、加上缶面上连续闪出巨大的9、8、7、6、5、4、3、2、1字样，配合着全场观众的激情呐喊将倒计时掀向最高潮。

此时，焰火在高空中绽放，整个"鸟巢"宛若盛开的花朵。场内缶阵上的闪光，宛若花朵晶莹的花蕊。

问：历届奥运会开幕式上，如何表现"奥运五环"标志，都是重要的环节。北京奥运会开幕式的展现方式令人感到震撼，能否解读一下。

张艺谋：奥运五环标志的展示，是每一届奥运会开幕式最重要的一个仪式环节。在国际奥委会提供的历届奥运会的影像资料中，镜头里汇聚得最多的就是五环的展示。因为每届奥运会开幕式的文艺表演都是举办国和举办城市浓郁特点的展示，没有任何可比性。随着时间的流逝，人们也许永远也想不起来那一届奥运会开幕式上表演过什么样的节目，但奥运五环精彩的展示瞬间，却永远载入了史册。

对北京奥运会开幕式上奥运五环的展示，我自信是一个经典。由焰火组成的29个巨大的脚印，沿永定门、前门、天安门……一路向北，朝奥运会主会场"鸟巢"走来。最后一个巨大的脚印在"鸟巢"上空化作漫天繁星飘落，聚拢成体育场内闪闪发光的梦幻五环。天上飘下来的仙女，她们的名字叫"飞天"。"飞天"把"奥运五环"从地面缓缓拎起，簇拥着五环升起，美丽而浪漫。

问：作为开幕式总导演，你个人最欣赏开幕式上的哪些节目？

张艺谋：整个节目当然是相互呼应的一个整体，每一个节目都有自己的亮点。从有特点的角度看，"活字印刷"这一幕很重要。活字印刷是古代中国人对世界的巨大贡献，带动了世界文明的发展。这个节目看似机械，其实是897个训练有素的演员的表演，是过去我们常用的团体操的一种变异。对中文方块字的这种表现形式全世界都没有见过，很特别。它实现了内容和形式创新的统一。

从创意的角度看，我十分喜欢"太极"一段。这段内容把中国人"天人合一"的价值观，用很好的形式进行了诠释。全世界几十亿人将通过电视收看到这一幕，接收到中国人对"太极"理解的准确信息。"太极"通过几个人、到2 000多人浑然一体的表演，展现了空灵的感觉，同时画面上还有一群孩子无忧无虑地上学、绘画、游戏，集体在现场完成了一幅画。用这样并行的两条线索，把外国人十分欣赏中国功夫的元素进行新的解读，解释了中国人心目中人和自然的关系。

我自己在开幕式中，最引以为骄傲的是"我们一起走"这个贯穿仪式始终的创意。这是全场上万名来自世界各地最优秀的运动员和现场的演员们，共同完成的这个创意，是"同一个世界，同一个梦想"的最好体现。

我们在仪式最初画卷上由演员用形体绘出的水墨画、来自五大洲的孩子们在各个节目段现场绘出的儿童画，到运动员入场式时进入最高潮。来自全球各地的运动员们，在1小时40分左右的入场式中，先后走过铺在体育场内的这场"画幅"，用五颜六色的脚印绘成了色彩斑斓的画卷，与之前的水墨画、儿童画构成全新的一幅动人画卷。

北京奥组委主席刘淇、国际奥委会主席罗格将在这张"画卷"上致辞，圣火手在此点燃熊熊燃烧的主火炬，运动员和裁判员代表在这幅"画"上宣誓……这是奥林匹克历史上从未有过的一个创意，是所有参加北京奥运会开幕式运动员、教练员等共同完成的一幅永远不可复制的画卷。

问：在节目最后的《梦想》段落，为何会选择"地球"作为表演舞台？

张艺谋：在节目最后需要表现"同一个世界，同一个梦想"的主题，有过多种创意，后来发现其实同一个地球就是最简单、最直接、最有效的载体。这个创意是开幕式团队中的美术总监、英国的马克·菲舍提出来的。这个创意的实施非常具有挑战性，不仅表现在如何设计和生产出这个具有多媒体展示功能的载体，它还需要在"鸟巢"地坑里能屈能升。

同时，演员们在上面表演的挑战性也是十分巨大的。他们需要在地球的各个立面自如行走，还要做出各种跳跃、翻腾动作。那些靠维亚（吊钢丝）技术帮助的演员们十分辛苦，尤其是那些倒立行走的演员更是不容易。他们是从山东、河南武术学校专门选拔出来的400多个小伙子们中，经过大半年时间的训练，从中优中选优挑出来的60位身怀绝技的演员。

问：放飞和平鸽是历届奥运会开幕式的规定动作。为何会又想出这样一个带有浓重行为艺术特点的方式来？

张艺谋：奥运会开幕式是国际奥委会高度重视的隆重仪式，升主办国国旗、奏（唱）主办国国歌；运动员入场式；五环展示；升奥林匹克会旗、奏（唱）奥林匹克会歌；放飞和平鸽；点燃主火炬等都是重中之重的规定动作。每一届奥运会开幕式在规定动作上的比较性更为强烈。

以放飞和平鸽为例，自1988年汉城奥运会开幕式上放飞的鸽子有不少被主火炬火焰烧死后，国际奥委会决定不再放飞真正的鸽子，而改用其他艺术表现形式替代。正因如此，自此以后的各届奥运会开幕式放飞和平鸽，都成了艺术家们展示才华的一大亮点。印象最深的是悉尼奥运会时，一张硕大的白布在运动员头顶手手传递时，灯光在上面投射出一个个飞翔的鸽子，充满诗意，传递着全人类追求和平的共同心声。

北京奥运会开幕式对这个环节的创意也精心策划，在各种创意方案中，最后删繁就简，采用的方案令人难忘。100位身着素装的少女在放飞和平鸽的音乐声中，和着歌曲的节奏，交叉着双臂，挥动双手，像鸽子一样舞动着翅膀。1万多名现场的运动员，以及体育场内9万多名观场观众一起舞动双臂……每一个人，都发自内心地举起手，放飞自己心中的和平鸽。这是奥林匹克历史上最简单、最独特、参与人数最多的一次放飞和平鸽。国际奥委会主席罗格在开幕式前知道这一方案后表示十分欣赏这个创意，他还提前进行了预演，练这个动作。

问：点燃主火炬的时刻都是历届奥运会开幕式最激动人心的时刻，北京奥运会也不例外，怎么解读北京奥运会的这一震撼瞬间？

张艺谋：主火炬点燃，是整场开幕式的最高潮，是对北京奥运会开幕式理念最完整的阐述，是北京奥运会世界性的一种体现。北京奥运会绝不仅仅是中国人的奥运会，除了要展示中国文化之外，更要展示当代中国宽广的胸怀、海纳百川的气魄。北京奥运会开幕式团队成立以来，收到了无数的建议，从钻木取火到凤鳳涅槃。我们的这个点火仪式，体现了为全人类的这一盛会欢呼的主旨，让人们能够看明白这一点。

问：如何定位北京奥运会开幕式最大的特点？

张艺谋：我们的这次奥运会开幕式最大的特点就是一个词：浪漫。我个人非常喜欢"同一个世界，同一个梦想"这个主题口号。"梦想"这个词就让人心生浪漫。

中国人其实从古至今，一直不缺乏浪漫。中国古代的写意画、诗词、音乐中，充满着浪漫的色彩，浪漫其实早就融入了中国人的血液里面。不着一字，尽得风流。

但在现当代，外国人对中国的认识还是较为片面的，不少人总是认为中国人生活单一、模式化，我们这次就是要借奥运会这一个巨大的平台，让全世界都认识到中国的浪漫。

问：承担奥运会开幕式的总导演与拍电影相比，哪一个更累？

张艺谋：当然是开幕式了。办这么一个开幕式，比拍10部电影大片还要累。工作量和困难简直是拍一部电影的上百倍，幸运的是从生理到心理都扛了下来。

这主要是奥运会开幕式承载的内容太多、太多。百年奥运，中华圆梦。中国人上百年才办一次奥运会，太不容易了。作为有幸承担这一重任的一名艺术家，只能竭尽全力，办好开幕式，为中华文化的弘扬贡献力量。

而拍电影则不同，拍电影更多的是一位导演的个人创作，拍砸了三四部电影，还有希望从下一部中东山再起。而奥运会开幕式则完全不同，只能成功，没有失败一说。其重要性，二者根本不能相提并论。

（新华社，2008 年 8 月 9 日）

5. 延伸报道

奥运开幕式"中国画卷"：揭幕中国新媒体艺术时代

北京奥运会开幕式上，一幅气韵流动的"中国画卷"徐徐拉开，晶莹剔透、精美绝伦，让全世界为之惊艳，陶醉于高科技与中国古典艺术完美结合的魅力。上海电子艺术节的专家近日指出：北京奥运会开幕式上呈现的"中国画卷"，属于当下处于全球艺术前沿的电子艺术、新媒体艺术。

事实上，新媒体艺术作为一种新型的艺术表现手段，在这次奥运会开幕式中得到了全面应用与诠释。这似乎也意味着，中国的新媒体艺术时代也借助北京奥运会拉开了帷幕。上海电子艺术节艺术总监沈根林指出："北京奥运会开幕式大量使用新媒体艺术手段并获得了巨大成功。"

什么是新媒体艺术？沈根林解释说，将电子科技与艺术结合起来，便是电子艺术。电子艺术的范畴中，既包括了北京奥运会"中国画卷"这种巨型的室外作品，也可以包括很多深入寻常百姓家的"小品"。他举例说，比尔·盖茨的豪宅"未来之屋"中，就有这样一面特殊的"电子艺术墙"，这堵液晶电子墙可以自动探知来客可能的艺术喜好，显示出与客人的艺术趣味相符合的世界名画。

"电子艺术是艺术与科技相结合的产物，更是创意经济时代的先锋和宠儿。"沈根林指出，电子技术可以帮助时下的艺术家们实现更精彩与大胆的创意。北京奥运会开幕式上，巨幅"中国画卷"和"鸟巢"上方裙边环绕屏幕都成为开幕式的亮点。作为开幕式的高潮之一，"体操王子"李宁的"飞天点火"过程也结合了新媒体艺术互动表演，为全球数十亿观众带来了全新的视觉体验和享受。

沈根林表示，尽管在开幕式上电子艺术的魅力令海内外观众折服，但在中国国内，电子艺术的发展仍然处于初步的探索阶段。2007年10月，上海曾举办首届电子艺术节，来自英国、法国、德国、意大利、美国等地的数码艺术家纷纷发挥创意，在上海浦东陆家嘴点燃了高达数米的"火球剧场"，还在黄浦江畔的世纪大道用灌木建成一个模仿电子游戏的巨大迷宫，首次将国外的一流电子艺术作品呈现给中国观众。

沈根林认为："可以预言，未来中国在重大活动开幕、展览、演出和会议上将大量运用新媒体艺术元素，中国新媒体艺术的时代将很快到来。今后一段时间中，中国的电子艺术将迅速发展，甚至可能会出现电子艺术产业化的趋向。"

（新华网，2008年8月20日，孙丽萍）

四、大型赛事开闭幕式的媒体运行流程

媒体通告→分发门票→媒体集结→媒体乘车（媒体安检）→媒体交通→抵达场馆→媒体安检→媒体入口→媒体工作间（媒体休息室）→媒体看台席（评论员席、观察员席、摄像平台、记者看台席、摄影位置）→新闻发布厅→媒体工作间→休息区→班车停车场→主媒体中心（主新闻中心/国际广播中心）→媒体酒店。

思考与练习题：

1. 大型赛事开幕式和闭幕式报道的侧重点是什么？
2. 如何报道大型赛事的开幕式？
3. 如何报道大型赛事的闭幕式？
4. 说说大型赛事开闭幕式的媒体运行流程。

附　录

附录 1　奥运会专业缩略语（中英文对照）

英文缩略语	英文全述	中文对照
CATV	Community Antenna Television	有线电视
CCTV	Closed Circuit Television	闭路电视
CIS	Commentator Information System	评论员信息系统
ENG	Electronic News Gathering	电子（专题）新闻采集
ENR	Accredited Non Rights Holding Broadcaster	注册非持权转播商
HCC	Host City Contract	主办城市合同
HDTV	High Definition Television	高清晰电视
IBC	International Broadcasting Center	国际广播中心
IF	International Sports Federation	国际单项体育联合会
INFO	Games Wide Results and Information Systems	奥运会信息系统
IOC	International Olympic Committee	国际奥林匹克委员会
IOPP	International Olympic Photo Pool	国际奥林匹克摄影队
ITU	International Telecommunication Union	国际电信联盟
ITVR	International Television and Radio Signals	国际电视和广播信号

（续上表）

英文缩略语	英文全述	中文对照
MMC	Main Media Center	主媒体中心
MPC	Main Press Center	主新闻中心
NOC	National Olympic Committee	国家（地区）奥林匹克委员会
NOPP	National Olympic Photo Pool	国家奥林匹克摄影队
OBO	Olympic Broadcasting Organization	奥林匹克广播组织
OBS	Olympic Broadcasting Services	奥林匹克广播服务公司
OCOG	Organizing Committee of the Olympic Games	奥运会组委会
OIAC	Olympic Identity and Accreditation Card	奥林匹克身份注册卡
ONA	Olympic News Agency	奥林匹克电视新闻机构
ONS	Olympic News Service	奥林匹克新闻服务
RHBs	Rights Holding Broadcasters	持权转播商
VMC	Venue Media Center	场馆媒体中心
VTR	Video Tape Recorder	录像机
WBM	World Broadcaster Meeting	世界广播商会议
WBB	World Broadcaster Briefing	世界转播商大会
WPB	World Press Briefing	世界新闻媒体大会
WNPA	World News Press Agencies	世界性通讯社

附录 2   媒体工作区中英文对照表

媒体工作区中文名称	对照英文
场馆新闻中心	Venue Media Center
媒体接待处	Reception
媒体入口	Entrance
媒体运行经理办公室	Media Operation Manager Office
摄影经理办公室	Photo Manager Office
新闻服务办公室	News Service Work Room
文字记者工作间	Press Workroom
摄影记者工作间	Photo Workroom
新闻发布厅	Press Conference Room
媒体休息区	Press Lounge
记者看台席	Press Tribune
混合区	Mixed Zone
转播信息办公室	Broadcasting Information Office

附录3 广州亚运会竞赛场馆名称中英文对照表

场馆全称	简化名称	对照英文
广东奥林匹克游泳跳水馆	奥体游泳馆	Aoti Aquatics Center
广东奥林匹克中心射箭场	奥体射箭场	Aoti Archery Range
广东奥林匹克中心棒垒球场	奥体棒球场	Aoti Baseball Field
亚运城体育综合馆	亚运城体育馆	Asian Games Town Gymnasium
广东奥林匹克中心曲棍球场	奥体曲棍球场	Aoti Hockey Field
广东奥林匹克中心体育场	奥体中心场	Aoti Main Stadium
广东奥林匹克中心射击馆	奥体射击馆	Aoti Shooting Range
广东奥林匹克网球中心	奥体网球中心	Aoti Tennis Center
亚运城沙滩排球场	亚运城沙排场	Beach Volleyball Venue
东莞体育中心体育馆	东莞体育馆	Dongguan Gymnasium
九龙湖高尔夫球会	九龙湖高尔夫球会	Dragon Lake Golf Club
大夫山山地自行车赛场	大夫山自行车场	Dafushan Mountain Bike Course
佛山世纪莲体育中心游泳跳水馆	佛山世纪莲游泳跳水馆	Foshan Aquatics Center
佛山岭南明珠体育馆	佛山岭南明珠体育馆	Foshan Gymnasium
广东体育馆	广东体育馆	Guangdong Gymnasium

（续上表）

场馆全称	简化名称	对照英文
广东省人民体育场	省体育场	Guangdong People's Stadium
大学城广东工业大学板球场	广工板球场	Guanggong Cricket Stadium
大学城广东工业大学体育馆	广工体育馆	Guanggong Gymnasium
广州体育学院体育馆	广体体育馆	Guangti Gymnasium
大学城广州大学体育馆	广大体育馆	Guangda Gymnasium
大学城广东外语外贸大学体育馆	广外体育馆	Guangwai Gymnasium
大学城广东药学院体育馆	广药体育馆	Guangyao Gymnasium
广州棋院	广州棋院	Guangzhou Chess Institute
广州马术比赛场（从化）	广州马术场	Guangzhou Equestrian Venue
广州体育馆	广州体育馆	Guangzhou Gymnasium
广州飞碟训练中心（增城）	广州飞碟中心	Guangzhou Shotgun Center
广州自行车轮滑极限运动中心	广州自行车轮滑中心	Guangzhou Velodrome
广东奥林匹克体育中心黄村体育基地	黄村体育基地	Huangcun Sports Base
花都东风体育馆	花都东风体育馆	Huadu Dongfeng Gymnasium
花都体育场	花都体育场	Huadu Stadium
大学城华南理工大学体育馆	华工体育馆	Huagong Gymnasium

（续上表）

场馆全称	简化名称	对照英文
大学城华南理工大学体育场	华工体育场	Huagong Stadium
黄埔体育中心体育馆	黄埔中心体育馆	Huangpu Gymnasium
黄埔体育中心体育场	黄埔中心体育场	Huangpu Stadium
大学城华南师范大学体育馆	华师体育馆	Huashi Gymnasium
海珠体育中心	海珠体育中心	Haizhu Sports Center
广东国际划船中心	广东国际划船中心	International Rowing Center
南沙体育馆	南沙体育馆	Nansha Gymnasium
广东海上项目训练中心（汕尾）	广东海上项目训练中心（汕尾）	Shanwei Water Sports Center
天河大世界保龄球馆	天河保龄球馆	Tianhe Bowling Hall
天河棒垒球中心	天河棒垒球中心	Tianhe Softball Field
天河体育馆	天河体育馆	Tianhe Gymnasium
天河游泳馆	天河游泳馆	Tianhe Natatorium
天河体育场	天河体育场	Tianhe Stadium
大学城铁人三项赛场	大学城铁人三项场	Tianhe Venue
天河网球学校	天河网球学校	Tianhe Tennis School
广州大学城体育中心体育场	大学城中心体育场	University Town Main Stadium

（续上表）

场馆全称	简化名称	对照英文
番禺英东体育馆	英东体育馆	Ying Dong Gymnasium
番禺英东体育场	英东体育场	Ying Dong Stadium
越秀山体育场	越秀山体育场	Yuexiu Stadium
增城荔城龙舟比赛场	增城龙舟场	Zengcheng Dragon Boat Lake
增城体育馆	增城体育馆	Zengcheng Gymnasium
大学城中山大学体育馆	中大体育馆	Zhongda Gymnasium

参考文献

［1］［美］布鲁斯·加里森，马克·塞伯加克. 体育新闻报道. 郝勤等译. 北京：华夏出版社，2002.

［2］［美］罗伯特·福特纳. 国际传播：全球都市的历史、冲突及控制. 刘利群译. 北京：华夏出版社，2000.

［3］［美］杰克·海敦. 怎样当好新闻记者. 伍任译. 北京：新华出版社，1980.

［4］［英］菲尔·安德鲁斯. 体育新闻：从入门到精通. 周黎明译. 北京：中国人民大学出版社，2010.

［5］［美］梅尔文·门彻. 新闻报道与写作. 展江主译. 北京：华夏出版社，2003.

［6］［美］杰里·施瓦茨. 如何成为顶级记者——美联社新闻报道手册. 曹俊，王蕊译. 北京：中央编译出版社，2008.

［7］［美］史蒂夫·威尔斯坦. 美联社体育新闻报道手册. 郑颖译. 北京：中央编译出版社，2004.

［8］［英］戴维·莫利. 电视、受众与文化研究. 史安斌译. 北京：新华出版社，2005.

［9］［美］施拉姆等. 报刊的四种理论. 展江译. 北京：新华出版社，1980.

［10］易剑东. 大型赛事报道与媒体运行. 杭州：浙江大学出版社，2008.

［11］陈恳，何秋华. 羽毛球运动. 北京：高等教育出版社，2005.

［12］第16届亚洲运动会组织委员会. 亚运会媒体运行：广州亚运会媒体运行志愿者专业培训教材. 广州：暨南大学出版社，2009.

［13］张德胜. 体育媒体通论. 广州：广东人民出版社，2006.

［14］易剑东. 中国体育媒体服务系统的构建. 杭州：浙江大学出版社，2006.

［15］孙旭培. 新闻学新论. 北京：当代中国出版社，1994.

［16］第29届奥林匹克运动会组织委员会. 奥运会媒体运行. 北京：中国传媒大学出版社，2007.

［17］郝勤. 体育新闻学. 北京：高等教育出版社，2004.

[18] 体育学院通用教材编写组. 运动训练学. 北京：人民体育出版社，2000.

[19] 李晓东等. 大球运动. 长沙：湖南科学技术出版社，2005.

[20] 梁晓龙. 当代中国体育若干基本理论问题. 北京：人民体育出版社，2003.

[21] 张志安. 报道如何深入：关于深度报道的精英访谈及经典案例. 广州：南方日报出版社，2006.

[22] 杜骏飞，胡翼青. 深度报道原理. 北京：新华出版社，2001.

[23] 朱悦雄，罗烈杰，杨桐. 公文写作教程. 广州：广东高等教育出版社，2004.

[24] 肖焕禹. 体育传播学. 北京：人民体育出版社，2011.

[25] 张德胜，姜晓红，洪钢. 体育观赏概论. 北京：人民体育出版社，2008.

[26] 潘知常，林玮. 大众传媒与大众文化. 上海：上海人民出版社，2002.

[27] 肖林鹏. 竞技体育本质及发展逻辑. 体育学刊，2004（6）.

[28] 叶元. 体育报道中假新闻产生的原因及对策. 记者摇篮，2011（3）.

[29] 周志伟. 虚假体育新闻出现的原因及防范办法. 新闻战线，2005（10）.

[30] 赵博. 北京奥运，媒体成功运行背后. 文汇报，2008 – 09 – 25.

[31] 曹雯，徐济成. 奥运很远，奥运理念很近. 贵州都市报，2013 – 04 – 18.

[32] 褚亚玲. 从广州亚运看媒体运行服务. 中国记者，2011（1）.

[33] 李嵘. 从新闻管理到媒体服务——奥运会媒体运行观念的转变. 新闻记者，2007（11）.

[34] 桑苗. 浅谈现代新闻的时效性. 青年记者，2010（2）.

[35] 叶同春等. 新闻写作，勿忘"直接引语". 写作（高级版），2004（12）.

[36] 林丹伦敦卫冕 和李宗伟英雄惺惺相惜. 新京报，2012 – 08 – 06.

[37] 张俊. 浅论新闻写作中直接引语的运用. 新闻天地，2011（2）.

[38] 张成林. 新闻发布会的提问艺术. 传媒观察，2013（2）.

[39] 王宁. 北京奥运会开幕式的回顾与启示. 首都体育学院学报，2009（1）.

[40] 施中杰. 开幕式：奥运会的重头戏. 东北之窗，2008（15）.

[41] 门志平，李玉健. 北京奥运会开幕式传承中国优秀历史文化元素的思考. 西安体育学院学报，2007（4）.